SÉNÈQUE

EXTRAITS

DES

LETTRES A LUCILIUS

ET DES

TRAITÉS DE MORALE

Prix: ~~1~~ 80

HACHETTE ET Cie

8°R
13932

SÉNÈQUE

MORCEAUX CHOISIS

33584. — PARIS, IMPRIMERIE LAHURE
9, rue de Fleurus, 9

SÉNÈQUE

MORCEAUX CHOISIS

EXTRAITS DES LETTRES A LUCILIUS
ET DES TRAITÉS DE MORALE

TEXTE LATIN

PUBLIÉ

AVEC UNE INTRODUCTION, DES REMARQUES ET DES NOTES

PAR

PAUL THOMAS

Professeur à l'Université de Gand.

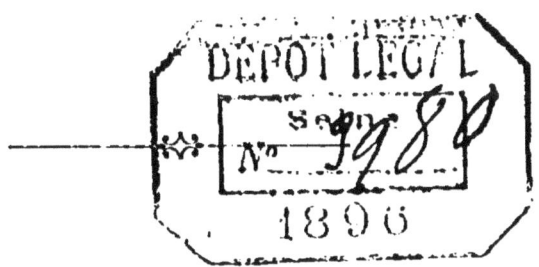

PARIS
LIBRAIRIE HACHETTE ET Cie
79, BOULEVARD SAINT-GERMAIN, 79

1896

PRÉFACE

Deux principes nous ont guidé dans la composition de ce recueil. D'abord nous nous sommes attaché à ne prendre dans Sénèque que ce qui peut réellement servir à l'éducation des jeunes gens, parler à leur cœur et à leur conscience, et s'y graver pour la vie ; c'est pourquoi nous avons banni les exagérations de la morale stoïcienne et les idées qui répugnent aux sentiments de notre époque. En second lieu, nous avons choisi les morceaux qui nous ont paru les plus agréables et les plus attrayants : ceux où Sénèque nous entretient de lui-même et nous ouvre son âme, et ceux où il nous dépeint les mœurs et la société de son temps. Ainsi notre chrestomathie présentera à la fois un intérêt moral et un intérêt psychologique et historique.

Nous avons eu soin de nous conformer aux recommandations si sages de la commission chargée de l'examen du projet d'arrêté portant modification des listes d'auteurs adoptés pour l'enseignement secon-

daire classique : « C'est par morceaux offrant un
« sens plein et un mouvement complet, aussi peu
« coupés que possible, reliés par des analyses et
« rangés dans l'ordre même du tout d'où ils seront
« détachés, que les auteurs qui ne peuvent y entrer
« autrement doivent figurer dans les recueils sco-
« laires[1]. »

Le texte de Sénèque est très corrompu, même
dans les meilleurs manuscrits. Comme il s'agissait
avant tout de mettre entre les mains des élèves un
ouvrage *lisible*, nous n'avons pas hésité à recourir
aux conjectures partout où nous l'avons jugé nécessaire; plusieurs de ces conjectures, nous nous em-
pressons de le reconnaître, ne sont nullement certaines et ne doivent être regardées que comme des
expédients[2]. Une édition classique n'est pas une
édition savante; aussi n'avons-nous pas cru devoir
employer les signes typographiques (caractères ita-
liques, parenthèses carrées ou brisées, etc.) indiquant les changements apportés au texte des manuscrits : ces signes donnent au livre un aspect rébar-
batif et sont de nature à dérouter les écoliers. Du
reste, l'*Appendice critique* fournira tous les rensei-
gnements désirables. Nous avons pris pour base
l'édition de Haase[3], malgré ses défauts[4], parce

---

1. *Rapport présenté au Conseil supérieur de l'Instruction publique dans sa session de juillet 1895 au nom de la commission chargée, etc.*, p. 12. Paris, Delalain.

2. Ajoutons que la destination du présent ouvrage nous a décidé à re-trancher ou à modifier certains passages.

3. Leipzig, 1852, 3 vol., plusieurs fois réimprimée (Collection Teubner).

4. V. le jugement de Madvig (*Adversaria critica*, t. II, p. 337-

qu'elle est la plus récente de celles qui contiennent les œuvres *complètes* de Sénèque[1].

Dans les notes, nous avons eu pour but d'aider l'élève, sans favoriser la paresse. Cette partie de notre travail nous a coûté beaucoup de peine, l'exégèse de Sénèque n'ayant guère fait de progrès depuis un siècle[2].

Nous ne sentons que trop combien cette édition est imparfaite. Nous osons espérer que la critique tiendra compte des difficultés de notre tâche, et nous serons trop heureux si elle approuve quelques-unes des corrections et des explications nouvelles que nous avons proposées.

---

338. Copenhague, 1873) et de Gertz (*Studia critica in L. Annæi Senecæ dialogos*, p. 6. Copenhague, 1874).

1. M. Gertz a donné d'excellentes éditions critiques des *Dialogues* (Copenhague, 1886) et des traités *De beneficiis* et *De clementia* (Berlin, 1876). Il est regrettable qu'il ne se décide pas à publier, sur le même plan, les *Lettres à Lucilius*.

2. C'est encore aux commentaires de Juste Lipse et de Ruhkopf qu'il faut recourir aujourd'hui (le *Sénèque* de la collection Lemaire est une pure compilation). — Nous avons consulté avec fruit les éditions classiques de M. Gertz (*Udvalgte skrifter af L. Annæus Seneca*, 1 : *Consolatio ad Marciam* ; *De providentia*. Copenhague, 1889) et de M. Hess (*L. Annæi Senecæ ad Lucilium epistulæ morales selectæ*, I. Gotha, 1890).

NOTICE SUR SÉNÈQUE

I

Depuis Cicéron, la philosophie avait pris à Rome une importance de plus en plus considérable et recruté des adeptes de plus en plus nombreux, de plus en plus convaincus. Mais elle n'était pas cultivée également dans toutes ses parties. Ce que les Romains lui demandaient, c'était de suppléer à l'insuffisance de la religion nationale et à l'affaiblissement de la tradition; c'était de satisfaire aux besoins de l'âme, devenus plus impérieux, et de guider la conscience, devenue plus scrupuleuse, du moins chez une élite que travaillaient un sourd malaise et une vague aspiration à un bien idéal. Ce qu'ils y cherchaient, c'était une règle de conduite, des principes salutaires, un appui et une consolation dans les épreuves de la vie. Les recherches spéculatives, la poursuite de la vérité, la science pure, les touchaient beaucoup moins. Aussi, sous l'Empire, la philosophie morale prédomina-t-elle au point de rejeter le reste dans l'ombre.

Les préférences allèrent à la morale stoïcienne, qui répondait le mieux aux nécessités du temps et à l'état des esprits. Éminemment propre à développer chez l'homme l'énergie et la fierté, le stoïcisme attirait toutes les natures généreuses, nobles et indépendantes qui avaient conservé quelque chose du Romain d'autrefois. Il apprenait à se raidir contre la douleur, à braver la tyrannie, à dédaigner les richesses, à mépriser la mort; il détachait l'homme de tous les biens que, sous les mauvais empereurs, on était exposé à perdre d'un moment à l'autre. Il élevait le sage au-dessus de l'humanité et l'assimilait à Dieu. Enfin il soutenait le cœur par sa doctrine austère et par la grande idée du devoir.

La philosophie avait ainsi assumé le rôle et pris le caractère d'une religion morale. « Comme une religion, elle avait sa discipline, ses prescriptions familières, ses conseils appropriés aux diverses situations de la vie, en un mot, sa direction [1]. » Comme une religion encore, elle faisait de la propagande, tâchait de provoquer des conversions, se répandait par la prédication. Il ne lui suffisait plus d'éclairer les intelligences : il s'agissait pour elle d'émouvoir, de convaincre et d'entraîner les âmes. Elle se fit donc éloquente et persuasive, elle emprunta à la rhétorique ses procédés et ses artifices et mit tout en œuvre pour instruire, pour exhorter, pour consoler, pour édifier.

Les écrits de Sénèque nous montrent clairement ces tendances de la philosophie à Rome dans le premier siècle de l'Empire.

II

Lucius Annæus Seneca naquit à Cordoue vers l'an 4 av. J.-C.. Il appartenait à cette aristocratie provinciale, riche, instruite, de mœurs simples et sévères, qui fut pendant longtemps le plus ferme soutien de la grandeur romaine. Son père, chevalier romain, était un homme d'esprit qui se fit un nom dans les lettres [2]; sa mère, Helvia, se distinguait par la noblesse de son caractère et par ses vertus. Sénèque parle avec émotion et reconnaissance de la tendresse de ses parents et des soins dévoués que lui prodigua une de ses tantes, sœur d'Helvia, qu'il appelle une femme accomplie (*perfectissima femina*). Il avait deux frères. L'aîné, M. Annæus Novatus, fut

---

1. C. Martha, *Les Moralistes sous l'Empire romain*, p. 6.
2. On l'appelle vulgairement, mais à tort, Sénèque le Rhéteur; il ne paraît pas avoir jamais professé la rhétorique. Il avait composé une Histoire romaine depuis le commencement des guerres civiles. Le seul de ses ouvrages qui nous soit parvenu est un recueil de *Suasoriæ* et de *Controversiæ* intitulé : *Oratorum et rhetorum sententiæ, divisiones, colores*; il ne sent point l'homme d'école.

adopté par L. Junius Gallio, dont il prit le nom ; il entra dans la carrière des honneurs et gouverna l'Achaïe en qualité de proconsul. Le plus jeune, M. Annæus Mela, qui fut le père du poète Lucain, choisit un genre de vie plus tranquille : renonçant à briguer les magistratures, il se contenta du poste lucratif de *procurator Cæsaris*, ou intendant impérial. Tous les deux périrent victimes des délateurs, peu de temps après la mort de Lucius.

Sénèque vint à Rome tout enfant. Il y reçut l'éducation des jeunes Romains de bonne famille, éducation dont la rhétorique était le couronnement.

L'éloquence était encore, comme sous la république, le moyen le plus sûr et le plus rapide de parvenir aux honneurs. Sénèque était ambitieux : il se prépara avec ardeur aux luttes judiciaires, où il comptait déployer ses talents et acquérir la célébrité. Mais bientôt son goût l'entraîna vers la philosophie. Il suivit les leçons de Papirius Fabianus, du stoïcien Attale et du pythagoricien Sotion. Leur mâle et sévère doctrine fit sur lui la plus vive impression. Attale lui inspira la passion de la frugalité, et après avoir entendu Sotion, il résolut de s'abstenir de la chair des animaux. Son père, qui était imbu des préjugés des vieux Romains contre la philosophie, voyait de mauvais œil le zèle du néophyte. Il l'obligea à changer de régime, et ce furent sans doute ses exhortations qui déterminèrent Sénèque à entrer dans la vie active et à aborder le barreau. Le jeune orateur ne tarda pas à y conquérir une place éminente ; son éloquence excita même, dit-on, la jalousie de Caligula.

Accueilli par la plus haute société de Rome, qu'il séduisait par le charme de son esprit, élu questeur, ce qui lui donnait l'entrée au sénat, riche, déjà célèbre, entouré de tendres affections, Sénèque jouissait des avantages de la plus brillante existence. Une catastrophe soudaine vint les lui ravir tous à la fois. Par suite des intrigues de Messaline, femme de Claude, il fut exilé en Corse. Il devait y rester huit ans (41-49). Au commencement il supporta courageusement son malheur. Il chercha des distractions dans l'étude ; il s'adonna à la philosophie, qu'il n'avait jamais cessé de cultiver, mais dont il sentait maintenant tout le prix : il se réfugia, selon son expression, dans le camp des sages et essaya de résister à l'adversité.

Cette disposition d'esprit se reflète dans la *Consolation* qu'il adressa à sa mère Helvia. La résignation fit bientôt place à l'abattement, et Sénèque, dévoré de chagrin et d'ennui, s'abaissa à écrire la *Consolation à Polybe*. Polybe, un des affranchis influents de Claude, avait perdu son frère. Sous prétexte de le consoler, Sénèque lui prodigua, ainsi qu'à son impérial patron, les louanges les plus exorbitantes. Il espérait par là obtenir sa grâce : son humble supplique n'eut pas l'effet désiré, et il continua de languir dans l'exil. Il en fut tiré d'une façon imprévue : Agrippine, qui venait d'épouser Claude (49), provoqua son rappel, lui fit donner la préture et lui confia l'éducation de son fils Néron.

On ne peut douter que Sénèque n'ait été animé des meilleures intentions et n'ait rêvé de faire de Néron le modèle des princes. Mais il avait à lutter contre le naturel de son élève, frivole, lâche, cruel et sournois; contre les influences d'une cour corrompue; contre l'autorité despotique et l'ambition sans scrupule d'Agrippine, que, d'autre part, la reconnaissance lui commandait de ménager. Malgré le concours du vertueux Burrhus, préfet du prétoire, qui partageait avec lui la charge de précepteur du prince, il échoua dans la tâche qu'il avait acceptée : il ne put que sauver les apparences et contenir pendant quelque temps les instincts vicieux et criminels du jeune monstre.

Quoique Sénèque fût foncièrement honnête, les années qu'il passa à la cour de Claude et de Néron compromirent sa réputation et son caractère. A la mort de Claude (54), il composa l'éloge funèbre que Néron devait prononcer; presque en même temps il écrivit l'*Apocolocyntose*, satire burlesque où il bafouait l'empereur défunt. Après l'empoisonnement de Britannicus, Néron combla de largesses les principaux de ses amis : Sénèque était certainement du nombre. « On ne manqua pas de trouver étrange que des hommes qui professaient une morale austère se fussent, dans un pareil moment, partagé comme une proie des terres et des maisons[1]. » Les immenses richesses que Sénèque avait amassées, le crédit dont il jouissait comme conseiller intime du nouvel empereur, excitaient l'envie et la haine. Un certain Suillius, orateur vénal et redouté sous le règne de Claude, l'attaquait avec la dernière violence : Sénèque se vengea en suscitant contre lui des accusateurs qui le firent condamner au bannissement (58).

---

1. Tacite, *Ann.*, XIII, 18.

Cependant Néron avait conçu le dessein de faire périr sa mère, dont l'esprit de domination lui était devenu insupportable. On sait comment le parricide fut consommé. Le rôle que Sénèque joua dans cette tragédie est assez équivoque : encore peut-il s'expliquer par les difficultés de la situation. Mais le disciple d'Attale, l'admirateur de Caton d'Utique, commit un acte injustifiable en prêtant sa plume à l'apologie du crime (59).

Agrippine morte, Néron lâcha la bride à ses passions perverses. Sénèque fut réduit à n'être que le témoin impuissant de tant de folies et de hontes. La mort de Burrhus (62) acheva de ruiner ce qui lui restait d'influence. En butte aux attaques et aux insinuations perfides de ses ennemis, il demanda à Néron la permission de quitter la cour et le pria de reprendre les biens dont il l'avait comblé. L'empereur répondit par un refus accompagné d'hypocrites protestations d'amitié. Sénèque ne fut pas dupe de cette comédie. Peu à peu, il se retira des affaires, prétextant sa mauvaise santé, et consacra ses loisirs à la méditation et à la composition d'ouvrages philosophiques.

Cette retraite laissa le champ libre à l'intrigue et à la calomnie; il n'était du reste que trop facile de la représenter comme un blâme à l'adresse de Néron et de ranger Sénèque parmi les mécontents. Or tout mécontent était un suspect, et tout suspect était condamné d'avance. La conjuration de Pison (65) offrit à l'empereur l'occasion de se débarrasser de son ancien précepteur. Rien ne prouvait que Sénèque eût trempé dans le complot. Il n'en reçut pas moins l'ordre de mourir. Il se fit ouvrir les veines et expira après de cruelles souffrances, sans que sa fermeté se fût démentie un instant (65). Sa femme Pauline[1] voulut partager son sort, mais elle fut sauvée par ordre de Néron.

Sénèque était maigre et de constitution maladive. Il se traita toujours durement, ne buvant que de l'eau, se privant de mets recherchés, n'usant que de bains froids et couchant sur des matelas « qui ne gardaient pas le matin l'empreinte de son corps ».

---

1. Sénèque avait été marié deux fois. Nous ne savons presque rien de sa première femme. Il épousa en secondes noces la noble et riche Pompéia Paulina, qui lui témoigna la plus tendre affection.

III

Il y a plus d'une tache dans la vie de Sénèque. Les plates flatteries de la *Consolation à Polybe*, les sentiments de basse vengeance qui éclatent dans les railleries cruelles de l'*Apocolocyntose*, des complaisances blâmables pour Néron, ternissent la mémoire de l'éloquent écrivain. Mais il convient de reconnaître que Sénèque ne fut du moins ni un charlatan ni un hypocrite. La franchise de ses aveux ne laisse aucun doute à cet égard. « Je n'ai pas la prétention d'être un sage, » dit-il en maint endroit de ses œuvres, « j'aime la sagesse et la vertu, j'y aspire, mais je suis encore loin d'y atteindre; il me suffit de n'être pas parmi les plus méchants, de pouvoir chaque jour retrancher quelque chose de mes vices et gourmander mes erreurs. Je dois m'appuyer sur autrui dans cette voie où je trébuche. Mon âme se remet à peine d'une longue maladie. Je ne me fais pas illusion sur mon état et j'ai conscience de ma faiblesse. » C'est en effet par faiblesse qu'il a péché; le caractère chez lui n'était pas à la hauteur de l'esprit. Il avait des vertus : la douceur, l'humanité, la sobriété, la tempérance, l'amour de l'étude; il était pénétré de la vérité des maximes qu'il professait; il s'enflammait d'enthousiasme pour l'idéal qu'il avait conçu; il était capable de nobles élans et d'efforts généreux. Mais ses belles résolutions ne se soutenaient pas, et les misères de l'exil, les faveurs inespérées de la fortune, le contact d'un monde dépravé, le conflit des intérêts et des passions, la vie de cour, les difficultés que lui créèrent l'ambition d'Agrippine et la perversité de Néron, ébranlèrent sa constance et amenèrent des faux pas et des chutes.

Il est fâcheux sans doute que Sénèque n'eût pas toujours conformé sa conduite à ses principes. Il n'en est pas moins vrai que sa doctrine morale est d'une grande hauteur et d'une grande pureté, qu'il lui a dû ce qu'il y a de meilleur dans sa vie, qu'elle a contribué à perfectionner la conscience humaine et qu'aujourd'hui encore elle peut nous fournir des secours qui ne sont nullement à dédaigner.

IV

Le temps n'a épargné qu'une partie des œuvres de Sénèque. Cet esprit fécond, souple et ingénieux s'était exercé dans les genres les plus divers : on possédait de lui des poésies, des discours, des traités, des dialogues, des lettres, etc. Voici ce qui nous reste de ses nombreuses productions :

1° *De la providence* (*Quare aliqua incommoda bonis viris accidant, cum providentia sit, sive de providentia*), dédié à Lucilius.

2° *De la constance du sage* (*Nec injuriam nec contumeliam accipere sapientem, sive de constantia sapientis*), dédié à Serenus.

3° *De la colère*, en 3 livres (*De ira, libri III*), dédié à son frère Novatus.

4° *Consolation à Marcia* (*Ad Marciam de consolatione*).

5° *De la vie heureuse* (*De vita beata*), dédié à son frère Gallion[1]. La fin manque.

6° *De la retraite* (*De otio*), dédié à Serenus. Le commencement est perdu.

7° *De la paix de l'âme* (*De tranquillitate animi*), dédié à Serenus.

8° *De la brièveté de la vie* (*De brevitate vitæ*), dédié à Paulinus.

9° *Consolation à Polybe* (*Ad Polybium de consolatione*). Mutilé au commencement.

10° *Consolation à sa mère Helvia* (*Ad Helviam matrem de consolatione*).

Ces dix traités portent dans le meilleur manuscrit le titre de *Dialogi*, qui ne leur convient que très imparfaitement. En effet, quoique Sénèque mette souvent des questions et des objections dans la bouche soit de la personne à laquelle il s'adresse, soit d'un interlocuteur fictif, rien n'y rappelle les dialogues de Platon et de Cicéron[2].

---

1. V. plus haut, p. 2-3.
2. Seul, le traité *De tranquillitate animi*, au commencement duquel Sénèque fait parler son ami Serenus, pourrait mériter le nom de dialogue.

11° L'Ἀποκολοκύντωσις[1] ou *Ludus de morte Claudii*, satire mêlée de vers et de prose. C'est un récit bouffon des derniers moments de Claude et de ses mésaventures dans l'autre monde.

12° *De la clémence*, en 2 livres[2] (*De clementia*, libri II), dédié à Néron. Incomplet.

13° *Des bienfaits*, en 7 livres (*De beneficiis*, libri VII), dédié à Æbutius Liberalis.

14° *Questions naturelles*, en 7 livres (*Naturalium quæstionum*, libri VII), dédié à Lucilius. L'auteur y traite des météores, des éclairs, du tonnerre, des inondations du Nil, de la grêle, de la neige, de la glace, du vent, des tremblements de terre et des comètes, en grande partie d'après le stoïcien Posidonius. Il assaisonne la physique de digressions et de réflexions morales. Cet ouvrage fit autorité pendant le moyen âge.

15° *Lettres morales à Lucilius* (*Epistulæ morales ad Lucilium*). Il nous en est parvenu 124, divisées en 20 livres. Le recueil était primitivement plus étendu, car Aulu-Gelle[3] en cite le 22ᵉ livre. Les *Lettres à Lucilius* sont, comme le dit très bien Montaigne[4], la plus belle partie des écrits de Sénèque et la plus profitable. Nulle part sa morale n'est plus pure et plus vraiment humaine; nulle part il ne montre plus de verve, d'aisance et d'agrément.

16° *Des tragédies*. L'authenticité de la plupart des tragédies qui portent le nom de Sénèque est généralement admise aujourd'hui[5]. Ces pièces, d'ordre inférieur au point de vue de l'art dramatique, ne valent que par quelques traits frappants et quelques mots profonds.

17° *Des épigrammes*[6]. Il est douteux que toutes celles que les manuscrits attribuent à Sénèque soient véritablement de

---

1. Ἀποκολοκύντωσις signifie littéralement « métamorphose en citrouille, *citrouillification* ». Il n'est pas question dans l'ouvrage d'une métamorphose de ce genre : Sénèque a voulu simplement parodier le mot ἀποθέωσις, « déification », en faisant allusion à l'imbécillité de Claude.

2. L'ouvrage *De Clementia* avait originairement trois livres.

3. XII, 2, 3.

4. *Essais*, l. II, c. 10.

5. L'*Octavie* est évidemment postérieure à Sénèque.

6. Il faut entendre ce mot dans le sens antique : petite pièce de vers sur toute sorte de sujets. Celles qu'on attribue à Sénèque roulent sur son exil.

ui ; la question n'a pas d'ailleurs grande importance, car ce sont des compositions assez médiocres[1].

Nous ne nous arrêterons pas aux ouvrages dont nous n'avons que des fragments ni à ceux qui sont apocryphes[2], ni aux compilations postérieures où l'on a utilisé des sentences de Sénèque.

La chronologie des œuvres de Sénèque est, pour une bonne partie, sujette à controverse. Contentons-nous d'indiquer les dates les plus sûres : la *Consolation à Marcia* a été écrite sous le règne de Caligula (en 40 ?) ; la *Consolation à Helvia*, sous le règne de Claude, au commencement de l'exil de Sénèque (en 42) ; la *Consolation à Polybe*, un peu plus tard (en 44 ?) ; l'*Apocoloquintose*, au début du règne de Néron (en 54) ; le traité *De la clémence*, vers la fin de 55 ou en 56 ; le traité *De la vie heureuse*, en 58 ou 59 ; les *Questions naturelles*, en 62-63 ; les *Lettres à Lucilius*, en 63-64.

V

Au milieu des vicissitudes d'une vie agitée et des occupations variées où s'employait son activité, Sénèque ne cessa pas de revenir à la philosophie. Elle fut le centre de ses études et elle fait le fond de ses ouvrages. Ce n'est pas à dire que Sénèque soit un philosophe dans l'acception scientifique du mot. Sur les grands problèmes qui sollicitent l'attention des penseurs, il n'a jamais émis une opinion personnelle, une idée originale ; il n'a pas même contribué à approfondir ou à développer quelqu'un des systèmes antérieurs. Il est essentiellement moraliste, et son but est tout pratique. Il se considère comme un médecin des âmes ; et que d'âmes malades il voit autour de lui ! Il a d'un médecin le coup d'œil prompt et juste, le diagnostic infaillible ; ses livres abondent en observations pénétrantes et en peintures de mœurs prises sur le vif ; ils ont la valeur de documents historiques sur l'homme et la société au premier siècle de l'Empire. D'un médecin, Sénèque a aussi la passion généreuse de soulager l'humanité souffrante et de s'attaquer

---

[1]. La 4ᵉ renferme pourtant une belle parole : *Res est sacra miser.*
[2]. Par exemple, la prétendue correspondance entre Sénèque et saint Paul, qui a donné lieu à de vives polémiques.

aux cas les plus désespérés; ses préceptes, ses injonctions, ses conseils, ses réprimandes, ses encouragements, constituent toute une thérapeutique morale. On a, pense-t-il, suffisamment disserté sur les remèdes, le moment est venu de les appliquer; assez de subtilités, de paradoxes, de questions oiseuses et de querelles de mots! le patient gémit : hâtons-nous de lui porter secours. Telle est la tâche à laquelle il se dévoue avec une ardeur fébrile.

Sa morale est la morale stoïcienne, tempérée par un sage éclectisme et par l'expérience du monde. Il prend son bien où il le trouve et ne se fait pas scrupule de citer avec éloge des paroles d'Épicure. Et de fait, sur le terrain de la morale pratique, la plupart des écoles, si divisées pour tout le reste, pouvaient facilement se donner la main. Quelle que fût la divergence de vues sur les principes et sur les causes, on avait abouti à bien des résultats communs touchant la conduite de la vie et les lois de la conscience. De plus, en sortant de l'école pour pénétrer dans le public, les doctrines avaient dû se dépouiller en partie de leur dogmatisme rigide et se prêter à des accommodements. Il était naturel que Sénèque, qui n'était point philosophe de profession et qui avait appris à connaître les hommes, ne se renfermât point dans un système inflexible et ne prêchât qu'un stoïcisme mitigé.

Il serait difficile d'exposer ici la morale de Sénèque sans courir le risque d'être ou trop bref ou trop long. Les extraits réunis dans ce volume pourront donner une idée de cette morale, du moins dans ce qu'elle a de plus vivant et de plus conforme à la conscience moderne.

VI

Sénèque, comme écrivain, offre un mélange de qualités brillantes et de graves défauts.

Il manque d'ordre et de méthode; ses livres sont mal composés. Il va, il vient, il retourne sur ses pas, il se répète et parfois même se contredit. La logique n'est pas son fort : il a peine à enchaîner ses arguments, et les pensées fausses, les à peu près, les phrases louches ou incohérentes, ne sont pas rares chez lui. Son style est sautillant et décousu : c'est de la paille hachée, disait Caligula[1]. Aussi Sénèque, qui séduit tout d'abord, fatigue à la longue. On reconnaît en lui l'élève des rhéteurs, qui court après les *deliciæ*, sentences, pointes, antithèses, et l'improvisateur, le causeur mondain, qui s'abandonne au hasard de sa verve et cherche à éblouir plutôt qu'à éclairer[2].

Mais dans ces productions trop hâtives et mal digérées, que de morceaux excellents! que d'esprit et d'éloquence! que d'éclairs de génie, de maximes bien frappées et d'images heureuses! On conçoit le prestige que Sénèque exerçait sur ses contemporains et l'admiration qu'il a inspirée à des hommes comme Érasme, Montaigne, J.-J. Rousseau et Diderot.

---

1. *Arena sine calce*, mot à mot : « du sable sans chaux ». (Suétone, *Calig.*, 53.)

2. Cf. les *Remarques sur la langue et le style de Sénèque*, § 137.

REMARQUES

SUR LA LANGUE ET LE STYLE DE SÉNÈQUE

PHONÉTIQUE

1. Les manuscrits de Sénèque donnent généralement la forme *cludere* pour *claudere*.

Clostrum (XXXIV, 2), pour *claustrum*, est une forme vulgaire.

Hoc = *huc* (XXI, 3) est rare.

On rencontre *fericula* (LXIV, 3) à côté de *fercula*; *balineum* (LXIV, 6) à côté de *balneum*; *audaciter* (XXXVIII, 2) à côté de *audacter*; et, d'autre part, *tegmenta* (XXVI, 16) à côté de *tegimenta*; *caldus* (LXI, 4) à côté de *calidus*.

MORPHOLOGIE

2. On peut remarquer, pour les déclinaisons, les formes suivantes : *fastus* = *fastos* (VII, 7); *navi* (XLVI, 3) à côté de *nave*; *supellectile* (LXIII, 4) à côté de *supellectili*; *jocineribus* (LXIII, 9); *ætatium* (XVII, 9; XXIV, 3); *cupiditatium* (XXIII, 1); *voluptatium* (XLI, 4; LXIII, 7).

Les classiques disent *semisomnus*; Sénèque, *semisomnis* (XXV, 3).

3. Les participes futurs actifs *constaturus* (XXIX, 11) et *obstaturus* (LXIII, 16) ne sont usités que chez les auteurs de l'Empire.

4. La forme de comparatif *juvenior* (XLIV, 7) est postérieure à l'époque classique.

5. *Præpostero* (XXXVIII, 2), pour *præpostere*, est insolite.

VOCABULAIRE

A. Mots créés par Sénèque ou étrangers à la prose classique.

6. Substantifs. — *Mollimentum* (XXII, 2); *pigmentum* (XXVII, 5); *spissamentum* (XLVII, 2); *sternutamentum* (VIII, 5); *attritus* (V, 4); *dispectus* (V, 2); *circumspectus* (XIX, 4); *secessus* (XXIV, 6); *intellectus* (XL, 10); *derisus* (LIX, 3); *vellicatio* (XIII, 8); *positio* (XXVI, 2); *dispositio* (VI, 4); *transportatio* (XXVI, 12); *deploratio* (XV, 1); *consummatio* (XXVII, 7); *refectio* (LX, 17); *circumlitio* (LXI, 6); *verminatio* (LX, 9; LXIII, 3); *destillatio* (LX, 1); *suffusio* LXIII, 2); *palpitatio* (LXIII, 2); *quassatio* (LXIII, 3); *gestatio* (XXIV, 7; LV, 1); *cenatio*, « salle à manger » (II, 9; XXI, 2; LX, 23); *procuratiuncula* (XLVII, 9); *conditura* (LXIII, 1); *observator* (XLIX, 2); *computator* (LXII, 5); *fabulator* (LXIV, 11); *vastatrix* (LXIII, 5); *adjutorium* (VI, 1; XLV, 4; XLVII, 5); *opertorium* (LXII, 1); *repositorium* (LX, 24); *tenor* (XLIII, 7); *pilicrepus, alipilus* et *scordalus* (LVI, 1); *lucifuga* (LXIV, 11); etc.

7. Adjectifs. — *Adventicius* (III, 4); *insiticius* (XXVI, 17); *invecticius* (XLIII, 5); *postulaticius* (XL, 5); *nutricium*, neutre pris substantivement (XXVII, 8); *perfusorius* (XLIII, 5); *lusorius* (LIII, 3); *præsentaneus* (LXIII, 9); *blattarius* (LXI, 8); *vestiarium*, neutre pris substantivement (XXXI, 12); *retorridus* (XLI, 2; LXIII, 2); *reiculus* (LII, 5); *degener* (XXIX, 2); *multigeneris* (LXIII, 10); *inconcussus* (III, 2; VII, 5; LI, 7); *indemnis* (III, 4); *inhonorificus* (IV, 1); *medicabilis* (?) (LXIII, 11); etc.

8. Verbes. — *Strigare* (XLVII, 4); *apologare* (LII, 5); *sac*-

rare (LXI, 11); *alternare* (LI, 5); *hospitari* (XLVII, 11); *exsaniare* (LXI, 6); *effocare* (XVII, 2); *decutere* (XVI, 10); *proritare* (XXIII, 5; XLIII, 2); *perconari* (LXIII, 22); *recorrigere* (LIV, 5); *circumlucere* (XIV, 3); *retentare* = *iterum tentare* (?) (XXXV, 20); *transfigurare* (XXXIX, 1); etc.

9. Les expressions *hucusque* (LX, 8) et *utputa* (LII, 9) n'apparaissent qu'au premier siècle de l'Empire. *Aliubi* (XVIII, 3) n'est guère usité avant cette époque.

B. Changements de sens et acceptions nouvelles.

10. Substantifs. — *Traductio*, « humiliation » (VI, 6); *statio*, « poste, emploi, charge publique » (LVI, 8); *observatio*, « action d'honorer, de faire la cour » (XXV, 5); *collectio*, « raisonnement, syllogisme » (LIII, 1); *portio* = *pars* (II, 7; XVII, 10); *dejectus* (*fluminum, aquæ*), « chutes d'eau, cascades » (XVI, 8; LVI, 2); *patientia* = *perpessio*, « fait de souffrir » (II, 13; III, 1; LX, 12); *pœna*, « peine, souffrance » (XVI, 10); *crimen*, « crime » (XXXV, 11); *census*, « fortune, biens, richesses » (XXXI, 2); *exsilium*, « lieu d'exil » (XXVI, 2); *finis*, « mort » (LVII, 3); *urbanitas*, « plaisanterie, bon mot » (IX, 5); *veritas*, pour *vera* (LX, 26); *studia*, « études littéraires, littérature » (XIV, 3; XXI, 4; XXVII, 1), ou « études philosophiques, philosophie » (LX, 3); etc.

11. Adjectifs. — *Animosus*, « fier et joyeux » (XVIII, 3); *liberalis*, « abondant » (XLII, 11; LXIV, 1); *gregalis*, « commun, vulgaire » (LXI, 10); *notabilis*, « qu'on peut distinguer » (V, 7); *alternus* = *mutuus* (LXIII, 11); etc.

12. Verbes. — *Notare* = *animadvertere* (IV, 1); *renuntiare sibi*, « se dire » (IV, 2); *respondere*, « produire de l'effet, être efficace » (VI, 4; XXXI, 12; LII, 13); *finire* (*aliquem*), « faire mourir qqn. » (XIV, 6); *superjicere*, « dépasser » (XLVIII, 1); *mordere* = *mordicus tenere* (LX, 29); *auspicari*, « débuter, entrer dans... » (LII, 6); *remetiri*, « repasser dans son esprit » (XII, 3); etc.

SYNTAXE

SYNTAXE D'ACCORD.

13. On rencontre également : *Alter alterum* **vexarunt** (XIII, 5), et : *Altera alteram* **vexet** (LVI, 4).

14. Un adjectif neutre pris substantivement sert d'attribut à un substantif féminin : *In primis* **fragile** *est memoria* (XXXV, 10).

15. Le verbe s'accorde avec l'attribut dans les phrases : *Virtus et philosophia et justitia verborum inanium crepitus* **est** (LXV, 9), et : *Pupulus etiam delicium meum* **factus est** (XLI, 3); ici d'ailleurs le sujet neutre *delicium* représente une personne du sexe masculin.

16 L'attraction du pronom sujet est quelquefois négligée : *Hoc, quod tibi calamitas videtur, tot gentium vita est* (II, 13).

17. On trouve une fois l'apposition à un autre cas que le nom qu'elle détermine : *Natura nos ad utrumque genuit, et* **contemplationi** *rerum et* **actioni** (XIX, 1).

18. Il y a une double apposition dans la phrase : *Pessima et ipsi molestissima istic jacent,* **ossa cineresque,** *non magis illius* **partes,** *etc.* (XVII, 3).

SYNTAXE DES CAS.

19. Le nominatif est mis comme attribut avec le verbe *esse*, au lieu du datif marquant l'effet ou la conséquence : *Servis imperare modeste* **laus** *est* (XXIX, 6), pour *laudi est. Totas... videre* **fastidium** *est* (LX, 24). *Quod* **argumentum** *est, etc.* (LXII, 4).

20. *Expavescere* est employé transitivement, comme chez les poètes (II, 6; XLII, 6; XLVII, 3).

21. Parmi les verbes composés construits avec l'accusatif on peut noter *pererrare* (XXIII, 2) et *perambulare* (XXV, 3).

22. Sénèque va plus loin que les prosateurs classiques dans l'emploi de l'accusatif de qualification : **minora** *peccantes* (LXIII, 11) ; **solita** *peccare* (LXIV, 13).

23. Avec certains verbes dans la composition desquels il entre une préposition, tels que *congregare* (LVIII, 2), *includere* (XXXI, 9), etc., Sénèque construit le datif, tandis qu'un auteur classique aurait plutôt répété la préposition.

24. Quelques adjectifs sont construits avec le datif au lieu de l'être avec une préposition et son cas : *Animum* **omnibus nobis** *maternum* (XXVII, 8), pour *erga nos omnes*. **Inimicis** *mitis et facilis* (XVIII, 5). *Habilem* **contemplationi** (XIX, 4), pour *ad contemplationem*.

25. Le datif de la personne pour et par qui l'action est accomplie se trouve avec les verbes passifs, même si ces verbes sont à un temps autre que le parfait ou l'un des temps dérivés du parfait : *Quæ etiam ingenti animo* **adornatis** *effici possunt* (XVIII, 2). **Quibus**... *multæ horæ transmittuntur* (XXIV, 4).

26. Sénèque fournit plusieurs exemples du datif de relation : *Ille* **tibi** *vivit*, « pour toi, cet homme est encore vivant » (XXXIV, 2). *Tepidior (est) aqua* **poturo** (VIII, 3). *Ne quid* **palato**... *parum ferveat* (LX, 23). *Quid ad copias* **respicienti** *jejunius?* (XXVI, 3). *Nullus* **agenti** *dies longus est* (LXIV, 4).

On peut rattacher au datif de relation l'exemple suivant, quoiqu'il diffère de ceux que nous venons de citer : *Gubernaculum, quod* **alteri navi** *magnum est,* **alteri** *exiguum est* (I., 2).

27. Sénèque aime à employer, au lieu de *ad*, le datif marquant le but, la destination, etc. : *Natura nos ad utrumque genuit, et* **contemplationi** *rerum et* **actioni** (XIX, 1); cf. Rem. 17. **Prædicationi**... *silentium faciens* (LX, 16). **Quibus aerumnis** *nasceremur* (XXII, 2). *Id...* **cui** *nascitur* (XLIX, 8). **Huic uni rei** *vivit* (LII, 4). *Aves, quæ* **conviviis** *comparantur* (LXIV, 4). Etc.

28. Le génitif dépendant d'un substantif indique des rapports très variés : **Sacerdotiorum** *candidato* (XXXV, 10). *Quæsturæ suffragator* (ibid.). *Collega* **proscriptionis** (XXVIII, 1). **Animi sui** *vultum* (XXX, 2). Etc.

29. Le génitif du pronom personnel est employé comme génitif du sujet, au lieu de l'adjectif possessif, qui est de règle dans la prose classique : *Ipso* **sui** *onere* (I, 2), mais on remarquera que *ipso suo onere* eût été une expression louche.

30. La tournure in *profunda* **terrarum** (XVII, 4) est poétique, comme *strata viarum*, etc. : il n'y a là aucune idée partitive.

31. Sénèque a des emplois hardis du génitif descriptif ou de qualité : *Ipse...* **melioris status** *est* (XVII, 2). *Homines divini esse* **spiritus** (XIX, 5). *Fontem Arethusam, nitidissimi ac perlucidi...* **stagni** (XVI, 2). **Sordidioris operæ** *servos* (LII, 9). *Esse illam (laudem)* **totius anni** *credo* (LV, 7).

32. Il en est de même pour le génitif possessif : *Ut ipsos* **beneficii sui** *fecerint* (XXXI, 4). *Alius* **lucri** *totus est* (XXXV, 4).

33. Sénèque, à l'imitation des poètes, construit avec le génitif (génitif de relation) les adjectifs les plus divers : *Incertus* **sui** (XLIII, 2) ; etc.

34. Sénèque dit *exire e domo* (XXIII, 2), au lieu de *exire domo*, qui est la locution ordinaire.

35. L'ablatif d'un nom commun accompagné d'un adjectif est employé sans *in* à la question *ubi* : *Summis cacuminibus* (XVI, 8).

35 bis. L'ablatif au lieu de l'accusatif, pour exprimer la durée, est rare chez les auteurs classiques et fréquent chez Sénèque (XXVIII, 9 ; XLII, 7 ; XLIV, 6 ; LII, 2 ; LXIV, 9).

36. On trouve l'ablatif sans *ab* avec un verbe passif, alors que le sujet logique d'où part l'action est un nom de personne : *Obsessum* **multo hoste** *locum* (XV, 3).

Inversement on trouve l'ablatif avec *ab*, alors que ce sujet logique est un nom de chose : ***Ab hoc carcere** teneri* (XXXI, 9). ***Ab ira** relinqui* (XI, 4) : dans ce dernier exemple, on peut regarder la chose comme personnifiée.

37. On rencontre *incolumis* construit avec le simple ablatif, d'après l'analogie de *intactus* : *Caput tot... **prœliis** incolume* (XXVIII, 4).

38. Sénèque use assez librement de l'ablatif de cause. On peut distinguer différentes catégories :

1° Ablatif marquant la cause extérieure ou la cause efficiente. — ***Inopia** fortioribus* (II, 13). *Paucorum **furore** pretiosa* (XXIV, 3). *Sordes **opere** collegerant* (LXI, 12).

2° Ablatif marquant la cause intérieure ou l'influence en vertu de laquelle le sujet agit. — ***Lassitudine** proximum (locum) occupaverunt* (XXVI, 10). *Pro me vicit **indulgentia** verecundiam* (XXVII, 8). ***Benevolentia** erga dominum fortunæ suæ modum transiit* (XXXI, 13). ***Tædio**... migras* (XLVI, 5). *Quid jam **ipsa satietate** fastidiat* (LII, 4).

3° Ablatif marquant le motif. — *Locum **insidiosa voluptate** (= propter insidiosam voluptatem) suspectum* (XLVII, 2).

39. Sénèque a accumulé dans une même phrase des ablatifs de différente nature : ***Nimio otio** ingenia **natura** infirma et muliebria et **inopia** veræ injuriæ lascivientia **his** commoventur* (IV, 2).

SYNTAXE DES TEMPS, DES MODES ET DES FORMES
NOMINALES DU VERBE.

40. Le parfait (ou plus exactement l'aoriste) est employé, comme chez les poètes, pour marquer un fait d'expérience. Les exemples en sont nombreux : *Cui assidua fuit... rixa, callum **duxit*** (I, 2). *Quid quisque posset, nisi tentando non **didicit*** (II, 3). *Aqua tempestive data remedii locum **obtinuit*** (XXX, 2). *(Religio) quæ... supplices **texit*** (XXXV, 6). *Quædam nomina bona lentus et sapiens creditor **fecit*** (XXXV, 13). *Moderatio plurimum **profuit*** (XXXV, 14). *Neminem... ruina **deterruit*** (XXXV, 20). *Malignus comes..., rubiginem suam **affricuit*** (XL, 8). *Ex quibus alia... unda **detinuit** ac mol-*

lius **vexit**, *alia...* **rapuit**, *alia...* **deposuit**, *alia...* **ejecit**
(XLIII, 8). *Quemadmodum... sollicitudo non cum ipsis abiit*
(XLV, 2). Etc.

41. Le plus-que-parfait de l'indicatif est parfois employé là
où l'on attendrait le parfait : *Videbis... ubi tot milia captivorum ille... nativus carcer* **incluserat** (XVI, 3). *Maximum
adhuc solatium tuum* **tacueram**, *sororem tuam* (XXVII, 8).
Pedonem Albinovanum narrantem **audieramus** (LXIV, 11).

42. L'indicatif pour le subjonctif dans les phrases hypothé-
tiques est employé plus librement que chez les auteurs classiques : *Multum* **erat**, *si... probasset* (XXVII, 12). *Quam magna* **erat** *gloriæ materia, si spectaremur ægri* (LX, 20). *In
angusto* **vivebamus**, *si quicquam esset cogitationibus clusum* (LV, 11). Etc.

On trouve le subjonctif coordonné à l'indicatif : *Quid...
erat tuti..., quid animus magnus* **promitteret** *sibi certum,
si virtutem cum fortuna amitteret ?* (XXXI, 2).

43. L'indicatif avec *forsitan* est incorrect : *Forsitan* **habebis** (LII, 7).

44. La tournure *Vis tu pati (scire, cogitare, deridere,* etc.) ?
se rencontre fréquemment dans Sénèque avec le sens d'une
exhortation vive et pressante : « Veux-tu bien faire telle
chose ? » c'est-à-dire : « Fais donc telle chose » (XII, 7 ; XV, 3 ;
LII, 6 ; LX, 19). Mais *Vis scire ?* est une simple question
(XXXI, 14 ; LIII, 2).

45. Sénèque offre quelques exemples remarquables de propositions introduites par *quod* signifiant « ce fait que... »

1° Propositions jouant le rôle de sujet. — *Inde est quod...
pater...* **castigat**, etc. (IX, 8). *Nec mirum, quod inconstans variusque... morbus* **est** *et illa...* **redundant** (LXIII, 5).

2° Propositions jouant le rôle de complément. — *Malo
quod illum talem* **inveni**, *quam si...* (XXX, 5). Surtout avec
les verbes et les expressions qui signifient « être redevable » :
Cui debemus quod... **divisimus**, *quod...* **effugimus** (XXXV,
18). *Cui Roma debet quod tantum semel capta* **est** (LXI, 5).
Philosophiæ acceptum fero quod **surrexi**, *quod* **convalui**
(LX, 3).

46. *Praestare* signifiant « donner, fournir », est construit avec *ut* et le subjonctif : *Præstabunt tibi... præcepta, ut quod oportet* **facias** (LXIII, 18).

47. Plusieurs verbes qui se construisent habituellement avec *ut*, se rencontrent construits avec le subjonctif seul.
Rogare. — *Rogant,* **perseverent** (II, 11).
Orare. — *Deos oro,* **contingat**... (XXVII, 5).
Præcipere. — *Præcipiam,* **interponas** *aliquot dies* (XLII, 5).

48. Sénèque fait de l'infinitif un usage très fréquent et très varié. Il l'emploie comme apposition, comme sujet, comme attribut, comme complément. On en trouve des exemples presque à chaque page. Citons seulement la tournure hardie : **Voluisse** *laudandum est* (XXXI, 14), et les cas où l'infinitif figure dans la même phrase comme sujet et comme attribut : *Semper... esse felicem et...* **transire** *vitam,* **ignorare** *est...* (II, 1). *Quas* (*laudes*) **circumscribere** *est tam parce* **transcurrere** (XXVII, 13). *Ut deprehendi sit subito* **adspici** (L, 4). *Bene* **mori** *est libenter* **mori** (LVII, 2). *Pondus suum in priorem partem* **dare**... *retro* **abducere**, *cum vitio...* **consentire** *est* (LXV, 10).

49. Les verbes *sustinere*, « se résoudre à..., consentir à..., daigner », et *instituere*, « dresser à... », sont construits avec l'infinitif, comme chez les poëtes : *Cum his* **cenare** *non sustinet* (LII, 5). *Qui instituit catulos vestigia* **sequi** (XXIX, 2). *Approbare* (= *probare*) avec une proposition infinitive (XXX, 2 ; LXII, 1) ne se rencontre que chez les écrivains de l'Empire.

50. *Contingere* et (*sibi*) *proponere*, qui, dans la prose classique, se construisent régulièrement avec *ut* et le subjonctif, sont construits chez Sénèque avec l'infinitif : *Contingat hunc* **habere** *nobis superstitem* (XXVII, 5). *Si non contigit* **prævenire** (XXX, 2). *Quando ad hoc gaudium* **pervenire** *continget* (XLV, 4). *Qui hæc* **facere** *proponet* (XVIII, 5). *Ubi non* **indignari** *illa, sed* **pati** *proposuerunt* (XXII, 1).

Non dubitare signifiant « ne pas douter » est construit avec l'infinitif au lieu de l'être avec *quin* et le subjonctif : *Quis enim dubitat* **posse**? (XXIX, 5).

Dans la phrase : *Nemo id* **esse**, *quod jam videtur, timet*

(XXXV, 11), l'infinitif est très correct, *timere* signifiant « ne pas oser ».

51. Le participe est employé, seul, à l'ablatif absolu d'une manière pour ainsi dire impersonnelle ; le sujet sous-entendu est exprimé en français par « on » : *Quærentibus*, « comme on leur demandait » (XXXI, 18).

52. Le participe passé passif se trouve employé pour marquer la simultanéité : *Corpora... durabant aut cursu* **defatigati** *aut venatu aut tellure versanda* (LXIII, 4). *Ut ipse destillarem ad summam maciem* **deductus** (LX, 1).

Il en est de même du participe passé de verbes déponents : *Arbitri partibus* **functus**... *voluisses* (XLII, 3).

Le participe passé marque même une action postérieure à l'action principale : *Non jacebit in conspectu aper... a mensa* **relegatus** (LX, 24).

53. Un trait caractéristique de la langue de Sénèque, c'est l'usage très libre qu'il fait du participe futur actif. Tandis que les prosateurs classiques, sauf dans un petit nombre de passages, n'emploient ce participe que joint au verbe *esse*, Sénèque le traite exactement comme les autres participes.

Le participe futur actif peut avoir différents sens :

1° Il marque que telle ou telle chose doit arriver : *Virtuti* **ituræ** *in obscurum* (II, 3). *Ultionis secum ultorem* **tracturæ** *avidus* (V, 1). **Surrectura**... *ruitura regna* (XVII, 9). (*Lucro*) *quandoque* **suppuraturo** (XXIV, 1). *Ultionem magno* **constaturam** (XXIX, 11). *In diversum* **itura** *sapientium turba* (XXXIX, 5). *Artis ad paucissimos* **perventuræ** (XL, 12). *Ille* **laturus** *sententiam de omnibus annis meis dies* (XLIV, 4). **Resurrecturum** *malum* (LXV, 8). Etc. Avec *tamquam* : *Si illas* (*opes*) *tamquam* **exituras** *semper adspexeris* (XLII, 13). Avec *quasi* : *Quis umquam res suas quasi* **periturus** *adspexit?* (XV, 4).

2° Il marque qu'on est sur le point de faire telle ou telle chose : *Tepidior est aqua* **poturo** (VIII, 3). *Servavit* (*dominum*) **periturum** (XXXI, 17). *In somnum* **ituri**... *dicamus* (XLI, 8). Etc.

3° Il marque qu'on a l'intention de faire telle ou telle chose : *Venit* **redditurus** (XXXIV, 1). *Ire in cogitationem lubet... pro eo* **habiturus**, *etc.* (XLIV, 3); v. la note. **Descripturus** *infamem... Horatius Flaccus quid ait* (LXI, 13). Etc.

4° Il s'emploie même dans un sens conditionnel et tient lieu d'une proposition avec le mode potentiel ou irréel : *Reges... felicissimos* **futuros**, *si maturius illos mors instantibus subtraxisset malis* (XVII, 7). **Perditura** *fructum sui, si tam magna... solitudini ostenderet* (XIX, 3). *Si possent, ne sibi quidem* **credituri** (XXXVIII, 4). *Voluptates... nisi magna moderatione temperentur, in contrarium* **abituras** (XLIII, 6).

54. Sénèque aime à employer le génitif du gérondif comme génitif de définition : *Una mercede* **cognoscendi** *aliquid* (XIX, 2). *Non* **reddendi**... *voluptatem* (XXXIV, 2). *Hoc... officio* **intrandi** *ea loca...* (LXI, 10). *Hæc... pravitas...* **aversandi** *diem et totam vitam in noctem* **transferendi** (LXIV, 5).

55. Le datif du participe en — *dus* avec un substantif est employé plus librement que chez les auteurs classiques :

1° Avec des substantifs : *Laxam* **ostendendæ virtuti** *nancta materiam* (XXVI, 1).

2° Avec des adjectifs : *Corpora* **ferendo mari** *dura* (II, 12), d'après l'analogie des adjectifs qui signifient « propre à... »

C'est probablement aussi le datif que nous trouvons avec *simplex* : *Illa simplex* **admirandis virtutibus**... *antiquitas* (XXVII, 11).

3° Avec des verbes : *Carmina* **celebrandæ** *Marcelli* **memoriæ** *composita* (XIV, 3). **Rigando horto** *locavit manus* (LI, 3).

SYNTAXE SPÉCIALE DES PARTIES DU DISCOURS.

Du substantif.

56. Sénèque emploie ordinairement *cervix* au singulier. Avant Tite-Live, ce mot n'était guère usité en prose qu'au pluriel.

Le singulier *alimentum* (II, 13) est rare.

57. Le singulier est pris quelquefois dans le sens collectif : *Obsessum* **multo hoste** *locum* (XV, 3). *Passim discurrente* **victore** (XXXI, 18). *Miles* (ibid).

58. Çà et là Sénèque emploie le pluriel pour le singulier, à la manière des poètes : **Regna** *Arcadum* (XXVI, 13). *Concitatis... remigiis* (XVI, 9).

59. Quantité de noms abstraits sont employés au pluriel. Citons, entre autres : *occursus* (XVI, 7), *dejectus* (XVI, 8), *discursus* (ibid.), *concursus* (XVII, 8), *cursus* (XVII, 9), *lapsus* (ibid.), *hiatus* (XVII, 10); XXVI, 11), *excessus* (XX, 7), *habitus* (XXIV, 9), *transitus* (XXXVI, 10), *gestationes* (XXIV, 7), *monitiones* (XXIX, 1), *curationes* (XLV, 1), *transportationes* (XXVI, 12), *tremores* (XXVII, 10), *differentiæ* (LXIV, 12), *exsilia* (XXII, 3), *hilaritates* (XLIII, 3), *amicitiæ* (LV, 3), etc.

60. On rencontre des noms abstraits employés dans le sens concret : *Vitiorum* **ministeria** (XLIV, 2). **Pædagogia** (LXV, 7).

61. Contrairement à l'usage de la bonne latinité, Sénèque emploie des substantifs verbaux en — *tor*, tels que *deprecator*, en parlant d'une action passagère : *Nisi* **deprecator** *animus accessit* (XI, 6).

De l'adjectif et du participe.

62. L'emploi de l'adjectif et du participe pris substantivement est, chez Sénèque, très étendu et beaucoup plus libre que chez les auteurs classiques. Nous nous contenterons de signaler les faits les plus saillants.

63. Sénèque emploie substantivement non seulement le participe passé, mais encore :
1° Le participe futur actif, au masculin pluriel : *interfecturis* (XL, 6), *militaturis* (LIII, 6) ; — au neutre singulier : *ex... mansuro*, « de quelque chose de durable » (VII, 2) ; — au neutre pluriel : *profutura* (XXXIX, 4), *obstatura* (LXIII, 16).

2° Le pluriel neutre du participe en — *dus*, sans qu'il joue le rôle d'attribut ou d'apposition : *facienda* (VI, 5), *diligenda* (XXXV, 16), *acquirenda* (XXXVII, 6).

Cet emploi ne se rencontre guère que chez les poètes et chez les prosateurs de l'époque impériale.

64. Au point de vue du sens, on remarquera que Sénèque emploie parfois le pluriel d'adjectifs et de participes pris substantivement pour désigner non pas toute une classe de personnes ou de choses, mais certaines personnes ou certaines choses : *Vidi ego in villa hilari et amœna* **mæstos** (« des gens tristes »), *vidi in media solitudine occupatis* **similes** (LV, 8). **Sæva** (« des actions cruelles, des cruautés ») *exercentur* (LXIII, 11).

Il emploie même des adjectifs et des participes au masculin singulier pour désigner un individu isolé, une certaine personne (un auteur classique aurait exprimé *quidam*) : *Descripturus* **infamem** *et nimiis* **notabilem** *deliciis Horatius Flaccus* (LXI, 13). *Cum vidisset* **fodientem** (« un paysan qui... ») *et altius rastrum* **allevantem** (VIII, 4).

65. Sénèque ne se fait pas scrupule d'employer substantivement des adjectifs et des participes neutres à des cas où la forme seule ne permet pas de distinguer le genre. Nous citerons notamment : *terribilium* (III, 3), *omnium... affluentium* (III, 4), *immortalium* (XIX, 7), *incertissimis* (XXXV, 5), *cælestium* et *cælestibus*, « corps » ou « phénomènes célestes » (XVI, 6; XVII, 4; XXVI, 5 et 8; XXXI, 9) ; *in reliquis* (LXII, 5).

66. Sénèque joint aux adjectifs et aux participes pris substantivement des déterminatifs de toute nature : pronoms, adjectifs, adverbes, compléments.

1° Adjectifs. — *Stultorum divitum* (XLV, 7). *Tam inhumanus et immemor et ingratus* (XXXV, 1). *Tam magna... tam clara... tam nitida et non uno genere formosa* (XIX, 3). *Quanto... honestior* (I, 4). *Quamvis candido et simplici* (XL, 8). *Inter angusta corporis* (LX, 9). *Contraria huic* (XXXV, 4). *Occupatis similes* (LV, 8). *Timidis ignavisque flebilia* (II, 8). *Studioso virtutis* (XX, 1). *Inter levi cura medicabiles* (LXIII, 11). *Magis animo quam corpore morbidis* (LX, 25). *Ad victum necessariis* (XXXI, 15). *In vacuum operosos* (XLVII, 4). *Etiam in injuria bonos* (XXXV, 16). Etc.

2° Participes. — *Plerisque* (adjectif) *ad inopiam redactis* (XXXVI, 4). *Multos splendidissime natos* (LII, 6). *Felicius natis* (XXXI, 13). *Bene donata* (XVIII, 4). *Tam subtiliter ducta* (XIX, 3). *Longe posita* (XXV, 8). *Male tentata* (XXXV, 20). *Vetita privatim* (LXIII, 11). *Domicilium patre sortitis* (IX, 4). *Frugalitatem professos* (LVI, 9). *Liberalia professi* (LXIII, 7). *Jusjurandum adactis* (LXIII, 13). *Deditos vino* (XLI, 4). *Ingenti animo adornatis* (XVIII, 2). *Pretio paratis* (XXIX, 6). *Ad honestis occupatum* (III, 1). *Inter publico malo natos* (XXIX, 8). *In equuleum impositi* (LX, 14). *In studia seposito* (LVI, 1). *Sepositos ad capitale supplicium* (XLII, 11). *Ad extrema decretis* (XLII, 11). *Ad summum perducta* (III, 2). *Instructis ad voluptatem* (LXV, 3). *Contra rem publicam imperata* (XXXI, 10). *Ad virtutem bene a natura compositus* (LI, 5). Etc. — *Ipsum medentem* (XXIX, 4). *Male sustinenti* (II, 14). *Sæpe litigantis... sæpe nubentis* (XXIII, 4). *Rerum naturam peragranti* (LX, 26). *Alicujus ne ordinarium quidem habentis officium* (XXXI, 31). Et quantité d'autres participes présents masculins. *In luxuriam trahentia* (XLII, 3). — *Contra fortunam militaturis* (LIII, 5). *Obstatura præceptis* (LXIII, 16).

67. L'emploi de l'adjectif neutre singulier comme substantif est surtout fréquent dans les locutions formées au moyen de prépositions.

1° Avec *in* et l'accusatif :

In altum, in sublime, in summum, in medium, in imum, in diversum, in contrarium, in arduum, in vacuum, in obscurum, in unum, in quantum, in infinitum, in perpetuum, in æternum, in ceterum (LX, 16), *in malum* (LI, 6), *in melius, in pejus, in majus, in irritum* (XXXV, 20; XLVI, 2), *in vanum* (XLVII, 4), *in totum*, « entièrement » (XLVII, 5; LXIV, 8), etc.

2° Avec *in* et l'ablatif :

In alto, in summo, in medio, in imo, in publico, in aperto, in obscuro, in abdito, in vicino, in recto, in solido, in lubrico, in angusto, in arto, in præcipiti, in perdito (XXXV, 14), etc.

3° Avec *ad* :

Ad imum (XVI, 2).

Avec *ab* :

Ab imo (VII, 5), *a recto* (LXIV, 5).

5° Avec *ex* :

Ex alto, ex infimo, ex abdito, ex longinquo, ex privato... publico... profano... sacro (XXXV, 7), *ex vero* (XVII, 4), *ex difficili* (XLIII, 2), *ex firmo mansuroque* (VII, 2), *ex horrido* (XLIX, 6), *ex omni* (LXIII, 12).

Souvent *ex* avec l'ablatif forme une expression adverbiale :

Ex toto, « entièrement » (XIII, 1), *e contrario, ex inopi-*

nato (XV, 2), *ex solito* (LX, 12), *ex supervacuo* (XXIII, 1), *ex disposito* (XVII, 10).

6° Avec *de :*
De cetero (XII, 4).

7° Avec *per :*
Per totum (XIX, 6), *per vastum* (XVI, 8), *per pronum* (LXV, 10). [On trouve le pluriel neutre de l'adjectif : *per diversa* (XIX, 6), *per singula* (LXIII, 10)].

8° Avec *pro :*
Pro indiviso (XXVII, 8).

68. L'adjectif, en latin, est fréquemment employé là où le français se sert d'un adverbe ou d'une locution adverbiale. Sénèque, sous ce rapport, va plus loin que les prosateurs classiques : **Subitum** (pour *subito*) *illo mare irrupit* (XVI, 1).

69. Le participe passé latin joint à un substantif remplace souvent un substantif verbal abstrait ou une proposition complétive avec *quod*. Ce tour, surtout fréquent depuis Tite-Live, est employé avec assez de hardiesse par Sénèque : *Qui te lætum semper* **nominatus cogitatusque** *faciat* (XIV, 7). **Auditus visusque** (*bonus civis*) *prodest* (XX, 5). **Occisarum gentium** *gloriosum scelus* (LXIII, 11). *Post* **patrimonium** *ingens* **consumptum** (LXIV, 9). *Magno... malo... * **interpellatum silentium** *luitur* (LII, 2).

Du pronom.

70. Le pronom réfléchi (*sui, sibi, se*) et l'adjectif possessif réfléchi (*suus*) sont parfois employés incorrectement au lieu de *is, ejus* : *Eos, qui* **se** *aliquid offenderant, in vivarium... abjici jubebat* (XXIX, 7). *Quomodo excandescunt, si quid ex juba* **sua** *decisum est* (XXIV, 4). *Si quis illum a principatu* **suo** *æstimare incipiat* (XXVIII, 1.)

Inversement Sénèque se sert de *ille* dans un passage où il faudrait le pronom réfléchi : *Rogant ut...* **illos** (au lieu de *se*)... *extrahas* (LIII, 3).

71. Chez Sénèque, comme chez Quinte-Curce, on rencontre dans des propositions subordonnées *ipse* employé sans aucune nuance de sens particulière, au lieu du pronom réfléchi : *Dominum... ab* **ipsis** *duci professos esse* (XXXI, 18).

72. Les pronoms (ainsi que les adjectifs et les adverbes) démonstratifs ne sont pas toujours employés dans leur acception propre. Ainsi l'on trouve :

1° *Hic* pour *is*, notamment comme antécédent d'un relatif (II, 7 ; XLVIII, 4 ; etc.), comme corrélatif après *quo* et *quanto* (V, 4 ; XL, 2 ; LI, 7 ; etc.), et dans les locutions *et hic* (II, 13 ; VI, 5), *sed hic* (VI, 3 ; XLVII, 11), servant à mettre en relief un déterminatif qui s'ajoute au terme précédent. — Pour *adhuc*, v. § 99. Pour *postea* au lieu de *posthac*, v. § 108.

2° *Iste* pour *is*, *hic*, ou *ille* (XVII, 11 ; XXVI, 12 ; XLIX, 4 ; LXII, 4 et 10 ; etc.). Sénèque emploie même tour à tour les adverbes *hic* et *istic* pour désigner le même lieu (XVI, 9 et 10).

3° *Ille... ille*, pour désigner des termes opposés : *Ut ad illa venias, per illa exeundum est* (XVI, 10), ou des personnes différentes (XXXI, 22).

73. *Aliquis* est mis pour *quisquam* dans une phrase interrogative à sens négatif : *An potest aliquis supra fortunam... exsurgere?* (XLIX, 2).

74. L'emploi de *ullus* dans une proposition indépendante non négative est extrêmement rare : *Magno malo ulla voce* (« par le moindre mot ») *interpellatum silentium luitur* (LII, 2).

75. *Quicumque* et *qualiscumque* sont employés comme pronoms indéfinis, ce qui est fort rare chez les classiques : *In quacumque sortis humanæ levitate* (XXXIII, 1). *Ex quacumque condicione* (LI, 5). *Illa qualiscumque sedes* (XLVI, 4). *Hæc qualiscumque cena* (LXV, 4).

76. *Alii* pour *ceteri* se rencontre sovent (V, 6 ; XI, 2 ; XIV, 3 ; XVII, 3 ; XXIII, 4 ; XXV, 3 ; XXVI, 13 ; LXIII, 3 ; etc.).
Plerique est pris dans le sens de *multi* (XXI, 2).

77. Voici des exemples de syllepse ou accord du pronom d'après le sens : *Non potest ex hac materia imago dei exprimi similis ; cogita illos* (entendez : *deos*)... *fictiles fuisse* (XLVII, 11). *Eum, quem interrogatis... sic hos...* (LIII, 5).

78. Le pronom démonstratif représente quelquefois dans un sens générique un nom exprimé précédemment avec un déterminatif qui le spécifie : *Mihi senectus mea... apparuit.*

*Complectamur **illam*** (la vieillesse en général) *et amemus* (XLI, 4). *Erat (littus quod inter Cumas et Servilii Valiæ villam curvatur)... a recenti tempestate spissum; fluctus enim **illud*** (le rivage en général)... *frequens et concitatus exæquat* (LV, 2).

Il en est de même du pronom relatif : *Cum memoria illius vixit;* **quam** (la mémoire d'un être qui nous est cher) *nemo potest retinere et frequentare, qui illam tristem sibi reddidit* (XIV, 5). *Hac ejus vita...* **quam** (vie du même genre)... *multi eodem tempore egerunt* (LXIV, 9). Etc.

Du verbe.

79. Chez Sénèque, comme d'ailleurs chez tous les auteurs latins, on rencontre une quantité de formes soi-disant passives qui sont en réalité des formes moyennes. Ces formes se rendront en français par des verbes réfléchis ou encore par les périphrases « se voir, se laisser, se faire. »

Il est inutile d'en citer tous les exemples. Notons seulement quelques participes passés à sens réfléchi : *seductus* (XIV, 3; cf. XXVII, 8; LV, 4); *circumfusus* (XXVII, 4); *prohibitus*, « m'étant abstenu » (XVII, 7); *subditus*, « qui s'est baissé, « penché » (LII, 4); *sepositus*, « qui s'est retiré, isolé » (LVI, 1).

Dans la proposition : *Si* **curari** *cœperimus* (LIV, 4), *curari* signifie « se faire » ou « se laisser soigner », et par conséquent *cœperimus* est très correct (autrement il faudrait *cœpti erimus*).

Des prépositions.

80. *Ab* est mis pour *ex* avec *exire* : **A** *balneo exisse* (LXIV, 11), et avec *ejicere* : **A** *basilica... ejiciciunt* (XXIV, 1).

81. *Ad* marque correspondance, corrélation entre deux faits : « à..., en présence de..., à l'occasion de..., par suite de... » : ***Ad** ista concitari* (VIII, 3). ***Ad** omnes fabulas concitetur* (XIX, 1). *Si ad singula, quibus offenditur, dixerit* (IX, 6). ***Ad** vocem et accidentia erigitur* (LVI, 10). ***Ad** omnem crepitum expavescens* (LVI, 11).

Stupere est construit avec *ad* et l'accusatif d'un nom exprimant l'objet de la sensation : *Stupetis* **ad** *supervacua* (LXII, 6).

Ad signifie : « relativement à..., à l'égard de..., pour... ».

avec des adjectifs marquant une disposition d'esprit : **Ad** *alia* **pigros, ad** *alia temerarios* (LXIII, 15). **Ad** *bonas spes pertinax* (XXXV, 20). **Ad** *hoc fortes sumus, ut levia portemus* (LX, 17). Cf. *Me* **ad** *omnia ista duravi* (LVI, 4), où *ad* se rapproche du sens de *adversus*.

Il y a quelques cas remarquables de l'emploi de *ad* dans le sens final : **Ad** *otium repositi mores* (XXVII, 8). **Ad** *ictum* (« pour recevoir le coup ») ... *composita cervice* (XXVII, 7). **Ad** *lucrum* (« avec un gain en perspective ») *surgit* (XLI, 8). **Ad** *extrema decretis* (XLII, 11).

Ad marquant le but dépend de verbes ou d'expressions renfermant l'idée d'obstacle, d'empêchement (il s'agit d'un but qu'on ne peut atteindre) : *Obstare* **ad** *studia liberalia* (LVIII, 1). *Homo* **ad** *immortalium cognitionem nimis mortalis est* (XIX, 7). *Ad* peut avoir pour complément l'accusatif du gérondif ou un substantif accompagné du participe en —dus : **Ad** *imperandum nihil... obstat* (XXVIII, 8). **Ad** *impetrandam veniam nocet* (XI, 2). **Ad** *excitandas domos deterruit* (XXXV, 20). Même emploi dans Tite-Live.

82. *Circa* = « autour de... », au figuré : *Quicquid habet* **circa** *se commodi* (XXII, 4). **Circa** *illum obsoleta sunt nomina* (XXXI, 30).

Circa = « vers, aux approches de... », dans le sens temporel : *Istud tempus... fortasse* **circa** *tuam mortem est* (XIII, 3). **Circa** *mortis diem* (XLV, 2).

Circa = « sur, touchant, concernant » : *Egregie dicta* **circa** *eumdem fere sensum tria* (XL, 11). Et avec *occupatus* (au lieu de *in* avec l'ablatif) : **Circa** *consularia occupato comitia* (XXXV, 10). Cet emploi n'est pas classique.

83. *Citra* dans le sens de *sine* est étranger à la langue classique : **Citra** *effectum* (XVIII, 1). **Citra** *gustum tactumque* (XX, 6).

84. *In* avec l'accusatif marque le but, le résultat qu'on a en vue : **In** *alimentum feras captant* (II, 23). *Non* **in** *studium sed* **in** *spectaculum comparaverunt* (XXI, 2). *Nihil* **in** *apparatum* (ibid.). **In** *speciem et cultum parietum comparantur* (XXI, 4). *Turres* **in** *propugnaculum villæ subrectas* (LXI, 4). *Quantum statuarum, quantum columnarum est...* **In** *ornamentum positarum* (LXI, 7). *(Portus) quos natura posuit* **in** *tutelam navium* (XVI, 3). **In** *dolorem tuum jacta* *verba* (XII, 5). *Nemo* **in** *gloriam nostram vixit* (LI, 5). *Properans* **in** *damnum suum popina* (LXIII, 10).

On remarquera surtout l'expression *in hoc, ut...*, très fréquente chez Sénèque (XXVII, 2 ; XXIX, 7 ; XXXIX, 4 et 5; XLIX, 5 ; LII, 2 ; LIX, 2). Cf. *Nihil habentem,* **in** *quod laboret* (XXIII, 6). *In hoc unum eunt dies* (LVII, 11). *In hoc* (« c'est pour un pareil résultat que... ») *supercilia subduximus ?* **in** *hoc barbam demisimus* (LIII, 2).

In indique aussi le but, mais d'une façon un peu différente dans : **In** *studia seposito* (LVI, 1).

In marque l'effet, le simple résultat (non voulu) : *Litora in portum* (« de façon à former un port ») *recedentia* (XVI, 8). **In** *remedium cedunt* (LX, 3). *An et illa in aliquem cultum* (« de façon à présenter quelque harmonie ») *discripta sint* (XIX, 6). Cf. **In** *militum... cultum subornati* (XXXI, 31), et, avec une nuance : *Exiguæ... areæ* **in** *multos usus patuerunt* (XXII, 4).

In avec l'accusatif est joint à certains adjectifs pour exprimer la direction dans un sens figuré : *Ingenioso* **in** *hoc unum sæculo* (XXIV, 9). **In** *contumelias præfectorum ingeniosa provincia* (XXVII, 12). **In** *instrumenta ejus avidi sumus* (LVII, 4). Ovide avait déjà construit de même *ingeniosus*, et Tite-Live, *avidus*. — Notons encore : **In** *adscensum arduos colles* (XXIX, 14). Même construction dans Ovide.

In avec l'accusatif signifie parfois « pour, dans » (domaine où s'étend une action) : *Ut* **in** *multa liber sit* (XXXI, 6). **In** *omnia parere* (XXXI, 10).

Il a le sens de : « à titre de... » dans les expressions *in debitum solvere* et *in antecessum accipere* (XL, 11).

Il exprime la manière dans *in particulas* (= *particulatim*) *suasisse* (LXIII, 21).

Signalons enfin l'emploi de *in* avec l'accusatif dans la phrase : **In** *magna imperia ex minoribus petamus exemplum* (XXIX, 1).

85. Dans la phrase : *Quod* **intra** *nos sit* (XLI, 2), l'emploi de *intra* (pour *inter*) n'est pas classique.

86. *Per* est quelquefois employé d'une façon hardie : **Per** *officia discursant* (XXV, 3). **Per** *quos signo dato... discurritur* (LXIII, 8). — L'expression *per omnia*, « en tout, sous tous les rapports » (XLII, 3), se trouve déjà dans Tite-Live.

87. *Pone* (XV, 3) est rare et peu classique.

88. *Post*, dans le sens temporel, est employé d'une façon très concise avec des substantifs qui n'expriment par eux-mêmes ni une action ni un état. V. § 132.

De l'adverbe.

89. L'adverbe, en latin, peut jouer le rôle d'attribut. Le recueil que nous publions n'en fournit pas d'exemple ; mais on y trouve, en revanche, des cas où l'attribut est formé d'une expression adverbiale ou locution prépositive : **Pro ipsis bonis viris est**... *versari* (II, 14). **E re publica fuit** (*Catonem nasci*) (LXII, 8). **Contra naturam est** (*labor*) (LV, 1). L'expression *secundum naturam esse* se rencontre plusieurs fois (VI, 1, 2 et 6).

90. L'adverbe, joint directement à un substantif, le détermine comme ferait un adjectif : *Omni* **extra** (= *externo*) *paratu* (VII, 6). **Aliunde alio** *commigratio* (XXVI, 6). Peut-être : **Semper**... *titubatio* (LXIII, 2).

Il en est de même de certaines expressions adverbiales ou locutions prépositives : *Mors* **per pœnam cruciatumque** (XVI, 10); cf. **Jejunio** *mors*, « la mort par la faim » (II, 10). **Ex cruditatibus... ex fame** *macies* (LXIII, 2). **Ex causa simplici** *valetudo* (LXIII, 4). **Ex discordi cibo** *morbus* (LXIII, 5). **In sinistra** *catenam* (XXII, 3). *Nihil* **in obscuro... in publico medioque** *vitam* (XVII, 8). **In mediis terris** *ignium faces* (XVI, 8). *Minimum* **in illis** *malorum* (LXIV, 4). **In diem** *bona* (LXIII, 20). **Per se** *annus* (XLI, 5). *Nullum diem* **sine interventu solis** (XVI, 3). *Vita* **sine proposito** (LXIII, 22). **Citra effectum** *tractatio* (XVIII, 1). **In unum** *collatio* (XXV, 9). **In proposito suo** *perseverantia* (LV, 5). *Subita* **ex abdito**... *eruptio* (XLIX, 3). **E vita**... *excessus* (XLIV, 4). Etc.

91. *Æque... quam* (LV, 3 ; LX, 4) est une construction peu correcte.

92. Avec *tam... quam*, Sénèque affecte de renverser l'ordre logique des termes, qui est de mettre avec *tam* le terme sur lequel on veut attirer l'attention, et avec *quam* celui qui sert à le faire ressortir : *Ista* (mors) *tam seni ante oculos debet esse quam juveni* (XLI, 5), au lieu de : *tam juveni... quam seni. Hic animus tam in equitem Romanum quam in libertinum, quam in servum potest cadere* (XLVII, 11), au lieu de : *tam in libertinum, tam in servum quam in equitem Romanum*.

De même avec *æque... quam : Æque enim offendisse illum quam amasse periculosum fuit* (LV, 3), et avec *idem... qui* (dans un passage où le texte est douteux) : *Ego mortem meorum eodem vultu audiam quo meam videbo* (XVIII, 3).

93. *Numquid* est employé pour *nonne* (IX, 9).

94. *Utrumne* (en un seul mot), dans l'interrogation indirecte double, n'est pas classique (XIX, 6).

95. L'emploi de *an*, au lieu de *num* ou de *ne*, dans l'interrogation indirecte simple, est propre à la langue de l'époque impériale. Sénèque en fournit de nombreux exemples (VI, 1; IX, 5; XI, 2; XII, 4; XVI, 6; XIX, 5; XXIV, 7, 8 et 9; XXXI, 1 et 22; XXXV, 9; XXXVIII, 2; XXXIX, 6; XLII, 9; LV, 3; LXI, 11).

96. L'emploi de *non* au lieu de *ne* ne se rencontre que par exception dans la prose littéraire : **Non** *timori cuiquam,* **non** *periculo simus* (XIII, 8). **Non** *statim... fugiat* (XX, 1).

Dans la phrase : *Iram* **non** *temperemus, sed ex toto removeamus* (XIII, 1), *non* s'explique très bien par une ellipse : *non* (*dico*) *temperemus, sed* etc.

97. La négation est séparée du mot sur lequel elle porte : *Non puto parum momenti hanc ejus vocem... addidisse* (VII, 6), au lieu de : *Puto non parum momenti etc.*

98. *Adeo*, dans le sens de : « à plus forte raison », ne se rencontre que chez les écrivains de l'époque impériale (XL, 7).

99. *Adhuc*, dont le vrai sens est : « jusqu'ici, maintenant encore », est employé inexactement en parlant du passé, au lieu de *etiam tum* : *Poterat* **adhuc** (LX, 1). *Firmis* **adhuc** *solidisque corporibus* (LXIII, 1).

Il se rapporte à l'avenir dans les phrases suivantes : *Transeat deinde ad tristiorem orationem, qua moneat* **adhuc** *et exprobret; novissime ad pœnas et has* **adhuc** *leves et revocabiles decurrat* (VI, 5).

Il est pris dans un sens restrictif, sans exprimer aucune idée de temps : *Et* **adhuc** (« et encore ») *multis hoc antelucanum est* (LXIV, 1).

100. *Alioquin*, dans le sens de « autrement, sinon », appartient à la latinité de l'Empire (XXXI, 5 ; LI, 5).

101. *Bene*, signifiant « fort », est propre au langage familier. Sénèque l'emploie dans ce sens avec des verbes à un mode personnel, ce qui est rare : *Cum* **bene** *te succenderis* (XI, 5); *Cum* **bene** *insanierint* (XXV, 3).

102. *Ceterum* est employé comme conjonction et signifie « mais, cependant » (VI, 2 ; LXI, 12). Cet emploi se rencontre déjà chez Salluste et chez Tite-Live.

103. *Denique* est mis improprement pour *demum* : *Hoc* **denique** *tibi circa mortis diem præsta* (XLV, 2).

104. *Etiamnunc*, marquant une gradation avec un comparatif, au lieu de *etiam*, n'est pas classique : **Etiamnunc** *molestior* (LVI, 3).

105. *Inde*, dans le sens causal, est usité surtout chez les écrivains de l'époque impériale : **Inde** *tam novo ægrotamus genere quam vivimus* (LXIII, 5). **Inde** *est quod... pater... castigat* (IX, 8).

106. *Interim* a passé du sens temporel au sens adversatif dans l'expression *cum interim* (XXIII, 4 ; XXXVI, 3).

107. *Olim*, signifiant « depuis longtemps », ne se rencontre guère à l'époque classique (XXX, 4 ; XLVIII, 1).

108. *Postea* pour *posthac* est incorrect (XXX, 4).

109. *Quasi*, chez les auteurs de l'Empire, sert quelquefois à exprimer un motif qui est présenté comme existant dans la pensée d'autrui : **Quasi** (« parce que soi-disant..., sous prétexte que... », motif prêté à Sénèque par son ami) *sordidioris operæ* (LII, 9).

Quasi, « dans la pensée que... », est employé incorrectement pour *ut* (XV, 4).

110. Très souvent, après une phrase ayant une portée limitative ou restrictive, *quidem* sert à faire ressortir le terme opposé, qui se trouve en dehors de la limitation ou de la restriction ; il se rapproche alors du sens de « mais » (VII, 5 ; XVII, 2 ; XXVIII, 1 ; XXXI, 9 ; LXI, 1 ; etc.).

111. Contrairement à l'usage classique, *quoque* est souvent employé au lieu de *etiam* ou de *vel* pour marquer une gradation (I, 1 ; XX, 4 ; XXI, 1 ; XXVI, 3 ; XXIX, 10 et 16 ; XXXIII, 1 ; XLI, 4 ; LI, 2 ; LII, 8 ; LV, 5 ; LIX, 3 ; LXI, 4 ; LXIII, 11).

112. Sénèque emploie *tantum* pour *modo* dans des propositions au subjonctif exprimant l'idée de « pourvu que... » : *Nihil de condicione mea querar, fuerim* **tantum** (= *dummodo fuerim*) ...*piamentum* (XXVII, 5). *Omnia ista facile perferemus...* **tantum** (= *dummodo*) *mortem desinamus horrere* (LX, 25).

113. *Velut* pour *velut si* est rare : **Velut** *appropinquet...* (XLIV, 4).

Des conjonctions.

114. L'emploi de *et* dans le sens de *etiam* est très fréquent chez Sénèque. Il est superflu d'en citer des exemples.

Sed et = *sed etiam* (XLI, 5).

La locution *et ipse*, qui correspond au grec καὶ αὐτός, s'est répandue depuis Tite-Live : *Nos quoque, felices animæ...* **et ipsæ**... *in antiqua elementa vertemur* (XVII, 11).

115. *Et* équivaut à *et tamen* : **Et** *tanta stultitia mortalium est* (XXXVI, 3).

Il signifie « et encore » : *Aliquis fortasse, unus aut alter incidet,* **et hic ipse** *formandus tibi erit etc.* (XL, 10).

Il se trouve plusieurs fois en tête d'une phrase interrogative (XL, 13 ; XLIV, 4 ; XLV, 3).

116. *Et* lie deux mots qui sont sous l'influence d'une même négation : *Quod non in multa luce decoquebatur* **et** *exspectabat ut in balneo concoqueret* (LXI, 11). *Quare autem non pondus adjicio* **et** *aliquorum gulam irrito?* (LXIII, 19).

117. Contrairement à la règle observée par les meilleurs auteurs, Sénèque, dans les énumérations de plus de deux termes, met quelquefois *et* devant le dernier terme seulement ; mais on remarquera que ce terme résume les précédents ou qu'il a une importance particulière : *Sermone, conatu* et *omni extra paratu* (VII, 6). *Maria sorbebit, flumina avertet et... societatem generis humani cœlumque dissolvet* (XVII, 10). *Captanti... conquirenti... et... oscitanti* (XXI, 3). *Miles... decurrit... vallum facit et supervacuo labore lassatur* (XLII, 6). *Sorbitionem, aquam calidam* et *quicquid aliud intolerabile videtur* (LX, 25).

118. Sénèque emploie la liaison par — *que et*, qui ne se rencontre pas chez Cicéron ni chez César : *Hilarisque et cum gaudio* (XIV, 7). *Cogitationes bonas, solidas***que** *jam et certas* (LVI, 10).

119. *Nec* pour *ne... quidem* est peu classique (III, 2; VII, 5; LIV, 5).

120. *Nec* équivaut à *nec tamen* et peut se traduire par : « ce n'est pas à dire que... » : **Nec** *hoc promitto jam etc.* (XXXIX, 1).

121. *Nec* remplace *et non*, la négation ne portant que sur un des termes de la phrase : **Nec** *intra mœnia coercitos ignes, sed...* (V, 6). **Nec** *ex conjectura, sed omnium ex vero peritus* (XVII, 4). **Nec** *terrore, sed mutuo amore... constringitur* (VI, 2). **Nec** *ex conventione jam, sed ex conscientia latentem* (XXVIII, 8).

122. *Neque* est employé peu correctement au lieu de *neve* après un premier *ne* : *Istos... censores... assis ne feceris* **nec** *dubitaveris etc.* (LXV, 9).

123. *Sed* se trouve employé au lieu de *at* pour introduire une objection fictive, ce qui est rare (XXXVII, 4 ; XL, 6).

124. *Enim* se rencontre dans des phrases interrogatives avec un sens ironique : *Hoc* **enim** *primum? hoc* **enim** *extremum ?* (XI, 3). *Jam* **enim** *te ipse monuisti? jam correxisti?* (XLV, 1).

125. *Itaque* est très souvent placé après le premier mot de la phrase, ce qui est incorrect.

FIGURES DE SYNTAXE.

Ellipse.

126. La locution elliptique *quantum ad* signifie « quant à, pour ce qui regarde » (LXII, 10). Elle se trouve déjà dans Ovide. Les classiques disent *quod attinet ad*.

127. Une autre locution elliptique, très fréquente dans Sénèque, est *cum maxime*, qui a la valeur d'un adverbe et signifie : « précisément, justement en ce moment » ou « à tel moment » (XXXV, 6 ; XL, 7 ; XLI, 3 ; XLII, 1 ; LV, 1 et 11 ; LVII, 2 ; LXII, 8).

128. Sénèque omet quelquefois l'accusatif sujet de l'infinitif, quand ce sujet devrait être un pronom personnel ou démonstratif : *Fateatur accepisse* (XXXV, 3). *Non possum dicere nihil perdere* (XXXVI, 4). *Admoneri bonus gaudet* (XII, 4). *Gloriatur non toto asse pasci* (XLII, 9). *Sullano scias sæculo scriptum*, sous-ent. *eam esse* (VII, 4).

129. Les corrélatifs sont assez souvent supprimés, savoir : *tum* après *cum* (II, 10) ; — *eo* après *quo* (II, 12 ; XXV, 7 ; LXV, 9) ; — *tanto magis* après *quanto magis* (XLVII, 4).

130. On notera cette ellipse singulière de l'antécédent régime d'une préposition : *In quod* (pour *in id quod*) *cœpit pertinax et intentus* (V, 2).

131. Souvent il y a une idée intermédiaire, comme : « je dirai », « tu verras », etc., à suppléer entre la protase et l'apodose (V, 6 ; XVII, 10 ; XXVIII, 9 ; XXXV, 10 ; XXXVI, 1 ; LI, 5).

Brachylogie.

132. L'abréviation d'expression qui consiste à employer seul un substantif avec lequel il faut suppléer une idée verbale, est fréquente chez Sénèque : *Nos togam* (« la prise de la toge virile) *nostrorum infantium agitamus animo* (XV, 2). *Quis sanguinis* (« de l'effusion du sang ») *finis erit ?* (XXVIII, 5). *Officia* (« la faculté de remplir les devoirs ») *civis amisit*

(XX, 2). **Spes** *tuas* (« la réalisation de tes espérances ») *impedio* (XXVIII, 8). **Venena** = *veneficia* (V, 6; XVI, 10). *Descrendi* **nefas**, « l'idée, le sentiment que c'est un crime de déserter » (LXIII, 13).

Souvent le substantif dépend d'une préposition, notamment de *post* (cf. § 88) : *Exhortari* **ad bonam mentem** (XLIII, 1). **Ad dura et aspera** (sous-ent. *subeunda*) *hortatur* (XLVII, 7). **Ad** *extremum usque* **sudorem** (LXIII, 15). **In vino unguentoque** *tenebras exigunt* (LXIV, 3). **Post sanguinem**, « après avoir perdu du sang » (II, 6). **Post vinum**, « quand on a bu » (XII, 5). **Post** *multum* **sudorem** (XXIII, 1). **Post odium** (IX, 6). **Post amicitiam... ante amicitiam** (XXXVIII, 2). **Post Platona**, « après avoir reçu les leçons de Platon » (XVI, 4).

133. Il y a également une brachylogie dans les expressions suivantes : *In quo* **vir bonus quæritur**, *in quo* **vir bonus discitur** (LIX, 3). *Incipit*, **quem promiserat, exhibere** (XLVII, 1) ; cf. *Non* **promittet se talem...** (LXIII, 17).

134. Voici des exemples de comparaison abrégée : **Aliis** *pacatius ingressi iter* (XV, 1). *Excedenti* **terrestria** *magnitudine animalia* (XVI, 9). **His** *plerique, similem vitam agunt* (XXIII, 3). **Huic** *parem virtutem* (XXVII, 13). *Dissimilis (forma)* **ceteris** (XXIX, 10). *Isti (mores)...* **omnibus** = *moribus omnium)... dissident* (LXIV, 12).

135. Le *zeugma*, qui consiste à mettre deux compléments avec un verbe qui ne convient qu'à l'un des deux, est une variété de la brachylogie : *Ultima filii oscula gratumque extremi sermonem oris* **haurire** (XIV, 5), pour : *oscula excipere et sermonem haurire*.

Anacoluthe.

136. Nous ne mentionnerons ici que deux tournures : *Incertum* (sous-ent. *est*)... *an...* (XVI, 10), et *Non refert*, « n'importe » (VII, 8), qui forment une espèce de parenthèse au milieu de la phrase, et qui peuvent être rangées parmi les anacoluthes.

STYLE

137. Nous ne nous proposons pas ici de faire une étude détaillée du style de Sénèque. Il nous suffira d'en relever quelques particularités.

Ce qui frappe, à la lecture des ouvrages philosophiques de Sénèque, c'est le mélange du style oratoire et du style familier. D'une part, Sénèque est un élève des rhéteurs ; il a pratiqué l'éloquence ; il a un goût naturel pour ce que Cicéron appelle *lumina verborum et sententiarum* ; enfin, jouant le rôle d'un prédicateur, il en prend facilement les allures. D'autre part, il affecte de dédaigner la forme[1] ; il n'a nul souci de la régularité, de la grâce, de la noblesse et de l'harmonie ; il a ce parler « non tant délicat et peigné comme véhément et brusque » dont parle Montaigne[2] ; ses traités et ses lettres sentent l'abandon de la causerie et la négligence de l'improvisation.

Ce double caractère se vérifie dans la plupart des observations qui suivent.

1º Sénèque prend ses mots de toutes mains : vocabulaire des arts et métiers, termes de médecine et de chirurgie, locutions plébéiennes, *cant* des gens du beau monde, argot du gymnase et de l'amphithéâtre, tout lui est bon, pourvu qu'il produise une forte impression. A côté de ces trivialités énergiques, qui ont choqué certains critiques anciens[3], on rencontre chez lui, comme chez la plupart des prosateurs de l'Empire, nombre d'expressions poétiques et de réminiscences de Virgile, d'Ovide, etc.

2º Dans son désir de rendre ses idées d'une façon saisissante, il violente parfois la langue, il détourne les mots de leur sens propre, etc.[4]

3º Il ne cherche guère à varier son style ; ses pensées sont

---

1. V. surtout *Epist.* 40, 100, 115.

2. *Essais*, l. I, c. 35.

3. Fronton, p. 158, éd. Naber ; *Verborum sordes et illuvies.* A. Gelle, *N. A*, XII, 2, 1 : *Oratio ejus vulgaria... et protrita... Elegantiæ... in verbis parum esse.*

4. Nous avons sur ce point son propre aveu (*Nat. quæst.*, III, 18, 7) : *Non tempero mihi quin utar interdum temere verbis et proprietatis modum excedam.*

souvent jetées dans le même moule ; il n'évite point les répétitions ; il a un répertoire de locutions et de tournures dont il use et abuse jusqu'à satiété [1].

4° Il vise d'ordinaire à la concision ; mais, soit tendance à l'emphase, soit laisser-aller, il lui arrive de tomber dans la redondance [2].

Mainte fois il affaiblit sa pensée en la délayant : il ne sait pas choisir entre les différentes formes sous lesquelles elle se présente à lui [3].

5° Il laisse à désirer pour l'arrangement des mots et la construction des phrases ; il pèche tantôt par affectation, tantôt par négligence, et ces deux défauts font qu'il n'est pas exempt d'obscurité, car il en résulte des amphibologies [4].

6° En certains endroits, il donne à son style un développement oratoire ; il accumule les anaphores, les entre-croisements, etc. Mais le plus souvent il procède par petites phrases saccadées, simplement juxtaposées : il a le décousu et les saillies de la conversation [5].

7° A la façon des rhéteurs, il multiplie les antithèses [6], les jeux de mots, les paronomases, les pointes [7], etc.

---

1. Exemples : *Quidni?... Quid ergo?... Non est quod.... Vis et vis tu?...* Les mots *utique, subinde*, etc., reviennent sans cesse.

2. Exemples : *Labor irritus sine effectu* (XXIII, 1). *Inani sono vana circumstrepet* (LVI, 12). *Conari alta tentare* (XVIII, 2). *Solitudines... sine habitatore desertas* (V, 7). *Nimia superfluentis populi frequentia* (XXVI, 11). *Opulenta civitas copia bonorum omnium abundat* (XXIX, 16). *Incerti labantium pedes et semper... titubatio* (LXIII, 2). *Sine ulla frequentia desertis angulis praesident* (LXIII, 7).

3. Il aimait trop, dit Quintilien (X, 1, 130), tout ce qui sortait de sa plume : *Si non omnia sua amasset.*

4. Ainsi, le complément d'une phrase devient le sujet de la phrase suivante, sans que rien avertisse le lecteur.

5. C'est ce que lui reproche Quintilien (X, 1, 130) : *Si rerum pondera minutissimis sententiis non fregisset.* Comparez le mot de Caligula cité plus haut, p. 11, note 1.

6. « Ce sont les symétries du style de Sénèque qui le font citer. » (Joubert.)

7. Exemples : *Ad contemnendam patientiam malorum animus patientia pervenit* (II, 13). *Quid egeris, tunc apparebit, cum animam ages* (XLIV, 6). *Ut nemo pereat, nisi quem perire etiam pereuntis intersit* (VI, 5). *Eum ferre, qui Jovem non ferret* (VII, 6). *Quo proscribentis... proscripsit* (XVII, 6). *Ne domina occideretur, videri dominam occidisse* (XXXI, 20). *Quae non sunt mala nisi male sustinenti* (II, 14). *Ultima*

8° Doué d'une imagination riche et colorée, il abonde en comparaisons et en métaphores généralement heureuses et expressives; il aime à les tirer d'objets familiers et de la vie de tous les jours, ce qui donne à ses écrits une teinte de réalisme très prononcée.

supplicia sceleribus ultimis ponat (VI, 5). *Ad ostium alicujus ostiarii* (XXXI, 31). *Quid... ad frangendum fragiles consurgimus?* (XIII, 3). *Mansuete immansueta tractanda sunt* (XI, 3). *Homo ad immortalium cognitionem nimis mortalis est* (XIX, 7). *Quies inquieta est* (LVI, 7). *Arrosor... arrisor... derisor* (XLV, 7). *Non quia debebamus, sed quia habebamus* (LV, 6). *Quod non in multa luce decoquebatur et exspectabat, ut in balneo concoqueret* (LXI, 11).

SÉNÈQUE

QUARE ALIQUA INCOMMODA BONIS VIRIS ACCIDANT CUM PROVIDENTIA SIT

SIVE

DE PROVIDENTIA

Pourquoi les gens de bien sont-ils sujets à l'infortune, s'il existe une Providence?

Le malheur, répond Sénèque, est pour la vertu une épreuve salutaire et nécessaire (I et II). Les accidents que le vulgaire appelle des maux n'en sont pas réellement, car il n'y a de mal que ce qui est honteux. Le sage triomphe de l'adversité : cette lutte qu'il soutient victorieusement est la condition même de sa grandeur et sert de leçon au genre humain. Il sait que les misères de cette vie rentrent dans l'ordre général des destinées : il les accepte sans murmurer; sa volonté est d'accord avec celle de Dieu. Pourquoi le plaindre? Il garde intact le seul bien véritable, qui est la vertu. N'accusons donc point la Providence d'injustice : l'homme de bien peut paraître malheureux, mais il ne l'est jamais.

I

Pourquoi Dieu éprouve l'homme de bien.

[1] Non vides, quanto aliter patres, aliter matres indulgeant[1]? Illi excitari jubent liberos ad studia

---

1. *Indulgeant (liberis).* Indulgere n'exprime pas ici l'idée d'indulgence, mais celle d'affection, d'amour, de tendresse.

obeunda maturo[1], feriatis quoque[2] diebus non patiuntur esse otiosos et sudorem illis et interdum lacrimas excutiunt; at matres fovere in sinu, continere in umbra volunt, numquam flere, numquam contristari, numquam laborare[3]. [2] Patrium deus habet adversus bonos viros animum et illos fortiter amat et : « Operibus, » inquit, « doloribus, damnis exagitentur, ut verum colligant robur. » Languent per inertiam saginata[4] nec labore tantum, sed motu et ipso sui onere deficiunt[5]. Non fert ullum ictum illæsa felicitas; at cui assidua fuit cum incommodis suis rixa, callum per injurias duxit[6] nec ulli malo cedit, sed etiamsi cecidit, de genu pugnat. [3] Miraris tu, si deus ille bonorum amantissimus, qui illos quam optimos esse atque excellentissimos vult, fortunam illis cum qua exerceantur assignat? Ego vero non miror, si aliquando impetum capit spectandi magnos viros colluctantes cum aliqua calamitate. [4] Nobis interdum voluptati est, si adulescens[7] constantis animi irruentem feram venabulo excepit, si leonis incursum interritus pertulit, tantoque hoc spectaculum est gratius, quanto id honestior[8] fecit. Non sunt ista, quæ possint deorum in se vultum convertere, puerilia et humanæ oblectamenta levitatis : ecce spectaculum dignum ad quod respiciat intentus operi

1. *Excitari* (*e somno*) est déterminé par *mature* = *tempore matutino, ante lucem*.
2. *Quoque*. V. Rem. 111.
3. *Fovere.., continere.., flere.., contristari.., laborare*. Sous-ent. *eos* comme complément avec les deux premiers infinitifs, et comme sujet avec les trois autres.
4. *Per inertiam saginata*. Cf. LXIV, 4.
5. *Labore..., motu..., onere*, ablatifs de cause : « Ils défaillent par suite de..., ils sont accablés par... ». — *Sui onere*. V. Rem. 29.
6. *Duxit*. V. *Rem*. 40.
7. *Si adulescens etc.*, dans les combats d'hommes contre des bêtes féroces (*venationes*) qui faisaient partie des jeux de l'amphithéâtre.
8. *Quanto id honestior fecit* = *quanto honestior est, qui id fecit*; — *Honestior*, « d'un rang social plus élevé ». On avait vu des jeunes gens de bonne famille descendre dans l'arène soit pour satisfaire un caprice de l'empereur, soit par entraînement, soit parce qu'ils étaient à bout de ressources (Cf. LXII, 8).

suo[1] deus, ecce par[2] deo dignum, vir fortis cum fortuna mala compositus, utique si et provocavit.

(C. 2, §§ 5-9.)

II

Même sujet.

[1] Prosperæ res et in plebem ac vilia ingenia deveniunt; at calamitates terroresque mortalium sub jugum mittere proprium magni viri est. Semper vero esse felicem et sine morsu animi transire vitam ignorare est rerum naturæ alteram partem[3]. [2] Magnus vir es: sed unde scio, si tibi fortuna non dat facultatem exhibendæ virtutis? Descendisti[4] ad Olympia, sed nemo præter te: coronam habes, victoriam non habes; non gratulor tamquam viro forti, sed tamquam consulatum præturamve adepto : honore auctus es[5]. [3] Idem dicere et bono viro possum, si illi nullam occasionem difficilior casus dedit, in qua vim animi sui ostenderet : « Miserum te judico, quod numquam fueris miser. Transisti sine adversario vitam; nemo sciet quid potueris, ne tu quidem ipse. » Opus est enim ad notitiam sui experimento; quid quisque posset nisi tentando non didicit[6]. Itaque quidam ipsi ultro se cessantibus[7] malis obtulerunt et virtuti ituræ[8] in obscurum occasionem, per quam enitesceret, quæsierunt. [4] Gaudent,

---

1. *Intentus operi suo*, « tout absorbé qu'il est par son ouvrage », c'est-à-dire par le soin de gouverner et de conserver le monde.

2. *Par etc.*, image empruntée aux combats de gladiateurs.

3. *Alteram partem*, « la moitié », parce que la nature renferme tous les contrastes.

4. *Descendisti*, dans l'arène, qui est située plus bas que les places occupées par les spectateurs.

5. *Honore auctus es*. On ajoutera dans la traduction « simplement » ou un terme équivalent.

6. *Non didicit*. V. Rem. 40.

7. *Cessantibus*, « qui se faisaient attendre. »

8. *Ituræ*, « qui risquait de.... » V. Rem. 53, 1°.

inquam, magni viri aliquando rebus adversis, non aliter quam fortes milites bello. Triumphum[1] ego murmillonem sub Tiberio Cæsare de raritate munerum[2] audivi querentem : « Quam bella, » inquit, « ætas[3] perit! » Avida est periculi virtus et quo tendat, non quid passura sit, cogitat, quoniam etiam quod passura est, gloriæ pars est. Militares viri gloriantur vulneribus, læti fluentem e lorica suum sanguinem ostentant; idem licet fecerint[4] qui integri revertuntur ex acie, magis spectatur qui saucius redit. [5] Ipsis, inquam, deus consulit, quos esse quam honestissimos cupit, quotiens illis materiam præbet aliquid animose fortiterque faciendi, ad quam rem opus est aliqua rerum difficultate : gubernatorem in tempestate, in acie militem intellegas. Unde possum scire, quantum adversus paupertatem tibi animi sit, si divitiis diffluis? unde possum scire, quantum adversus ignominiam et infamiam odiumque populare constantiæ habeas, si inter plausus senescis, si te inexpugnabilis et inclinatione quadam mentium pronus favor sequitur? unde scio, quam æquo animo laturus sis orbitatem[5], si quoscumque sustulisti[6], vides? Audivi te, cum alios consolareris : tunc conspexissem[7], si te ipse consolatus esses, si te ipse dolere vetuisses. [6] Nolite, obsecro vos, expavescere ista, quæ di immortales velut stimulos admovent animis : calamitas virtutis occasio est. Illos

1. *Triumphum*, Triumphus, nom de gladiateur.

2. *De raritate munerum.* Tibère n'aimait pas les jeux publics. Suét., *Tib.*, 47 : *Princeps... neque spectacula omnino edidit et iis quæ ab aliquo ederentur rarissime interfuit.* — *Munera* (gladiatoria), « combats de gladiateurs ».

3. *Bella ætas,* « beaux jours (de la vie) ».

4. *Idem... fecerint,* « se soient aussi bien battus, aient aussi bien fait leur devoir ».

5. *Orbitatem,* « la perte de tes enfants ».

6. *Sustulisti.* Chez les anciens, l'enfant n'était reconnu et n'entrait dans la famille que si le père, à sa naissance, l'avait soulevé de terre et pris dans ses bras. De là *tollere liberos* = « avoir des enfants ».

7. *Conspexissem,* « je t'aurais vu tel que tu es réellement, j'aurais pu apprécier ta fermeté ».

merito quis dixerit miseros, qui nimia felicitate torpescunt, quos velut in mari lento tranquillitas iners[1] detinet; quicquid illis inciderit, novum veniet. Magis urgent sæva inexpertos : grave est teneræ cervici jugum; ad suspicionem[2] vulneris tiro pallescit, audacter veteranus cruorem suum spectat, qui scit se sæpe vicisse post sanguinem[3]. [7] Ilos itaque deus quos probat, quos amat, indurat, recognoscit, exercet; eos autem quibus indulgere videtur, quibus parcere, molles venturis malis servat. Erratis enim, si quem judicatis exceptum : veniet et ad illum diu felicem sua portio; quisquis videtur dimissus esse, dilatus est[4]. [8] Quare deus optimum quemque aut mala valetudine aut luctu aut aliis incommodis afficit? Quia in castris quoque periculosa fortissimis imperantur : dux lectissimos mittit, qui nocturnis hostes aggrediantur insidiis aut explorent iter aut præsidium loco dejiciant. Nemo eorum qui exeunt dicit : « Male de me imperator meruit, » sed : « Bene judicavit[5]. » Idem dicant quicumque jubentur pati timidis ignavisque flebilia : « Digni visi sumus deo in quibus experiretur, quantum humana natura posset pati. » [9] Fugite delicias, fugite enervatam[6] felicitatem, qua animi permadescunt, nisi[7] aliquid intervenit quod humanæ sortis admoneat, velut perpetua ebrietate sopiti. Quem specularia[8] semper ab

---

1. *Iners*. L'auteur attribue à un objet (*tranquillitas*) la qualité qu'il produit chez les personnes soumises à son influence. On dit de même *tarda senectus*, etc.

2. *Ad suspicionem*, « à la seule idée ».

3. *Post sanguinem*. V. *Rem.* 132.

4. *Dilatus est*, « n'a obtenu qu'un délai, un sursis ».

5. *Bene judicavit* (de me), « il a porté sur moi un jugement avantageux, il a bonne opinion de moi. »

6. *Enervatam*. Cf. la note sur *iners* (§ 6).

7. *Nisi etc.* Cette proposition est subordonnée à *sopiti*.

8. *Specularia*, carreaux de talc (*lapis specularis*) ou de verre. Primitivement les fenêtres n'étaient garnies que de volets, de grillages ou de treillis. Sénèque, *Ep.* 90, 25 : *Quædam* (certaines inventions) *nostra demum prodisse memoria scimus, ut speculariorum usum, perlucente testa* (« plaque ») *clarum transmittentium lumen*.

afflatu vindicaverunt, cujus pedes inter fomenta subinde mutata tepuerunt, cujus cenationes subditus et parietibus circumfusus calor[1] temperavit, hunc levis[2] aura non sine periculo stringet. [10] Cum[3] omnia quæ excesserunt modum noceant, perniciosissima felicitatis intemperantia est : movet cerebrum, in vanas mentem imagines evocat, multum inter falsum ac verum mediæ caliginis[4] fundit. Quidni satius sit perpetuam infelicitatem advocata virtute sustinere quam infinitis atque immodicis bonis rumpi? Lenior jejunio[5] mors est; cruditate dissiliunt[6]. [11] Hanc itaque rationem di sequuntur in bonis viris, quam in discipulis suis præceptores, qui plus laboris ab iis exigunt, in quibus certior spes est. Numquid tu invisos esse Lacedæmoniis liberos suos credis, quorum experiuntur indolem publice verberibus admotis[7]? ipsi illos patres adhortantur, ut ictus flagellorum fortiter perferant, et laceros ac semianimes rogant, perseverent[8] vulnera præbere vulneribus[9]. [12] Quid mirum, si dure generosos spiritus deus tentat? numquam virtutis molle documentum[10] est. Verberat nos et lacerat fortuna? patiamur :

---

1. *Subditus et parietibus circumfusus calor.* Cf. Sénèque, *Ep.* 90, 25 : ... *impressos parietibus tubos, per quos circumfunderetur calor, qui ima simul ac summa foveret æqualiter.*

2. *Levis*, « même léger, le plus léger ».

3. *Cum...*, sans *tum* (*tum vero*) corrélatif. V. *Rem.* 129.

4. *Mediæ caliginis.* Celui qui se trouve dans cet épais brouillard ne sait plus distinguer de quel côté est l'erreur, de quel côté la vérité.

5. *Jejunio*, ablatif de cause se oignant à *mors.* V. *Rem.* 90.

6. *Dissiliunt.* Suppléez comme sujet : « ceux qui sont gâtés par la fortune ».

7. *Publice verberibus admotis.* Pour endurcir les jeunes Spartiates à la douleur physique, on les fouettait tous les ans devant l'autel d'Artémis Orthia. Cette épreuve (διαμαστίγωσις), qui donnait lieu à un véritable concours de force d'âme, était une institution publique (*publice*).

8. *Rogant, perseverent.* V. *Rem.* 47.

9. *Vulnera præbere vulneribus* = *vulnera præbere ad nova vulnera accipienda, ut in ipsis vulneribus nova vulnera fiant.*

10. *Virtutis... documentum*, « le moyen pour la vertu de faire ses preuves ».

non est sævitia, certamen est, quod quo[1] sæpius adierimus, fortiores erimus. Solidissima corporis pars est, quam frequens usus agitavit. Præbendi fortunæ sumus, ut contra illam ab ipsa duremur: paulatim nos sibi pares faciet; contemptum periculorum assiduitas periclitandi dabit. Sic sunt nauticis corpora ferendo mari[2] dura, agricolis manus tritæ, ad excutienda tela militares lacerti valent, agilia sunt membra cursoribus: id in quoque solidissimum est, quod exercuit. [13] Ad contemnendam patientiam malorum animus patientia[3] pervenit; quæ quid in nobis efficere possit, scies, si adspexeris, quantum nationibus nudis et inopia fortioribus labor præstet. Omnes considera gentes in quibus Romana pax[4] desinit, Germanos dico et quicquid circa Histrum vagarum gentium occursat: perpetua illos hiems, triste cælum premit, maligno solum sterile sustentat; imbrem culmo aut fronde defendunt, super durata glacie stagna persultant, in alimentum[5] feras captant. Miseri tibi videntur? Nihil miserum est, quod in naturam consuetudo perduxit; paulatim enim voluptati sunt, quæ necessitate cœperunt. Nulla illis domicilia nullæque sedes sunt, nisi quas lassitudo[6] in diem[7] posuit; vilis et hic[8] quærendus manu victus, horrenda iniquitas cæli, intecta corpora: hoc, quod tibi calamitas videtur, tot gentium vita est! [14] Quid miraris bonos viros, ut confirmentur, concuti? non est arbor solida

---

1. *Quo...*, sans le corrélatif *eo*. V. *Rem.* 129.

2. *Ferendo mari*, datif. V. *Rem.* 55, 2°.

3. *Patientiam... patientia*, répétition d'un même mot en des sens différents (antanaclase). V. *Rem.* 137,7°. — *Patientiam* = *perpessionem*, « le fait de souffrir » (v. *Rem.* 10); *patientia* = « le courage à supporter, la patience ».

4. *Romana pax*, la domination de Rome sur les peuples qu'elle a pacifiés; on peut traduire : « la civilisation romaine ».

5. *In alimentum*. V. *Rem.* 84 et 56.

6. *Lassitudo*, personnification; la cause personnifiée devient le sujet de l'action.

7. *In diem*, « pour le jour même, pour un jour ».

8. *Et hic*, « et encore, et de plus ». V. *Rem.* 72,1°.

nec fortis, in quam frequens ventus incursat; ipsa enim vexatione constringitur et radices certius figit; fragiles sunt, quæ in aprica valle creverunt. Pro ipsis ergo bonis viris est¹, ut esse interriti possint, multum inter formidolosa versari et æquo animo ferre, quæ non sunt mala nisi male sustinenti.

(C. 4.)

NEC INJURIAM NEC CONTUMELIAM ACCIPERE SAPIENTEM

SIVE

DE CONSTANTIA SAPIENTIS

Le sage, tel que le définissent les stoïciens, ne peut recevoir ni injure (III) ni offense (IV).

L'injure (*injuria*) a pour but de faire du mal à quelqu'un, de lui causer un préjudice réel : elle n'atteint pas le sage, parce que celui-ci n'attache de prix qu'à la vertu, qu'il n'est au pouvoir de personne de lui arracher.

L'offense (*contumelia*), qui blesse seulement notre amour-propre, a pour but de nous humilier : le sage ne peut la ressentir, parce qu'il est au-dessus de tous les autres hommes et qu'on n'est jamais humilié par un inférieur.

III

Le sage ne peut recevoir d'injure.

[1] Injuria² propositum hoc habet, aliquem malo afficere; malo autem sapientia non relinquit locum; unum

---

1. *Pro... viris est*, « il est de l'avantage des gens de bien ». V. Rem. 89.

2. *Injuria etc.* Syllogisme : *Injuria... afficere* (majeure); *malo autem... locum* (mineure); [unum

enim illi malum est turpitudo, quæ intrare eo ubi jam
virtus honestumque est, non potest; ergo si injuria
sine malo nulla est, malum nisi turpe¹ nullum est,
turpe autem ad honestis occupatum² pervenire non
potest, injuria ad sapientem non pervenit. Nam si
injuria alicujus mali patientia³ est, sapiens autem nullius
mali est patiens, nulla ad sapientem injuria pertinet.
[2] Omnis injuria deminutio ejus est in quem incurrit,
nec potest quisquam injuriam accipere sine aliquo
detrimento vel dignitatis vel corporis vel rerum extra
nos positarum. Sapiens autem nihil perdere potest;
omnia in se reposuit, nihil fortunæ credidit, bona sua
in solido habet, contentus virtute, quæ fortuitis non
indiget ideoque nec augeri nec minui potest — nam et
in summum perducta incrementi non habent locum⁴ et
nihil eripit fortuna, nisi quod dedit; virtutem autem
non dat, ideo nec⁵ detrahit — libera est⁶, inviolabilis,
immota, inconcussa; sic contra casus indurat⁷, ut
ne inclinari quidem, nedum vinci possit. [3] Adversus
apparatus terribilium⁸ rectos oculos tenet⁹, nihil ex
vultu mutat, sive illi dura sive secunda ostentantur.
Itaque nihil perdet quod perire sensurus sit; unius
enim in possessione virtutis est, ex qua depelli numquam
potest; ceteris precario¹⁰ utitur : quis autem

---

enim... non potest (preuve de la mineure);] ergo... non pervenit (conclusion). Dans la conclusion, Sénèque récapitule les prémisses et la preuve de la mineure (si injuria... pervenire non potest, trois propositions subordonnées par si). Il reprend ensuite le même raisonnement sous une autre forme (Nam si injuria... pertinet).

1. *Turpe = turpitudo.*
2. *Ad honestis occupatum.* V. Rem. 66, 2°.
3. *Patientia = perpessio.* Cf. II, 13.
4. *In summum perducta incrementi non habent locum.* Cf. Sénèque le père, *Suasor.* 1, 3 : *Quicquid ad summum pervenit incremento non reliquit locum.*
5. *Nec = ne... quidem.* V. Rem. 119.
6. *Libera est (virtus),* changement de sujet.
7. *Indurat (sapientem).*
8. *Terribilium,* neutre. V. Rem. 65.
9. *Tenet (sapiens).*
10. *Precario,* en vertu d'une concession toujours révocable.

jactura movetur alieni? Quodsi injuria nihil lædere potest ex iis quæ propria sapientis sunt, quia virtute salva sua salva sunt, injuria sapienti non potest fieri. [4] Megara Demetrius[1] ceperat, cui cognomen Poliorcetes fuit. Ab hoc Stilpon philosophus[2] interrogatus, num aliquid perdidisset : « Nihil, » inquit; « omnia mea mecum sunt. » Atqui et patrimonium ejus in prædam cesserat et filias[3] rapuerat hostis et patria in alienam ditionem pervenerat et ipsum rex[4] circumfusus victoris exercitus armis ex superiore loco[5] rogitabat. At ille victoriam illi excussit et se urbe capta non invictum tantum, sed indemnem esse testatus est. Habebat enim vera secum bona, in quæ non est manus injectio[6]; at quæ dissipata et direpta ferebantur, non judicabat sua, sed adventicia et nutum fortunæ sequentia; ideo ut non propria dilexerat. Omnium enim extrinsecus affluentium lubrica et incerta possessio est.

(C. 5, §§ 3-7.)

1. *Demetrius.* Démétrius surnommé le *Preneur de villes* (Πολιορκητής) était fils d'Antigone, un des successeurs d'Alexandre. En 307 av. J.-C., il enleva Athènes à Cassandre, roi de Macédoine, et s'empara presque en même temps de Mégare.

2. *Stilpon philosophus*, Stilpon de Mégare (370-290 av. J.-C. environ), un des chefs de l'école mégarienne. C'était un habile dialecticien; pour la morale, il se rapprochait des tendances de l'école cynique, et il enseignait par la parole et par son exemple la constance, la frugalité et le mépris des biens extérieurs. Il compta parmi ses élèves Zénon, le fondateur de l'école stoïcienne.

3. *Filias.* Il n'en avait qu'une au rapport de Diogène de Laërte (II, 12, 3).

4. *Rex.* Les Athéniens donnèrent à Démétrius le titre de roi (Plutarque, *Demetr.*, 10).

5. *Ex superiore loco.* Le vainqueur était assis sur une estrade.

6. *Non est manus injectio*, « Il n'y a pas de saisie possible ».

IV
Le sage ne peut recevoir d'offense.

[1] (Contumelia) est minor injuria, quam queri magis quam exsequi possumus, quam leges quoque[1] nulla dignam vindicta putaverunt. Hunc affectum[2] movet humilitas animi contrahentis se ob factum dictumve inhonorificum : « Ille[3] me hodie non admisit, cum alios admitteret, » et : « Sermonem meum aut superbe aversatus est aut palam risit, » et : « Non in medio me lecto[4], sed in imo collocavit, » et alia hujus notæ, quæ quid vocem nisi querelas nauseantis[5] animi? in quæ fere delicati et felices incidunt; non vacat enim hæc notare[6] cui pejora instant.

[2] Nimio otio ingenia natura infirma et muliebria et inopia veræ injuriae lascivientia, his commoventur[7],

---

1. *Quoque*, « même ». V. *Rem.* III.
2. *Hunc affectum* = *affectum qui ex hac re nascitur*, « le ressentiment de l'offense ».
3. *Ille*, « un tel ».
4. *In medio lecto*, etc. Les lits ou sofas sur lesquels les Romains s'étendaient pour manger étaient disposés, au nombre de trois, autour de la table, de manière à former trois côtés d'un carré, le quatrième restant vide pour la commodité du service. Le lit du milieu (*medius*) était considéré comme le plus honorable; celui de gauche (*imus*), dans la figure ci-dessous, l'était le moins.

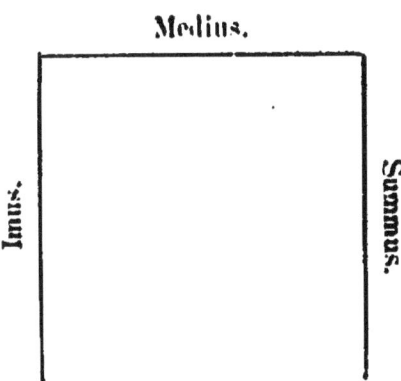

5. *Nauseantis*, « blasé ».
6. *Notare.* V. *Rem.* 12.
7. *Nimio otio... his commoventur. Nimio otio* indique la

quorum pars major constat vitio[1] interpretantis. Itaque nec prudentiæ quicquam in se esse nec fiduciæ ostendit, qui contumelia afficitur[2]; non dubie enim contemptum se judicat, et hic morsus[3] non sine quadam humilitate animi evenit supprimentis se[4] ac descendentis. Sapiens autem a nullo contemnitur; magnitudinem suam novit nullique tantum de se licere[5] renuntiat sibi[6] et omnes has, quas non miserias animorum, sed molestias dixerim, non vincit[7], sed ne sentit quidem.

(C. 10, §§ 1-3.)

DE IRA

Livre I. — Après une vive peinture de la colère et de ses effets (V), Sénèque définit ce sentiment « un désir de vengeance. » L'homme seul en est susceptible; car, quoique ennemie de la raison, la colère ne naît que chez des êtres capables de raison. Elle se distingue de l'irascibilité (*iracundia*) et présente plusieurs variétés. Elle n'est point conforme à la nature (VI); elle n'est utile en aucune occasion, pas même à la guerre; étant incompatible avec la raison, elle doit être non seulement limitée, mais absolument écartée; elle ne contribue en rien à la grandeur d'âme (VII).

Livre II. — La colère n'est pas un mouvement spontané et irréfléchi, c'est un vice volontaire; elle n'existe réellement

---

cause éloignée (« par suite de.... sous l'influence de... »); *his*, la cause directe (« par... »). V. *Rem.* 39.

1. *Vitio* = *culpa, errore*.

2. *Afficitur*, « s'affecte, se montre sensible à... ».

3. *Morsus*. Cf. II, 1 : *sine morsu animi*. De même *mordere* = « chagriner, tourmenter, contrarier ».

4. *Supprimentis se*, « qui se rapetisse ».

5. *Nulli tantum de se licere*, « que personne n'a un pareil pouvoir sur lui », c'est-à-dire « qu'il n'appartient à personne de le mépriser ».

6. *Renuntiat sibi*, « il se dit ». V. *Rem.* 12.

7. *Non vincit*, plus fort que *non modo vincit*.

qu'avec l'assentiment de l'âme. Sans doute, la première émotion est involontaire, mais l'acte par lequel nous nous abandonnons décidément à la colère est un acte réfléchi. Dès lors la raison a prise sur ce vice, elle peut le combattre et en triompher. Quels sont les moyens de le guérir? Ils se divisent en deux classes : ceux qui l'empêchent de naître et ceux qui en arrêtent le développement. Parmi les premiers, il faut citer avant tout une saine éducation de l'enfance. Quant à l'homme fait, il aura à tenir compte de toute une série de préceptes dont voici les princip... Nous ne sommes que trop portés à croire qu'on nous a injuré; ne nous fions donc pas légèrement aux apparences et ne nous emportons pas sur de simples soupçons : que de fois nous interprétons mal les actions d'autrui ! Ne nous irritons pas non plus pour des riens (VIII). C'est folie de se mettre en colère contre les objets inanimés, contre les êtres qui agissent sans discernement, contre les personnes qui exercent envers nous des rigueurs salutaires. Si une punition nous paraît injuste, rentrons en nous-mêmes, et nous serons moins prompts, d'une part, à récriminer, de l'autre, à condamner autrui (IX). Tenons compte de l'intention chez ceux qui semblent nous avoir offensés. Songeons surtout à ce qu'il y a d'affreux et souvent de funeste dans la soif de la vengeance (X et XI).

Livre III. — On ne saurait flétrir avec assez d'énergie la colère, ce vice détestable qui entraîne des nations entières à leur perte. Pour l'éviter, proportionnons nos entreprises à nos forces : sinon, nous serons toujours mécontents des autres et de nous-mêmes. Mettons nos soins à prévenir l'injure que nous ne saurions supporter, en ne liant commerce qu'avec des gens doux et pacifiques. Modérons-nous dès le début d'une discussion. Fuyons toutes les causes d'irritation et tâchons de connaître notre endroit faible pour y porter secours. Le temps est le grand remède de la colère : avant de punir, donnons-nous le loisir de délibérer. Si nous sentons la colère nous envahir, affectons les dehors du calme : le physique réagira sur le moral. Prions aussi nos amis de nous réprimander aux premiers symptômes de cette affection. Méditons les exemples que nous fournit l'histoire, soit pour les fuir, soit pour les suivre. La crainte, le respect, le dédain peuvent servir de remède à la colère. Habituons-nous à apprécier les choses à leur juste valeur : nous supprimerons ainsi bien des motifs d'exaspération. Nos jugements sont capricieux : nous tolérons au dehors ce que nous ne supportons pas chez nous. Faisons notre examen de conscience (XII), et nous deviendrons plus modérés. Quand il s'agira de réfréner la colère chez les autres, on usera tantôt de ménagements, tantôt d'autorité. Dans une conclusion éloquente, Sénèque montre que rien n'est plus efficace pour bannir la colère de nos cœurs que la pensée de notre mort prochaine (XIII).

V

La colère et ses effets.

[1] Exegisti a me, Novate[1], ut scriberem quemadmodum posset ira leniri; nec immerito mihi videris hunc præcipue affectum pertimuisse maxime ex omnibus tætrum ac rabidum. Ceteris enim aliquid quieti placidique inest : hic totus concitatus et in impetu[2] est doloris, armorum, sanguinis, suppliciorum minime humana furens cupiditate, dum alteri noceat, sui neglegens, in ipsa irruens tela et ultionis secum ultorem tracturæ[3] avidus. [2] Quidam itaque ex sapientibus viris iram dixerunt brevem insaniam[4]; æque[5] enim impotens sui est, decoris oblita, necessitudinum[6] immemor, in quod cœpit[7] pertinax et intenta, rationi consiliisque præclusa, vanis agitata causis, ad dispectum æqui verique inhabilis, ruinis simillima, quæ super id quod oppressere franguntur. [3] Ut scias autem non esse sanos quos ira possedit, ipsum illorum

---

1. *Novate.* Novatus, frère aîné de Sénèque. V. la *Notice*, p. 2-3.
2. *In impetu*, « livré à l'élan, tout à l'élan ».
3. *Tracturæ* = *etiam si tractura est.* V. Rem. 53, 1°.
4. *Iram ... brevem insaniam.* Cf. Horace, *Epist.*, I, 2,

62 : *Ira furor brevis est.*
5. *Æque*, comme la folie elle-même.
6. *Necessitudinum*, « de tous les liens sociaux (parenté, alliance, amitié) ».
7. *In (id) quod cœpit.* V. Rem. 130.

habitum intuere; nam ut furentium certa indicia sunt audax et minax vultus, tristis frons, torva facies, citatus gradus, inquietæ manus, color versus, crebra et vehementius acta suspiria, ita irascentium eadem signa sunt : flagrant ac micant oculi, multus ore toto rubor exæstuante ab imis præcordiis sanguine, labra quatiuntur, dentes comprimuntur, horrent ac subriguntur capilli, spiritus coactus ac stridens, articulorum se ipsos torquentium sonus, gemitus mugitusque et parum explanatis vocibus sermo præruptus et complosæ sæpius manus et pulsata humus pedibus et totum concitum corpus magnasque præ se minas gerens, fœda visu et horrenda facies depravantium se atque intumescentium. [4] Nescias utrum magis detestabile vitium sit an deforme. Cetera licet abscondere et in abdito alere : ira se profert et in faciem exit[1] quantoque major, hoc effervescit manifestius. Non vides ut omnium animalium[2], simul ad nocendum insurrexerunt, præcurrant notæ ac tota corpora solitum quietumque egrediantur habitum et feritatem suam exasperent? spumant apris ora, dentes acuuntur attritu, taurorum cornua jactantur in vacuum et arena pulsu pedum spargitur, leones fremunt, inflantur irritatis colla serpentibus, rabidarum canum tristis adspectus est : nullum est animal tam horrendum tamque perniciosum natura, ut non appareat in illo, simul ira invasit, novæ feritatis accessio. [5] Nec ignoro ceteros quoque affectus vix occultari, libidinem metumque et audaciam dare sui signa et posse prænosci; neque enim ulla vehementior intrat concitatio, quæ nihil moveat in vultu. Quid ergo interest? quod alii[3] affectus apparent, hic eminet[4].

1. *In faciem exit*, « vient se peindre sur la physionomie ».

2. *Animalium*. Ce génitif va bien avec *corpora*, mais non avec *notæ*.

3. *Alii.* V. Rem. 76.

4. *Eminet.* Cf. Cicéron, *In Verr.*, V, 62, 111 : *Toto ex ore crudelitas eminebat.* Le sens propre de *eminere* est « faire saillie ».

[6] Jam vero si effectus ejus damnaque intueri velis[1], nulla pestis humano generi pluris stetit[2]; videbis cædes ac venena[3] et reorum mutuas sordes[4] et urbium clades et totarum exitia gentium et principum sub civili hasta capita venalia et subjectas tectis faces nec intra mœnia coercitos ignes[5], sed ingentia spatia regionum hostili flamma relucentia. [7] Adspice nobilissimarum civitatum fundamenta vix notabilia[6] : has ira dejecit; adspice solitudines[7] per multa milia sine habitatore desertas : has ira exhausit[8]; adspice tot memoriæ proditos duces[9] mali exempla[10] fati : alium ira in cubili suo confodit, alium inter sacra mensæ[11] percussit, alium[12] inter leges[13] celebrisque spectaculum fori[14] lancinavit, alium filii parricidio[15] dare sanguinem jussit,

---

1. *Si... velis, etc.* Ellipse d'une idée intermédiaire. V. *Rem.* 131.

2. *Stetit* = *constitit.*

3. *Venena,* pour *veneficia,* « des empoisonnements ». V. *Rem.* 132.

4. *Mutuas sordes.* Les accusés, en signe de deuil et pour attendrir les juges, négligeaient le soin de leur personne et prenaient des vêtements sordides; de là, *sordes* désigne l'état misérable, la triste situation d'un accusé. *Mutuas sordes* est pour *mutuas accusationes,* l'effet pour la cause.

5. *Nec... coercitos ignes.* On attendrait *et non.. coercitos ignes.* V. *Rem.* 121.

6. *Nobilissimarum... notabilia,* paronomase. Pour *notabilis,* v. *Rem.* 11.

7. *Solitudines... desertas* V. *Rem.* 137;4°.

8. *Exhausit* = *exhauriendo fecit.*

9. *Duces,* rois, magistrats, etc.

10. *Exempla,* complément attributif.

11. *Sacra mensæ.* Un convive est un hôte, et l'on sait que, chez les anciens, un hôte était sacré.

12. *Alium... lancinavit.* Sénèque semble faire allusion au sort du préteur Asellio. Valère-Maxime, IX, 7, 4 : *Creditorum quoque consternatio* (« une émeute ») *adversus Semproni Asellionis prætoris urbani caput intolerabili modo exarsit. Quem, quia causam debitorum susceperat, concitati a L. Cassio tribuno plebis pro æde Concordiæ* (à l'une des extrémités du forum) *sacrificium facientem ab ipsis altaribus fugere extra forum coactum inque tabernula latitantem prætextatum discerpserunt.*

13. *Inter leges.* Le forum était en quelque sorte le siège des lois et de la justice.

14. *Celebris... spectaculum fori* = *forum, in quo frequens spectatorum multitudo aderat.*

15. *Filii parricidio* n'est pas un pléonasme, car *parricidium* désigne le meurtre de toute personne qui nous est unie par les liens du

alium servili manu regalem aperire jugulum[1], alium in cruce membra distendere. [8] Et adhuc singulorum supplicia narro : quid, si tibi libuerit, relictis in quos ira viritim exarsit, adspicere cæsas gladio contiones et plebem immisso milite contrucidatam et in perniciem promiscuam totos populos capitis damnatos?

(L. I, c. 1-2.)

VI

La colère n'est point conforme à la nature.

[1] An[2] secundum naturam sit (ira) manifestum erit, si hominem inspexerimus. Quo quid est mitius, dum in recto[3] animi habitus est? quid autem ira crudelius est? Quid homine aliorum amantius? quid ira infestius? Homo in adjutorium mutuum genitus est, ira in exitium; hic congregari[4] vult, illa discedere; hic prodesse, illa nocere; hic etiam ignotis succurrere, illa etiam carissimos perdere; hic aliorum commodis vel impendere se paratus est, illa in periculum, dummodo deducat[5], descendere. [2] Quis ergo magis naturam rerum ignorat quam qui optimo ejus operi[6] et emendatissimo hoc ferum ac perniciosum vitium assignat? Ira, ut diximus, avida pœnæ est, cujus cupidinem inesse pacatissimo hominis pectori minime secundum ejus naturam est; beneficiis enim humana vita constat et concordia, nec terrore, sed mutuo amore in fœdus auxiliumque commune constringitur.

sang, ou que d'autres considérations devraient nous rendre sacrée.

1. *Aperire jugulum*, « se faire couper la gorge ».
2. *An*. V. Rem. 93.
3. *In recto*. V. Rem. 67.
4. *Congregari*, « se joindre à ses semblables ».
5. *Deducat (alios)*.
6. *Optimo ejus operi etc.*, l'homme, le chef-d'œuvre de la nature.

[3] « Quid ergo? non aliquando castigatio necessaria est? » Quidni? sed hæc[1] sine ira, cum ratione; non enim nocet, sed medetur specie nocendi. Quemadmodum quædam hastilia detorta, ut corrigamus, adurimus[2] et adactis cuneis, non ut frangamus, sed ut explicemus, elidimus[3], sic ingenia vitio prava dolore corporis animique corrigimus. [4] Nempe medicus primo in levibus vitiis[4] tentat non multum ex quotidiana consuetudine inflectere et cibis, potionibus, exercitationibus ordinem imponere ac valetudinem tantum mutata vitæ dispositione firmare; proximum est, ut[5] modus[6] proficiat; si modus et ordo non proficit, subducit aliqua[7] et circumcidit; si ne hoc quidem respondet[8], interdicit cibis et abstinentia corpus exonerat; si frustra molliora cesserunt, ferit venam membrisque, si adhærentia[9] nocent et morbum diffundunt, manus affert; nec ulla dura videtur curatio, cujus salutaris effectus est. [5] Ita legum præsidem civitatisque rectorem decet, quamdiu potest, verbis et his mollioribus[10] ingenia curare, ut facienda suadeat cupiditatemque honesti et æqui conciliet animis faciatque vitiorum odium, pretium[11] virtutum; transeat deinde ad tristiorem orationem, qua moneat adhuc[12] et exprobret; novissime ad pœnas et has adhuc leves et revocabiles decurrat; ultima supplicia sceleribus ultimis ponat, ut

---

1. *Sed hæc etc.* V. *Rem.* 72, 1°.

2. *Adurimus*, « nous exposons au feu ».

3. *Elidimus*, « nous pressons fortement, nous comprimons ».

4. *In levibus vitiis*, « dans les indispositions ».

5. *Proximum est, ut...*, « la première chose à faire après cela, c'est... ».

6. *Modus*, la modération dans le boire, dans le manger et dans les exercices.

7. *Aliqua*, certains aliments, certaines boissons, certains exercices.

8. *Respondet*, « produit l'effet voulu, est efficace ». V. *Rem.* 12.

9. *Adhærentia*, des parties infectées, des humeurs corrompues, etc.

10. *Et his mollioribus.* V. *Rem.* 72, 1°. De même plus bas : *et has adhuc leves*.

11. *Pretium*, « le prix qu'on attache à quelque chose, l'estime ».

12. *Adhuc.* V. *Rem.* 99. — Ajoutez dans la trad. « se contenter de... »

nemo pereat, nisi quem perire etiam pereuntis intersit[1].
[6] Hoc uno medentibus erit dissimilis, quod illi, quibus vitam non potuerunt largiri, facilem exitum præstant, hic damnatos cum dedecore et traductione[2] vita exigit, non quia delectetur ullius pœna (procul est enim a sapiente tam inhumana feritas), sed ut documentum omnium sint et, quia vivi noluerunt prodesse, morte certe eorum res publica utatur. Non est ergo natura hominis pœnæ appetens; ideo ne ira quidem secundum naturam hominis, quia pœnæ appetens est.

(L. I, c. 5, §§ 2-3; c. 6, §§ 1-4.)

VII

La colère n'a rien de commun avec la grandeur d'âme.

[1] Ne illud quidem judicandum est, aliquid iram ad magnitudinem animi conferre; non est enim illa magnitudo : tumor est; nec corporibus copia vitiosi humoris intentis[3] morbus[4] incrementum est, sed pestilens abundantia. [2] Omnes, quos vecors animus supra cogitationes extollit humanas, altum quiddam et sublime spirare se credunt : ceterum[5] nil solidi subest, sed in ruinam prona sunt, quæ sine fundamentis crevere. Non habet ira cui insistat; non ex firmo mansuroque[6] oritur, sed ventosa et inanis est tan-

---

1. *Quem perire... intersit.* La mort sera un bien pour le scélérat incorrigible, en ce qu'elle l'arrachera à ses penchants criminels.
2. *Traductione.* V. Rem. 10.
3. *Corporibus... intentis,* dans l'hydropisie. — *Intentis.* Le terme propre serait *distentis* (LXIII, 2 : *distentus venter*).
4. *Morbus,* sujet; *incrementum* et *abundantia,* attributs. Par *morbus,* Sénèque entend l'effet visible de la maladie, le gonflement du corps.
5. *Ceterum.* V. Rem. 102.
6. *Ex firmo mansuroque,* « de quelque chose de ferme et de durable ». V. Rem. 67.

tumque abest a magnitudine animi, quantum a fortitudine audacia, a fiducia insolentia, ab austeritate tristitia, a severitate crudelitas. [3] Multum, inquam, interest inter sublimem animum et superbum. Iracundia nihil amplum decorumque molitur; contra mihi videtur veternosi et infelicis animi, imbecillitatis sibi conscii, sæpe indolescere, ut exulcerata et ægra corpora, quæ ad tactus levissimos gemunt. Ita ira muliebre maxime ac puerile vitium est. « At incidit et in viros. » Nam viris quoque puerilia ac muliebria ingenia sunt. [4] « Quid ergo? non aliquæ voces ab iratis emittuntur, quæ magno emissæ videantur animo? » Immo veram ignorantibus magnitudinem, qualis illa dira[1] et abominanda : « Oderint, dum metuant[2]. » Sullano scias sæculo scriptam[3]. Nescio utrum sibi pejus optaverit[4], ut odio esset, an ut timori. « Oderint. » Occurrit illi futurum, ut exsecrentur, insidientur, opprimant. Quid adjicit? Di illi male faciant, adeo repperit dignum odio remedium! « Oderint » — quid tum? dum pareant? non; dum probent? non; quid ergo? « dum timeant » : sic ne amari quidem vellem. Magno hoc dictum spiritu putas? falleris; nec enim magnitudo ista est, sed immanitas. [5] Non est quod credas irascentium verbis, quorum strepitus magni, minaces sunt, intra mens pavidissima. Nec est quod existimes verum esse, quod apud disertissimum virum T. Livium dicitur : « Vir ingenii magni magis quam boni. » Non potest istud separari : aut et bonum erit aut nec magnum[5], quia

---

1. *Illa (vox) dira* etc.
2. *Oderint, dum metuant*, citation d'Accius, dans sa tragédie d'*Atrée*.
3. *Sullano sæculo scriptam.* Accius, né en 170 av. J.-C., parvint à un âge avancé; il vécut peut-être jusqu'à l'époque de la guerre civile entre Marius et Sylla. Mais la tragédie d'*Atrée* était une œuvre de sa jeunesse (A. Gell., XIII, 2), et par conséquent l'assertion de Sénèque est inexacte.
4. *Optaverit.* Suppléez comme sujet : celui qui parle ainsi, Atrée.
5. *Nec magnum. Nec = ne... quidem,* « ne... pas non plus ». V. *Rem.* 119.

magnitudinem animi inconcussam intellego[1] et introrsus solidam et ab imo parem[2] firmamque, qualis inesse malis ingeniis non potest. Terribilia enim esse et tumultuosa et exitiosa possunt : magnitudinem quidem[3], cujus firmamentum roburque bonitas est, non habebunt. [6] Ceterum sermone, conatu et omni extra paratu[4] facient magnitudinis fidem ; eloquentur aliquid, quod tu magni animi putes, sicut C. Cæsar[5], qui iratus cælo, quod obstreperet[6] pantomimis[7], quos imitabatur studiosius[8] quam spectabat, quodque comissatio sua fulminibus terreretur (prorsus parum certis[9] !) ad pugnam vocavit Jovem et quidem sine missione[10], Homericum illum exclamans versum[11] :

Ἤ μ' ἀνάειρ' ἢ ἐγὼ σέ.

Quanta dementia fuit! putavit aut sibi noceri ne ab Jove quidem posse aut se nocere etiam Jovi posse. Non puto parum momenti hanc ejus vocem ad incitandas conjuratorum[12] mentes addidisse ; ultimæ enim patientiæ visum est eum ferre, qui Jovem non ferret.

[7] Nihil ergo in ira, ne cum videtur quidem vehemens et deos hominesque despiciens, magnum, nihil nobile est. Aut si videtur alicui magnum animum ira

1. *Magnitudinem animi... intellego,* « j'entends par grandeur d'âme celle qui...», ou «je ne conçois de grandeur d'âme que celle qui... ».

2. *Parem (sibi).*

3. *Quidem.* V. Rem. 110.

4. *Omni extra paratu.* V. Rem. 90.

5. *C. Cæsar,* Caligula.

6. *Obstreperet,* par le bruit du tonnerre.

7. *Pantomimis.* Cette représentation avait lieu pendant une partie de table (*comissatio*).

8. *Studiosius,* « avec plus de passion encore ».

9. *Parum certis,* parce que la foudre ne frappait pas ce monstre.

10. *Sine missione,* « à outrance, sans merci », se dit proprement d'un combat de gladiateurs.

11. *Homericum...versum, Iliad.,* XXIII, 724 : « Soulève-moi ou que je te soulève » (paroles d'Ajax à Ulysse, qui lui dispute le prix de la lutte).

12. *Conjuratorum.* Caligula périt victime d'une conjuration dont faisaient partie plusieurs de ses officiers, entre autres Chaeréa, tribun d'une cohorte prétorienne.

producere[1], videatur et luxuria : ebore[2] sustineri vult, purpura vestiri, auro[3] tegi, terras transferre[4], maria concludere[5], flumina præcipitare[6], nemora suspendere[7]. Videatur et avaritia magni animi : acervis auri argentique incubat et provinciarum nominibus[8] agros colit et sub singulis villicis latiores habet fines quam quos consules sortiebantur[9]. Videatur et libido magni animi : transnat freta[10], sub gladium mariti[11] venit morte contempta. Videatur et ambitio magni animi : non est contenta honoribus annuis[12]; si fieri potest, uno nomine[13] occupare fastus vult, per omnem orbem[14] titulos disponere. [8] Omnia ista, non refert[15] in quantum procedant extendantque se, angusta sunt, misera, depressa; sola sublimis et excelsa virtus est, nec quicquam magnum est nisi quod simul placidum.

(L. I, c. 20-21.)

1. *Producere*, « révéler ».
2. *Ebore*, lits et sièges ornés d'ivoire.
3. *Auro*, lambris dorés.
4. *Terras transferre* = e montibus plana, e planis montes facere.
5. *Maria concludere*, pour servir de viviers ou de bassins de natation. Cf. LXIV, 7.
6. *Flumina præcipitare*, « faire tomber les fleuves en cascades ».
7. *Nemora suspendere*, « planter des bosquets sur les toits (en terrasse) des maisons ». Cf. LXIV, 7.
8. *Provinciarum nominibus*, « qui peuvent porter le nom d'une province ». Cf. Sénèque, *Ep.* 90, 39 : *Licet in provinciarum spatium rura dilatet.* L'hyperbole est moins forte qu'on ne serait tenté de le croire : Pline l'Ancien (*Hist. nat.*, XVIII, 7, 3) nous apprend que, sous Néron, la moitié de la province d'Afrique était aux mains de six personnes seulement.
9. *Quos consules sortiebantur*. Les consuls, sous la république, se partageaient par voie de tirage au sort les commandements militaires à exercer dans tel ou tel pays où ils étaient chargés de faire la guerre.
10. *Transnat freta*. Sénèque semble faire allusion à l'histoire d'Héro et de Léandre.
11. *Mariti*, d'un mari outragé.
12. *Honoribus annuis*, « de magistratures qui ne durent qu'un an ».
13. *Uno nomine etc.*, en se faisant réélire tous les ans. — *Fastus*. Voy. *Rem.* 2. Il s'agit des *fasti consulares*, liste des consuls année par année.
14. *Per omnem orbem (terrarum)*. — *Titulos*, les inscriptions rappelant les magistratures gérées par une personne, ses titres honorifiques, etc. Les statues, bustes et portraits des grands personnages portaient de ces *tituli*.
15. *Non refert.* Voy. *Rem.* 136.

VIII

Il ne faut pas être susceptible ni s'irriter pour des riens.

[1] Plurimum mali credulitas facit; sæpe ne audiendum quidem est, quoniam in quibusdam rebus satius est decipi quam diffidere. Tollenda ex animo suspicio et conjectura, fallacissima irritamenta : « Ille[1] me parum humane salutavit; ille osculo meo[2] non adhæsit; ille inchoatum sermonem cito abrupit; ille ad cenam non vocavit; illius vultus aversior visus est. » [2] Non deerit suspicioni argumentatio[3] : simplicitate opus est et benigna rerum æstimatione. Nihil, nisi quod in oculos incurret manifestumque erit, credamus, et quotiens suspicio nostra vana apparuerit, objurgemus credulitatem; hæc enim castigatio consuetudinem efficiet non facile credendi.

[3] Inde et illud sequetur, ut minimis sordidissimisque rebus non exacerbemur. Parum agilis est puer[4] aut tepidior[5] aqua poturo aut turbatus torus[6] aut mensa neglegentius posita : ad ista concitari insania est. Æger et infelicis valetudinis est, quem levis[7] aura contraxit[8]; affecti oculi, quos candida vestis obturbavit; dissolutus deliciis, cujus latus alieno labore condoluit[9]. [4] Mindy-

---

1. *Ille.* Cf. IV, 1.
2. *Osculo meo.* L'usage s'était introduit à Rome de se saluer en s'embrassant. La politesse exigeait que cette démonstration fût chaleureuse (*osculo adhærere*).
3. *Argumentatio*, « argument, raison ».
4. *Puer*, l'esclave qui sert à table. Les Romains attachaient une grande importance à la célérité du service. Cf. XXIV, 6; Sidoine Apollinaire, *Epist.*, I, 2, 6 : *Videas ibi* (dans un festin) *elegantiam Græ-*

cam, abundantiam Gallicanam, celeritatem Italam.
5. *Tepidior*, « un peu tiède », au lieu d'être glacée. — *Poturo.* Voy. Rem. 26 et 53, 2°.
6. *Torus*, le lit de table.
7. *Levis.* Cf. II, 9.
8. *Contraxit*, « a forcé à se pelotonner, à se ramasser sur lui-même, a transi. »
9. *Cujus... condoluit*, « à qui le travail d'autrui (c'est-à-dire la vue du travail d'autrui) donne un point de côté. »

ridem¹ aiunt fuisse ex Sybaritarum civitate, qui, cum vidisset fodientem et altius rastrum allevantem², lassum se fieri questus vetuit illum opus in conspectu suo facere. Idem habere se pejus questus est, quod foliis rosæ duplicatis incubuisset. [5] Ubi animum simul et corpus voluptates corrupere, nihil tolerabile videtur, non quia dura, sed quia mollis patitur. Quid est enim, cur tussis alicujus aut sternutamentum aut musca parum curioso fugata in rabiem agat aut obversatus canis aut clavis neglegentis servi manibus elapsa? Feret iste æquo animo civile convicium³ et ingesta in contione curiave maledicta, cujus aures tracti subsellii stridor offendit? perpetietur hic famem et æstivæ expeditionis sitim, qui puero male diluenti nivem⁴ irascitur? Nulla itaque res magis iracundiam alit quam luxuria intemperans et impatiens : dure tractandus animus est, ut ictum non sentiat nisi gravem.

(L. II, c. 24-25.)

IX

Rentrons en nous-mêmes avant de condamner autrui.

[1] Si volumus æqui rerum omnium judices esse, hoc primum nobis persuadeamus, neminem nostrum esse sine culpa. Hinc⁵ enim maxima indignatio oritur :

1. *Mindyridem.* Ce personnage est appelé par les auteurs grecs tantôt Μινδυρίδης, tantôt Σμινδυρίδης.
2. *Fodientem et... allevantem.* Voy. Rem. 64.
3. *Civile convicium*, « les violences de langage de ses égaux. » Sénèque pense probablement aux vifs incidents qui se produisaient dans les débats judiciaires : les avocats romains étaient souvent mal embouchés (preuves dans Cicéron, Quintilien, Pline le jeune, etc.).
4. *Diluenti nivem.* Pour rafraîchir le vin, on le versait sur de la neige placée dans une passoire d'où il coulait dans la coupe.
5. *Hinc* annonce ce qui suit, le fait de dire : *Nihil peccavi*, etc.

« Nihil peccavi » et « Nihil feci. » Immo nihil fateris ! Indignamur aliqua admonitione aut coercitione nos castigatos, cum illo ipso tempore peccemus, quod[1] adjicimus malefactis arrogantiam et contumaciam. [2] Quis est iste, qui se profitetur omnibus legibus innocentem? Ut hoc ita sit, quam angusta innocentia est ad legem bonum esse! quanto latius officiorum patet quam juris regula! quam multa pietas, humanitas, liberalitas, justitia, fides exigunt, quæ omnia extra publicas tabulas[2] sunt? [3] Sed ne ad illam quidem artissimam innocentiæ formulam[3] præstare nos[4] possumus : alia fecimus[5], alia cogitavimus, alia optavimus, aliis[6] favimus; in quibusdam innocentes sumus, quia non successit[7]. [4] Hoc cogitantes æquiores simus delinquentibus, credamus objurgantibus; utique bonis ne irascamur (cui enim non[8], si bonis quoque?), minime dis; non enim illorum vi[9], sed lege mortalitatis patimur quicquid incommodi accidit. « At morbi doloresque incurrunt. » Utique aliquo defungendum est[10] domicilium putre sortitis[11]. [5] Dicetur aliquis male de te locutus : cogita an prior feceris, cogita de quam multis loquaris. Cogitemus, inquam, alios non facere

---

1. *Quod* est explicatif; on attendrait *hoc* ou *eo peccemus, quod*...

2. *Publicas tabulas*, les tables de lois (on dirait aujourd'hui : le code).

3. *Illam... artissimam... formulam*. C'est la *juris regula* du § 2.

4. *Præstare nos. Se præstare ad*... = « montrer, établir qu'on s'est conformé à... ».

5. *Alia fecimus* etc., entendez : contrairement à la loi.

6. *Aliis*, au neutre, comme *alia* : « certaines actions ».

7. *Quia (res) non successit.*

8. *Cui enim non (irascemur).*

9. *Illorum vi.* Cf. Virgile, *Æn.* I, 4 : *Vi superum.*

10. *Utique aliquo defungendum est*, « il faut bien subir quelque désagrément, il faut bien payer le tribut d'une façon ou de l'autre ». Madvig dit : « Defungimur aliqua re, aliquo incommodo, cum eo fortunæ vim quasi redimimus et a pluribus gravioribusque liberamur. » — *Aliquo*, neutre = *aliqua re, aliquo incommodo.*

11. *Domicilium putre sortitis.* Cf. Sénèque, *Ep.* 120, 17 : *At nos corpus tam putre sortiti nihilominus æterna proponimus.* Id., *Ad Marc.*, 11, 1 : *putre... corpus.*

injuriam, sed reponere[1], alios nobis præripere[2], alios coactos facere, alios ignorantes, etiam eos qui volentes scientesque faciunt, ex injuria nostra non ipsam injuriam petere : aut dulcedine urbanitatis[3] prolapsus est[4] aut fecit aliquid, non ut nobis obesset, sed quia consequi[5] ipse non poterat, nisi nos reppulisset; sæpe adulatio, dum blanditur, offendit. [6] Quisquis ad se retulerit[6], quotiens ipse in suspicionem[7] falsam inciderit, quam multis officiis suis fortuna speciem injuriæ induerit, quam multos post odium amare cœperit, poterit non statim irasci, utique si sibi tacitus ad singula quibus offenditur dixerit : « Hoc et ipse commisi. » [7] Sed ubi tam æquum judicem invenies ? Is qui nullius non uxorem concupiscit et satis justas causas putat amandi, quod aliena est, idem uxorem suam adspici non vult; et fidei acerrimus exactor est, perfidus, et mendacia persequitur ipse perjurus, et litem sibi inferri ægerrime calumniator[8] patitur.... [8] Aliena vitia[9] in oculis habemus, a tergo nostra sunt : inde est quod tempestiva[10] filii convivia pater

---

1. *Reponere*, ils ne font qu'exercer des représailles.

2. *Nobis præripere (injuriam)*, ils préviennent l'injure que nous allions nous-mêmes leur faire. Cf. Sénèque, *Thyest.*, 1104 : *Scelere prærepto doles.*

3. *Urbanitatis*, « d'une plaisanterie, d'un bon mot ». V. *Rem.* 10. Cf. Sénèque, *De tranq. animi*, 6, 3 : *Quidam urbanitatem nesciunt continere nec periculosis abstinent salibus.* Horace, *Sat.*, 1, 4, 34-35 :
    Dummodo risum
Excutiat sibi, non hic cuiquam
        [*parcet amico.*

4. *Prolapsus est.* Sénèque passe du pluriel (*eos qui... faciunt*) au singulier; il a maintenant en vue des cas individuels.

5. *Consequi*, absolument : « atteindre son but. »

6. *Ad se retulerit*, « aura repassé dans son esprit, se sera rappelé ».

7. *Suspicionem*, « soupçon dont on est l'objet, auquel on est en butte. »

8. *Calumniator*, « le chicaneur », celui qui intente des procès sans raison.

9. *Aliena vitia etc.*, allusion à une fable bien connue. Voy. notamment Phèdre, IV, 10; Horace, *Sat.*, II, 3, 299; Catulle, XXII, 20-21 :
Suus quique attributus est error,
Sed non videmus manticæ quod
        [*in tergo est.*

10. *Tempestiva*, qui commencent

deterior filio castigat, et nihil alienæ luxuriæ ignoscit, qui nihil suæ negavit, et homicidæ tyrannus irascitur, et punit furta sacrilegus. [9] Magna pars hominum est, quæ non peccatis irascitur, sed peccantibus. Faciet nos moderatiores respectus nostri, si consuluerimus nos : « Numquid[1] et ipsi aliquid tale commisimus? Numquid sic erravimus? expeditne nobis ista damnare? »

(L. II, c. 28.)

X

Contre la vengeance.

[1] Illud ante omnia cogita, fœdam esse et exsecrabilem vim nocendi et alienissimam homini, cujus beneficio[2] etiam sæva[3] mansuescunt. Adspice elephantorum[4] jugo colla submissa et taurorum[5] pueris pariter ac feminis persultantibus terga impune calcata et repentis inter pocula sinusque[6] innoxio lapsu dracones et intra domum ursorum leonumque ora placida tractantibus adulantisque dominum feras : pudebit cum animalibus permutasse mores. [2] Nefas est nocere patriæ : ergo civi quoque, nam hic pars patriæ est

---

de bonne heure, avant l'heure habituelle de la *cena*, donc « longs ».

1. *Numquid.* Voy. Rem. 93.
2. *Beneficio*, « grâce à... ».
3. *Sæva* (*animalia*).
4. *Elephantorum* etc. Cf. Pline, *Hist. nat.*, VIII, 2, 4 : *Romæ juncti* (*elephanti*) *primum subiere currum Pompei Magni Africano triumpho.* Sous l'Empire, on voyait souvent des chars traînés par des éléphants figurer dans les cortèges et les processions.
5. *Taurorum.* On montrait dans les jeux publics des taureaux domp-

tés et dressés. Cf. Martial, *Epigr.*, V, 31 :

*Adspice quam placidis insultet
 [turba juvencis
Et sua quam facilis pondera
 [taurus amet.
Cornibus hic pendet summis,
 [vagus ille per armos
Currit et in toto ventilat arma
 [bove etc.*

6. *Sinusque* (*convivarum*). Avec *sinus* il faudrait la préposition *per*.

(sanctæ partes sunt, si universum venerabile est); ergo et homini, nam hic in majore tibi urbe[1] civis est. Quid si nocere velint manus pedibus? manibus oculi? Ut omnia inter se membra consentiunt, quia singula servari totius interest, ita homines singulis parcent, quia ad cœtum geniti sunt, salva autem esse societas nisi custodia et amore[2] partium non potest. [3] Ne viperas quidem et natrices, et si qua morsu aut ictu[3] nocent, effligeremus, si, ut reliqua[4], mansuefacere possemus aut efficere, ne nobis aliisve periculo essent : ergo ne homini quidem nocebimus, quia peccavit, sed ne peccet; nec umquam ad præteritum, sed ad futurum pœna referetur; non enim irascitur, sed cavet[5]. Nam si puniendus est cuicumque pravum maleficumque ingenium est, pœna neminem excipiet.

[4] « At enim ira habet aliquam voluptatem et dulce est dolorem reddere. » Minime : non enim ut in beneficiis honestum est merita meritis repensare, ita injurias injuriis. Illic vinci turpe est, hic vincere. Inhumanum verbum est et quidem[6] pro justa[7] receptum ultione « talio ». Non multum differt nisi ordine[8], qui dolorem regerit : tantum excusatius peccat. [5] M. Ca-

---

1. *In majore... urbe*, le monde, qui, d'après les stoïciens, est « la cité commune des hommes et des dieux ». Cf. XVI, 6; XVIII, 5; XX, 3; Cicéron, *De finib.*, III, 19, 64 : *Mundum... censent* (Stoici)... *esse quasi communem urbem et civitatem hominum et deorum*.

2. *Custodia et amore*, « la protection et l'amour mutuels ».

3. *Ictu*, comme les scorpions.

4. *Ut reliqua* (*animalia*).

5. *Irascitur... cavet*. La pœna est identifiée avec celui qui l'exerce.

6. *Et quidem* introduit ordinairement un terme qui renchérit sur ce qui précède; ici, il introduit un terme (*pro justa receptum ultione*) qui est en opposition avec le terme précédent (*inhumanum*); on pourra donc traduire : « et pourtant », mais il y a dans le latin une nuance d'ironie.

7. *Pro justa* etc. Le mot *talio* désigne la vengeance légale, autorisée par la loi (*justa*). La loi des XII Tables mentionne la peine du talion : *Si membrum rupit, ni cum eo* (avec la victime) *pacit* (= *pangit* = *paciscitur*), *talio esto*.

8. *Non multum* (*ab eo qui injuriam facit*) *differt, qui dolorem regerit*. — *Ordine*, « par l'ordre des temps » : l'injure a précédé la vengeance.

tonem[1] in balneo quidam percussit imprudens : quis enim illi sciens faceret[2] injuriam? Postea[3] satisfacienti Cato : « Non memini, » inquit, « me percussum. » Melius putavit non agnoscere[4] quam vindicare. « Nihil, » inquis, « illi post tantam petulantiam mali factum est? » Immo multum boni : cœpit Catonem nosse. [6] Magni animi est injurias despicere; ultionis[5] contumeliosissimum genus est non esse visum dignum, ex quo peteretur ultio. Multi leves injurias altius sibi[6] demisere, dum vindicant : ille magnus et nobilis, qui more[7] magnæ feræ latratus minutorum canum securus exaudit.

(L. II, c. 31, §§ 6-8; c. 32.)

XI

Même sujet.

[1] Quanto satius est sanare injuriam[8] quam ulcisci? Multum temporis ultio absumit, multis se injuriis objicit, dum una dolet : diutius irascimur omnes quam lædimur. Quanto melius est abire in diversum[9] nec vitia vitiis opponere! [2] Numquis satis constare sibi[10] videatur, si mulam calcibus repetat et canem morsu?

1. *M. Catonem*, Caton d'Utique.
2. *Faceret*, « eût fait ». Voy. Riemann, *Syntaxe*, § 163, rem. II.
3. *Postea* détermine *satisfacienti*.
4. *Agnoscere (injuriam)*.
5. *Ultionis etc.* Sénèque se place alternativement au point de vue de celui qui exerce la vengeance (*ultionis... genus*) et de celui qui la subit (*non esse visum dignum*, etc.).

6. *Sibi* = *in pectus suum*.
7. *Qui more etc.* Sénèque passe de la comparaison (*more magnæ feræ*) à la métaphore (*latratus minutorum canum* = les attaques d'adversaires impuissants).
8. *Sanare injuriam*, « guérir une injure », c.-à-d. en apaiser le ressentiment.
9. *Abire in diversum*, « aller en sens contraire, faire tout l'opposé ».
10. *Constare sibi* = *constare mente*, « conserver sa raison, être dans son bon sens ».

« Ista, » inquis, « peccare se nesciunt. » Primum quam iniquus est, apud quem hominem esse[1] ad impetrandam veniam nocet[2]! Deinde si cetera animalia hoc irae tuae subducit, quod consilio carent, eodem loco tibi sit quisquis consilio caret; quid enim refert an[3] alia mutis dissimilia[4] habeat, si hoc quod in omni peccato muta defendit[5], simile habet, caliginem mentis? [3] « Peccavit. » Hoc enim primum[6]? hoc enim extremum? non est quod illi credas, etiamsi dixerit : « Iterum non faciam » : et iste peccabit et in istum alius et tota vita inter errores volutabitur. Mansueto immansueta tractanda sunt. [4] Quod in luctu dici solet efficacissime, et in ira[7] dicetur : utrum aliquando desines an numquam? Si aliquando, quanto satius est iram relinquere quam ab ira relinqui! An semper hæc concitatio permanebit? vides quam impacatam tibi denunties vitam? qualis enim erit semper tumentis? Adjice nunc quod, cum bene[8] te ipse succenderis et subinde causas, quibus stimuleris, renovaveris, sua sponte ira discedet et vires illi dies subtrahet : quanto satius est a te illam vinci quam a se!

[6] Huic irasceris, deinde illi; servis, deinde libertis; parentibus, deinde liberis; notis, deinde ignotis : ubique enim causae supersunt[9], nisi deprecator animus accessit. Hinc te illo furor rapiet, illinc alio, et novis subinde irritamentis orientibus continuabitur rabies : age, infelix, ecquando amabis? [7] O quam bonum tempus in re mala perdis! Quanto nunc erat satius amicos parare, inimicos mitigare, rem publicam admi-

---

1. *Hominem esse*, « la qualité, le titre d'homme ».
2. *Ad impetrandam veniam nocet.* V. Rem. 81.
3. *An.* V. Rem. 95.
4. *Alia mutis dissimilia*, comparaison abrégée : « des caractères différents de ceux de la brute ». V. Rem. 134.
5. *Defendit = excusat.*
6. *Hoc enim primum (peccavit).* V. Riemann, *Syntaxe*, § 35, d. — *Enim*, ironique. V. Rem. 124.
7. *In luctu... in ira. In* = « à propos de, au sujet de... ».
8. *Bene.* V. Rem. 101.
9. *Supersunt*, « abondent ».

nistrare, transferre in res domesticas operam, quam circumspicere quid alicui facere possis mali, quod aut dignitati ejus aut patrimonio aut corpori vulnus infligas, cum id tibi contingere sine certamine ac periculo non possit, etiamsi cum inferiore concurses!

(L. III, c. 27; c. 28, §§ 1-2.)

XII
L'examen de conscience[1].

[1] Omnes sensus[2] perducendi sunt ad firmitatem; natura patientes sunt, si animus illos desiit corrumpere, qui quotidie ad rationem reddendam vocandus est. Faciebat hoc Sextius[3], ut[4] consummato die, cum se ad nocturnam quietem recepisset, interrogaret animum suum : « Quod hodie malum tuum sanasti? cui vitio obstitisti? qua parte melior es? » [2] Desinet ira et moderatior erit, quæ sciet sibi quotidie ad judicem esse veniendum. Quicquam[5] ergo pulchrius hac consuetudine excutiendi totum diem? Qualis ille somnus post recognitionem sui sequitur, quam tranquillus, quam altus ac liber, cum aut laudatus est animus aut admonitus et speculator sui censorque secretus cognovit de

---

1. Voyez C. Martha, *L'examen de conscience chez les anciens*, dans ses *Études morales sur l'antiquité*. Paris, Hachette.

2. *Omnes sensus etc.*, « il faut endurcir tous nos sens », c.-à-d. les rendre moins irritables.

3. *Sextius*. Q. Sextius, philosophe romain du 1er siècle av. J.-C. César voulut en faire un sénateur, mais il refusa de l'être et se consacra tout entier à l'étude et à la pratique de la sagesse. Il était essentiellement moraliste et s'appliquait à former et à diriger les âmes. Son fils le suivit dans cette voie. Autour des deux Sextius, il se forma une école d'où sortirent entre autres Sotion et Papirius Fabianus (v. la *Notice sur Sénèque*).

4. *Ut etc.*, explication de *hoc*.

5. *Quicquam etc.* L'interrogation, marquée seulement par le ton sur lequel la phrase est prononcée, appelle une réponse négative; de là, *quicquam*.

moribus suis! [3] Utor hac potestate et quotidie apud me causam dico[1]. Cum sublatum e conspectu lumen est et conticuit uxor moris jam mei conscia, totum diem meum scrutor factaque ac dicta mea remetior; nihil mihi ipse abscondo, nihil transeo. [4] Quare enim quicquam ex erroribus meis timeam, cum possim dicere : « Vide ne istud amplius facias; nunc tibi ignosco. In illa[2] disputatione pugnacius locutus es : noli postea congredi cum imperitis; nolunt discere, qui numquam didicerunt. Illum liberius admonuisti quam debebas, itaque non emendasti, sed offendisti : de cetero[3] vide, non tantum an[4] verum sit quod dicis, sed an ille, cui dicitur, veri patiens sit; admoneri bonus gaudet, pessimus quisque correctorem asperrime patitur. [5] In convivio quorumdam te sales et in dolorem tuum[5] jacta verba tetigerunt : vitare vulgares convictus memento; solutior est post vinum[6] licentia, quia ne sobriis[7] quidem pudor est. [6] Iratum vidisti amicum tuum ostiario causidici alicujus aut divitis, quod intrantem[8] submoverat, et ipse pro illo[9] iratus extremo mancipio fuisti : irasceris ergo catenario cani[10]? et hic, cum multum latravit, objecto cibo mansuescit. Recede longius et ride : nunc iste[11] se aliquem putat, quod custodit

---

1. *Apud me causam dico*, « je joue le rôle d'accusé devant mon propre tribunal ».

2. *Illa*, « telle », et plus loin *ille*, « un tel »; cf. IV, 1; VIII, 1.

3. *De cetero*, « à l'avenir, une autre fois ». V. Rem. 67.

4. *An*. V. Rem. 93.

5. *In dolorem tuum = ut dolores*. V. Rem. 84.

6. *Post vinum*. V. Rem. 132.

7. *Quia ne sobriis* etc. Même les hommes ordinairement tempérants et modérés (par opposition à *licentia*, « l'insolence », c.-à-d. « les hommes insolents ») oublient leur retenue quand ils sont échauffés par le vin.

8. *Intrantem*, « comme il se présentait pour entrer ».

9. *Pro illo*, « prenant parti pour ton ami ».

10. *Catenario cani*. Le rapprochement devait sembler d'autant plus naturel que, suivant une ancienne coutume, le portier (*ostiarius, janitor*) était enchaîné comme un chien.

11. *Iste*, le portier. — *Ille*, le maître de la maison. — *Jacet*, « repose, reste nonchalamment étendu ».

litigatorum turbā limen obsessum; nunc ille, qui intra jacet, felix fortunatusque est et beati hominis judicat ac potentis indicium difficilem januam : nescit durissimum esse ostium carceris. [7] Præsume animo multa tibi esse patienda : numquis se hieme algere miratur? numquis in mari nauseare, in via concuti? fortis est animus ad quæ præparatus venit. Minus honorato loco[1] positus irasci cœpisti convivatori, vocatori, ipsi qui tibi præferebatur : demens, quid interest, quam lecti premas partem? honestiorem te aut turpiorem potest facere pulvinus? Non æquis quemdam oculis vidisti, quia de ingenio tuo male locutus est : recipis hanc legem? ergo te Ennius[2], quo non delectaris, odisset, et Hortensius[3], si orationes ejus improbares, simultates tibi indiceret, et Cicero[4], si derideres carmina ejus, inimicus esset. Vis tu[5] æquo animo pati candidatus[6] suffragia! »

(L. III, c. 36-37.)

1. *Minus honorato loco.* Cf. IV, 1.
2. *Ennius*, un des plus anciens poètes latins (239-169 av. J.-C.), auteur d'une épopée historique (*Annales*), de tragédies, etc. Ses ouvrages, d'ailleurs remarquables pour l'époque, trahissaient un art encore grossier et sans goût. Sénèque en faisait peu de cas.
3. *Hortensius*, célèbre orateur (114-50 av. J.-C.), rival de Cicéron. Ses discours écrits n'étaient pas à la hauteur de sa réputation (Cicéron, *Orator*, 38, 132 : *Dicebat melius quam scripsit Hortensius*).
4. *Cicero, etc.* Les poésies de Cicéron furent jugées très sévèrement par les anciens : on les déclarait indignes de leur auteur et l'on se plaisait à les cribler d'épigrammes.
5. *Vis tu etc.* V. Rem. 44.
6. *Candidatus*, métaphore tirée des élections : l'écrivain qui soumet ses œuvres au jugement du public ressemble au candidat qui sollicite les suffrages du peuple; il doit, comme celui-ci, accepter de bonne grâce la décision, quelle qu'elle soit.

XIII

La pensée de la mort doit nous guérir de la colère.

[1] Careamus hoc malo[1] purgemusque mentem et exstirpemus[2] radicitus, quæ, quamvis tenuia, undecumque hæserint, renascentur; et iram non temperemus[3], sed ex toto[4] removeamus (quod enim malæ rei temperamentum est?). Poterimus autem, annitamur modo. [2] Nec ulla res magis proderit quam cogitatio mortalitatis. Sibi quisque atque alteri dicat : « Quid juvat tamquam in æternum genitos iras indicere et brevissimam ætatem dissipare? quid juvat dies, quos in voluptatem honestam impendere licet, in dolorem alicujus tormentumque transferre? non capiunt res istæ[5] jacturam nec tempus vacat perdere. [3] Quid ruimus in pugnam? quid certamina nobis arcessimus? quid imbecillitatis obliti ingentia odia suscipimus et ad frangendum fragiles consurgimus? Jam istas inimicitias, quas implacabili gerimus animo, febris aut aliquod aliud malum corporis vetabit geri; jam par[6] acerrimum media[7] mors dirimet. Quid tumultuamur et vitam seditiosi conturbamus? stat supra caput fatum et pereuntis dies imputat[8] propiusque ac propius accedit; istud tempus quod alienæ destinas morti, fortasse circa tuam[9] est. [4] Quin potius vitam brevem colligis[10] placidamque et tibi et ceteris præstas? quin potius amabilem te, dum vivis, omnibus, desiderabilem, cum excesseris, reddis?

---

1. *Hoc malo*, de la colère.
2. *Exstirpemus etc.* Entendez : *exstirpemus radicitus (ea) quæ, ubicumque quamvis tenuia hæserint, inde renascentur.* — *Quamvis* se joint à *tenuia*.
3. *Non temperemus.* V. Rem. 96.
4. *Ex toto.* V. Rem. 67.
5. *Res istæ* = *res humanæ.*
6. *Par.* Cf. I, 4.
7. *Media*, « s'interposant ».
8. *Pereuntis dies imputat*, « il nous porte en compte les jours que nous laissons se perdre », c.-à-d. il nous les retranche sans que nous en ayons conscience.
9. *Circa tuam mortem.* V. Rem. 82.
10. *Colligis.* Cf. XXXVI, 1.

Quid illum nimis ex alto[1] tecum agentem detrahere cupis? quid illum oblatrantem tibi, humilem quidem et contemptum, sed superioribus acidum ac molestum, exterere viribus tuis tentas? Quid servo, quid domino, quid regi[2], quid clienti tuo irasceris? sustine paulum : venit ecce mors, quæ vos pares faciat. [5] Videre solemus inter matutina arenæ spectacula[3] tauri et ursi pugnam inter se colligatorum, quos, cum alter alterum vexarunt, suus confector exspectat; idem facimus : aliquem nobiscum alligatum lacessimus, cum victo victorique finis et quidem maturus immineat. Quieti potius pacatique quantulumcumque[4] superest, exigamus! nulli cadaver nostrum jaceat invisum! [6] Sæpe rixam conclamatum in vicino[5] incendium solvit et interventus feræ latronem viatoremque diduxit. Colluctari cum minoribus malis non vacat, ubi metus major[6] apparuit. Quid nobis cum dimicatione et insidiis? numquid amplius isti, cui irasceris, quam mortem optas? etiam te quiescente morietur. Perdis operam : facere vis quod futurum est. [7] « Nolo, » inquis, « utique occidere, sed exsilio, sed ignominia, sed damno afficere. » Magis ignosco ei, qui vulnus inimici quam qui pustulam concupiscit; hic enim non tantum mali animi est, sed pusilli. Sive de ultimis suppliciis cogitas sive de levioribus, quantulum est temporis, quo aut ille pœna sua torqueatur aut tu malum gaudium ex aliena percipias! Jam istum spiritum exspuemus. [8] Interim, dum trahimus[7], dum inter homines sumus, colamus humani-

---

1. *Nimis ex alto*, « avec trop de hauteur ». V. *Rem.* 67.
2. *Regi.* L'antithèse avec *clienti* indique que *rex* signifie ici « patron, protecteur ».
3. *Matutina arenæ spectacula.* Dans les jeux de l'amphithéâtre, la matinée était consacrée principalement à des combats de bêtes féroces, soit entre elles, soit avec des hommes (*venationes*). Cf. I, 4.
4. *Quantulumcumque* (*vitæ*).
5. *In vicino.* V. *Rem.* 67.
6. *Metus major* = metus majoris mali.
7. *Dum trahimus spiritum*) = dum vivimus. Cf. *De ira*, III, 19, 4 : *Liceat ultimum spiritum trahere.*

tatem; non timori cuiquam, non periculo simus[1]; detrimenta, injurias, convicia, vellicationes contemnamus et magno animo brevia feramus incommoda. Dum respicimus, quod aiunt, versamusque nos[2], jam mortalitas[3] aderit. »

(L. III, c. 42-43.)

AD MARCIAM — DE CONSOLATIONE

Marcia, noble Romaine, fille de l'historien Cremutius Cordus, avait perdu son fils Metilius, jeune homme qui donnait les plus belles espérances. Elle le pleurait depuis trois ans déjà lorsque Sénèque lui adressa cette *Consolation*.

Il a, dit-il, jusqu'ici respecté sa douleur, mais il est temps de parler. Marcia s'est fait de son chagrin une habitude, une sorte de volupté mauvaise : ce mal invétéré exige un traitement énergique. Qu'elle considère d'abord les deux exemples opposés d'Octavie et de Livie, qu'elle prenne celle-ci pour modèle et s'arme de courage (XIV). Les regrets sont inutiles et il n'est point conforme à la nature de les prolonger. Notre obstination à gémir sur nous-mêmes vient de ce que nous ne savons pas prévoir les coups de la fortune (XV). Nous oublions que tous les biens extérieurs sont fragiles et que l'homme n'est qu'une créature misérable et éphémère. Au lieu de vous révolter, Marcia, contre l'injustice de la destinée, dites-vous : « J'ai eu ma part de bonheur; mon fils m'a quittée jeune, mais pendant vingt-cinq ans j'ai joui de lui, de son amour, de ses belles qualités. » Que de grands hommes ont été plus cruellement éprouvés que vous et ont supporté leur malheur avec une fermeté inébranlable! Et les femmes souvent ont montré le même courage. La fortune en vous laissant deux

---

1. *Non... simus.* V. Rem. 96.
2. *Dum respicimus... versamusque nos*, expression proverbiale pour indiquer un très court espace de temps. Cf. Pétrone, *Sat.*, 41 : *Dies, inquit, nihil est : dum versas te, nox fit.*
3. *Mortalitas*, « le moment de payer le tribut à la nature », sens tout à fait exceptionnel.

filles et quatre petits-enfants vous a ménagé des consolations.
Point de joies sans douleurs : tel est l'ordre des choses humaines, et nous avons mauvaise grâce à nous plaindre de la vie (XVI). La mort est une délivrance, le commencement d'une paix inaltérable. « Mon fils, dites-vous, n'a pas assez vécu. » Eh! qu'est-ce que la plus longue vie en comparaison de l'éternité? Le terme de chacun est fixé d'avance; nous commençons de mourir en commençant de vivre. Puis, qui sait si la mort n'a pas été un bonheur pour votre fils? qui sait de quelles chutes elle l'a préservé, à quelles souffrances elle l'a dérobé? Chargées de moins de souillures, les âmes retirées de bonne heure de ce séjour terrestre remontent plus légères au ciel, leur patrie. Metilius était d'une sagesse au-dessus de son âge : il ne pouvait échapper à la loi qui veut que tout ce qui est parvenu à son point de perfection disparaisse bientôt. D'ailleurs, si vous comptez ses vertus et non ses années, vous verrez qu'il a assez vécu. Il vous reste une suprême consolation (XVII) : ce qui a péri, ce n'est pas votre fils, ce n'est que son image ; son âme immortelle s'est envolée vers les espaces célestes, où elle contemple les merveilles de l'univers et pénètre les secrets de la nature.

XIV

Comment une mère doit supporter la mort de son fils.

[1] Octavia et Livia, altera soror Augusti, altera uxor, amiserant filios juvenes, utraque spe futuri principis certa[1] : Octavia Marcellum[2], cui et avunculus et

---

1. *Utraque spe futuri principis certa*, tournure concise pour : *cum utraque spem certam haberet filium suum principem futurum esse.* — *Spe certa*, ablatif absolu.
2. *Octavia Marcellum.* On attend ensuite : *Livia Drusum.* Mais Sénèque s'étend sur la mort de Mar-

cellus et la douleur d'Octavie, et ne reprend qu'au § 4 : *Livia amiserat filium Drusum*, etc. — *Marcellum*, Marcellus, fils d'Octavie et de C. Claudius Marcellus, né en 43, mort en 23 av. J.-C. Auguste lui avait donné sa fille Julie en mariage (25 av. J.-C.) et le destinait à être son successeur.

socer[1] incumbere cœperat, in quem onus imperii reclinare, adulescentem animo alacrem, ingenio potentem, sed frugalitatis continentiæque in illis aut annis aut opibus non mediocriter admirandæ, patientem laborum, voluptatibus alienum, quantumcumque imponere illi avunculus et, ut ita dicam, inædificare voluisset, laturum[2], bene legerat[3] nulli cessura ponderi fundamenta. [2] Nullum finem per omne vitæ suæ tempus flendi gemendique fecit[4] nec ullas admisit voces salutare aliquid afferentis; ne avocari quidem se passa est, intenta in unam rem et toto animo affixa. Talis per omnem vitam fuit, qualis in funere, non dico[5] non ausa consurgere, sed allevari[6] recusans, secundam orbitatem[7] judicans lacrimas amittere. Nullam habere imaginem filii carissimi voluit, nullam sibi de illo fieri mentionem. [3] Oderat omnes matres et in Liviam maxime furebat, quia videbatur ad illius filium[8] transisse sibi[9] promissa felicitas. Tenebris et solitudini familiarissima, ne ad fratrem[10] quidem respiciens, carmina[11] celebrandæ Marcelli memoriæ[12] composita alios-

1. *Et avunculus et socer*, deux qualités réunies dans le même personnage, Auguste.

2. *Laturum*, et plus loin *cessura*. V. *Rem.* 53.

3. *Legerat (Augustus).*

4. *Fecit (Octavia).*

5. *Non dico*, reste sans influence sur la construction.

6. *Allevari*, « de se laisser relever ». V. *Rem.* 79.

7. *Secundam orbitatem* etc., trouve son explication dans ces mots du commencement du traité (1, 5) : ... *dolorem tuum, quem tibi in filii locum superstitem fecisti*. Il semble que le chagrin, que les larmes tiennent lieu de celui qu'on a perdu, et que leur disparition laisserait un nouveau vide. — *Orbitatem*. Cf. II, 5.

8. *Ad illius filium*, le fils aîné de Livie, Tibère.

9. *Sibi*, renvoie au sujet logique, car *videbatur (ei) = putabat.*

10. *Ad fratrem*, Auguste.

11. *Carmina... rejecit.* Ceci n'est pas en contradiction absolue avec l'anecdote rapportée par Donat dans sa *Vie de Virgile : Cui (Augusto)... tres omnino libros (de l'Énéide) recitavit (Vergilius), secundum videlicet, quartum et sextum ; sed hunc præcipue ob Octaviam. Quæ, cum recitationi interesset, ad illos de filio suo versus* : « *Tu Marcellus eris* »(VI, 883) *defecisse fertur, atque ægre refocillata dena sestertia pro singulo versu Vergilio jussit dari.*

12. *Celebrandæ memoriæ.* V. *Rem.* 55.

que[1] studiorum honores rejecit et aures suas adversus omne solatium clausit. A sollemnibus officiis[2] seducta[3] et ipsam magnitudinis fraternæ nimis circumlucentem fortunam exosa defodit se et abdidit. Assidentibus liberis, nepotibus[4], lugubrem vestem non deposuit, non sine contumelia omnium suorum, quibus salvis orba sibi videbatur.

[4] Livia amiserat filium Drusum[5], magnum futurum[6] principem, jam magnum ducem : intraverat penitus Germaniam et ibi signa Romana fixerat, ubi vix ullos esse Romanos notum erat. In expeditione decesserat ip.. '~ illum hostibus ægrum cum veneratione et pace mutua[7] prosequentibus nec optare quod expediebat[8] audentibus. Accedebat[9] ad hanc mortem, quam ille pro re publica obierat, ingens civium provinciarumque et totius Italiæ desiderium, per quam[10] effusis

---

1. *Aliosque.* V. Rem. 76. — *Studiorum honores,* « hommages littéraires. » Pour *studia,* v. Rem. 10.

2. *A sollemnibus officiis,* les devoirs officiels, notamment la présence aux fêtes et aux cérémonies.

3. *Seducta.* V. Rem. 79.

4. *Liberis, nepotibus.* Outre le jeune Marcellus, Octavie avait eu de son mariage avec C. Claudius Marcellus deux filles, et Marc-Antoine, qu'elle avait épousé en secondes noces, lui avait donné aussi deux filles. Toutes les quatre se marièrent et eurent des enfants.

5. *Drusum*, Drusus Claudius Nero, frère cadet de Tibère. Tibère et Drusus étaient issus du mariage de Livie avec Tiberius Claudius Nero ; Auguste obligea celui-ci à divorcer et épousa Livie. Drusus jouit d'un grand crédit auprès de l'empereur, qui lui confia d'importantes missions. Il fut chargé de faire la guerre en Germanie et, dans le cours de quatre campagnes (12-9 av. J.-C.), il s'avança jusqu'à l'Elbe. Comme l'armée se retirait vers le Rhin, il fit une chute de cheval, dont il mourut.

6. *Futurum.* V. Rem. 53.

7. *Mutua,* expression impropre, car la réciprocité suppose deux sujets qui agissent l'un sur l'autre : or, ici, un seul sujet (*hostibus*) est en scène (*prosequentibus*). Sénèque a voulu dire que les Romains, privés de leur général, ne songeaient plus à combattre, et que les ennemis, *de leur côté*, les laissaient en paix.

8. *Quod expediebat (iis),* savoir : la mort de Drusus.

9. *Accedebat... desiderium,* tournure très concise : les regrets ne s'ajoutent pas précisément à la mort, mais ils ajoutent à ce que celle-ci avait par elle-même de cruel, de douloureux ; ils font sentir davantage toute la grandeur de la perte éprouvée.

10. *Italiæ...per quam.* Dans *Italiæ desiderium*, l'Italie est person-

in officium lugubre municipiis coloniisque¹ usque in urbem ductum erat funus triumpho simillimum. [5] Non licuerat matri ultima filii oscula gratumque extremi² sermonem oris haurire³ ; longo itinere reliquias Drusi sui prosecuta tot per omnem Italiam ardentibus rogis, quasi toties illum amitteret, irritata⁴, ut primum tamen intulit tumulo⁵, simul et illum et dolorem suum posuit⁶, nec plus doluit quam aut honestum erat Cæsare⁷ aut æquum Tiberio salvo⁸. Non desiit denique Drusi sui celebrare nomen, ubique illum sibi privatim publiceque repræsentare, libentissime de illo loqui, de illo audire : cum memoria illius vixit; quam⁹ nemo potest retinere et frequentare, qui illam tristem sibi reddidit. [6] Elige itaque, utrum exemplum putes¹⁰ probabilius. Si illud prius¹¹ sequi vis, eximes te numero vivorum; aversaberis et alienos liberos et tuos ipsumque quem desideras¹² ; triste matribus¹³ omen occurres;

niflée, tandis que le relatif *quam* représente l'Italie au sens géographique du mot.

1. *Effusis... municipiis coloniisque*, personnification.
2. *Extremi*, « qui s'ouvrait pour la dernière fois, défaillante ».
3. *Haurire*. V. Rem. 135.
4. *Tot... ardentibus rogis... irritata*, « la vue de tous ces bûchers irritant sa douleur ». — *Rogis*, « sc. inanibus et honorariis » (J. Lipse). On y brûlait des étoffes précieuses, des parfums, etc., pour faire honneur au mort. Cf. la description des funérailles de Germanicus par Tacite, *Ann.*, III, 2 : *Ubi colonias transgrederentur, atrata plebes, trabeati equites pro opibus loci vestem, odores aliaque funerum sollemnia cremabant.*
5. *Tumulo*, le Mausolée d'Auguste, au Champ de Mars, lieu de sépulture des membres de la famille impériale.

6. *Posuit* = *deposuit*.
7. *Cæsare (salvo)*, « l'empereur étant encore en vie ». Cf. Sénèque, *Consol. ad Polyb.*, 7, 4 : *Fas tibi non est, salvo Cæsare, de fortuna queri.*
8. *Aut æquum Tiberio salvo*. Cf. XXVII, 2. — On notera la nuance exprimée par les mots *honestum* et *æquum*.
9. *Quam*. V. Rem. 78.
10. *Utrum... putes*. Cf. XL, 1, et la note.
11. *Illud prius*, celui d'Octavie.
12. *Ipsumque quem desideras*. Si Marcia ne peut penser à son fils sans souffrir, elle prendra sa mémoire en aversion.
13. *Triste matribus*, etc. « Pro superstitione veterum, qui omina ex occursu captabant. Tu igitur orbitate sic tristis palam et afflicta matribus eamdem præsagies. » (J. Lipse.)

voluptates honestas, permissas, tamquam parum decoras fortunæ tuæ rejicies ; invisa[1] hærebis in luce et ætati tuæ, quod non præcipitet te quamprimum et finiat[2], infestissima eris : quod turpissimum alienissimumque est animo tuo in meliorem neto partem[3], ostendes te vivere nolle, mori non posse. [7] Si ad hoc maximæ feminæ te exemplum[4] applicueris moderatius, mitius, non eris in ærumnis nec te tormentis macerabis : quæ enim, malum[5], amentia est pœnas a se infelicitatis exigere[6] et mala sua ultro augere ? Quam in omni vita servasti morum probitatem[7] et verecundiam, in hac quoque re præstabis ; est enim quædam et dolendi modestia. Illum ipsum juvenem, dignissimum qui te lætam semper nominatus cogitatusque faciat, meliore pones loco[8], si matri suæ, qualis vivus solebat, hilarisque[9] et cum gaudio occurret.

(C. 2, §§ 3-5 ; c. 3.)

XV

Il faut prévoir les coups de la fortune.

[1] « Unde ergo tanta nobis pertinacia in deploratione nostri, si id non fit naturæ jussu ? » Quod[10] nihil nobis

---

1. *Invisa*, « tout en la détestant ». La même pensée est exprimée plus bas sous une autre forme : *Ostendes te vivere nolle, mori non posse*.
2. *Finiat*. V. Rem. 12.
3. *In meliorem noto partem*, « qui s'est fait connaître plus avantageusement ».
4. *Ad hoc... exemplum*, celui de Livie.
5. *Malum*, interjection provoquée par un acte étrange, déraisonnable, par une folie ou par une sottise (v. le dictionnaire).
6. *Pœnas a se infelicitatis exi-* gere. « Pœnas a se infelicitatis exigit, qui infortunio percussus, et quia percussus, se torquet et angit. » (J. Lipse).
7. *Probitatem*, « correction ».
8. *Meliore pones loco*, « tu mettras à une meilleure place », c.-à-d. « tu honoreras davantage ».
9. *Hilarisque etc.* « Filius matri talis, qualis vivus solebat, id est hilaris et cum gaudio, occurret, si illa sibi memoriam ejus non tristem reddiderit. » (Gertz.)
10. *Quod*, « c'est que... » comme si la question avait été : *Cur...?*

mali, antequam eveniat, proponimus, sed ut[1] immunes ipsi et aliis pacatius ingressi iter[2] alienis non admonemur casibus illos esse communes. [2] Tot præter domum nostram ducuntur exsequiæ! de morte non cogitamus; tot acerba[3] funera! nos togam[4] nostrorum infantium[5], nos militiam[6] et paternæ hereditatis successionem agitamus animo; tot divitum subita paupertas in oculos incidit! nobis numquam in mentem venit nostras quoque opes æque in lubrico positas. Necesse est itaque magis[7] corruamus, qui quasi ex inopinato ferimur; quæ multo ante prævisa sunt, languidius incurrunt. [3] Vis tu scire[8] te ad omnIs expositum[9] ictus stare et illa quæ alios tela fixerunt, circa te vibrasse? Velut murum aliquem aut obsessum[10] multo hoste locum et arduum adscensu semermis adeas, exspecta vulnus et illa superne volantia cum sagittis pilisque saxa in tuum puta librata corpus. Quotiens aliquis ad latus aut pone tergum ceciderit, exclama : « Non decipies me, fortuna, nec securum aut neglegentem[11] opprimes; scio quid pares : alium quidem percussisti, sed me petisti. » [4] Quis umquam res suas quasi[12] periturus

L'origine (*unde*) et la cause (*cur*) se confondent aisément.

1. *Ut*, « dans la pensée que... ».
2. *Aliis pacatius... iter*, comparaison abrégée, pour : *iter pacatius eo itinere quod alii ingressi sunt*. V. *Rem.* 134. — *Aliis*. V. *Rem.* 76.
3. *Acerba* = *immatura* (v. le dictionnaire).
4. *Togam* (*virilem*). V. *Rem.* 132. Le jeune Romain quittait la toge à bande de pourpre (*toga prætexta*) pour la toge toute blanche (*toga virilis* ou *pura*) quand il avait atteint l'âge de puberté (15 ou 16 ans révolus).
5. *Infantium*, et non *liberorum* ou *filiorum* : on aura soin d'observer la nuance dans la traduction.
6. *Militiam*. Il fallait avoir servi un certain temps dans l'armée pour entrer dans la carrière des honneurs.
7. *Magis* = *gravius, violentius*.
8. *Vis tu scire*. V. *Rem.* 44.
9. *Expositum*, le masculin, parce que Sénèque ne s'adresse plus à Marcia personnellement, mais au lecteur en général.
10. *Obsessum*, « occupé », et non « assiégé ». Cf. Cicéron, *De leg.*, III, 8, 19 : *Occupatis et obsessis urbis locis*. Salluste, *Catil.*, 27, 2 : *Opportuna loca armatis hominibus obsidere*.
11. *Neglegentem*, « insouciant, distrait ».
12. *Quasi*, « dans la pensée que... »,

adspexit? quis umquam nostrum de exsilio, de egestate, de luctu cogitare ausus est? quis non, si admoneatur ut cogitet, tamquam dirum omen respuat[1] et in capita inimicorum aut ipsius intempestivi monitoris abire illa[2] jubeat? [5] « Non putavi futurum. » Quicquam[3] tu putas non futurum, quod scis posse fieri, quod multis vides evenisse? Egregium versum[4] et dignum qui non e pulpito[5] exiret :

Cuivis[6] potest accidere quod cuiquam potest !

Ille[7] amisit liberos : et tu amittere potes ; ille damnatus est : et tua innocentia sub ictu est. Error decipit hic[8] et effeminat, dum patimur quæ numquam pati nos posse providimus; aufert vim præsentibus malis qui futura[9] prospexit.

(C. 9.)

XVI

Nous avons mauvaise grâce à nous plaindre de la vie.

[1] Si quis Syracusas petenti diceret[10] : « Omnia

employé incorrectement pour *ut*. V. *Rem.* 109.

1. *Respuat* (*hanc admonitionem*).
2. *Illa*, « ces maux ».
3. *Quicquam*. Cf. XII, 2.
4. *Egregium versum etc.* C'est un vers du mimographe Publilius Syrus, qui florissait du temps de César. Les mimes étaient des pièces bouffonnes, remplies d'obscénités. Publilius avait semé dans les siens des maximes morales fort bien frappées, que Sénèque admirait beaucoup et dont on fit un recueil qui nous est parvenu.
5. *E pulpito*, des tréteaux sur lesquels on jouait les mimes.

6. *Cuivis etc.* Entendez : « Ce qui peut arriver, d'une manière générale, à un homme, quel qu'il soit, peut arriver à n'importe qui d'entre nous, en particulier. »
7. *Ille.* Cf. IV, 1 ; VIII, 1, etc.
8. *Error hic*, l'erreur de ceux qui pensent ne devoir jamais souffrir.
9. *Futura*, non pas « les maux à venir », mais : « ces mêmes maux, lorsqu'ils étaient encore à venir ».
10. *Si quis... diceret.* A cause de la longueur du développement, cette proposition conditionnelle est reprise au § 5 par *si quis dixisset*, et alors seulement arrive la proposition principale : *satisne... posset.*

incommoda, omnes voluptates futuræ peregrinationis tuæ ante cognosco, deinde ita[1] naviga. Hæc sunt, quæ mirari possis. Videbis primum ipsam insulam ab Italia angusto interscissam freto, quam continenti quondam cohæsisse constat; subitum[2] illo[3] mare irrupit et

Hesperium[4] Siculo latus abscidit.

Deinde videbis (licebit enim tibi avidissimum maris verticem perstringere) stratam illam fabulosam Charybdim, quamdiu ab austro[5] vacat, at si quid inde vehementius spiravit, magno hiatu profundoque navigia sorbentem. [2] Videbis celebratissimum carminibus fontem Arethusam, nitidissimi ac perlucidi ad imum stagni[6], gelidissimas aquas profundentem, sive illas ibi primum nascentis invenit, sive illapsum terris flumen[7-8] integrum[9] subter tot maria et a confusione pejoris[10] undæ servatum reddidit. [3] Videbis portum quietissimum omnium quos aut natura posuit in tutelam classium aut adjuvit[11] manus, sic tutum, ut ne maximarum quidem

---

1. *Ita*, connaissant ces conditions.
2. *Subitum*. V. *Rem.* 63.
3. *Illo = illuc.*
4. *Hesperium etc.*, citation de Virgile, *Æn.*, III, 418.
5. *Ab austro*. Cf. Sénèque, *Ep.* 14, 8 : *Ille (auster) est enim, qui Siculum pelagus exasperet et in vertices cogat.*
6. *Nitidissimi... stagni.* V. *Rem.* 31. — *Stagni*, « bassin ».
7. *Flumen*, l'Alphée, fleuve du Péloponnèse. D'après la Fable, le dieu Alphée poursuivant la nymphe Aréthuse, celle-ci fut changée par Artémis en une fontaine qui alla jaillir soudain dans l'île d'Ortygie, près de Syracuse. Mais le fleuve continua de la poursuivre dans la mer et alla mêler ses eaux à celles de la fontaine. Cf. Virgile, *Æn.*, III, 694-696 :

... *Alpheus fama est huc* (à Ortygie) *Elidis amnem Occultas egisse vias subter mare,*
 [*qui nunc*
Ore, Arethusa, tuo Siculis con-
 [*funditur undis.*

8. *Flumen*, accusatif : la fontaine fait reparaître les eaux du fleuve qui vient l'alimenter.
9. *Integrum*, « resté pur » : l'idée verbale renfermée dans *integrum* (*integer = intactus, non tactus*) est déterminée par *subter tot maria*.
10. *Pejoris*, à cause du mauvais goût de l'eau de mer.
11. *Adjuvit*, « a aidé à creuser », brachylogie.

tempestatum furori locus sit. Videbis ubi Athenarum [1] potentia fracta, ubi tot milia captivorum [2] ille [3] excisis in infinitam altitudinem saxis nativus [4] carcer incluserat [5], ipsam ingentem civitatem [6] et laxius territorium [7] quam multarum urbium fines sunt, tepidissima hiberna [8] et nullum diem sine interventu solis. [4] Sed cum omnia ista cognoveris, gravis et insalubris æstas hiberni cæli beneficia corrumpet; erit Dionysius illic tyrannus [9], libertatis, justitiæ, legum exitium, dominationis cupidus etiam post Platonem [10], vitæ etiam post exsilium [11]; alios uret, alios verberabit, alios ob levem offensam detruncari jubebit.... Audisti quid te invitare possit, quid absterrere : proinde aut naviga

1. *Ubi Athenarum etc.*, la rade de Syracuse où les Athéniens furent complètement battus (413 av. J.-C.). Cette défaite leur enleva tout espoir de s'échapper par mer et entraîna le désastre de l'expédition.

2. *Tot milia captivorum*, 7000 Athéniens et alliés.

3. *Ille... nativus carcer*, les célèbres carrières (λατομίαι, *lautumiæ*). Cf. Cicéron, *In Verr.*, V, 27, 68 : *Lautumias Syracusanas omnes audistis etc*

4. *Nativus* ne convient pas tout à fait ici, car la main de l'homme a creusé les carrières (*excisis... saxis*); mais, dans la pensée de Sénèque, *nativus carcer* est opposé à un édifice dont les matériaux ont été assemblés artificiellement.

5. *Incluserat.* Par le plus-que-parfait, Sénèque veut indiquer que l'action n'a duré qu'un certain temps. V. *Rem.* 41.

6. *Ipsam ingentem civitatem.* Cf. Cicéron, *In Verr.*, IV, 52, 117 : *Urbem Syracusas maximam esse Græcarum, pulcherrimam omnium, sæpe audistis etc*.

7. *Territorium* semble désigner ici l'espace renfermé dans l'enceinte de la cité, tandis que *fines* signifie tout le territoire qui dépend d'une cité, en dehors de la ville proprement dite.

8. *Hiberna*, « séjour d'hiver ».

9. *Dionysius tyrannus*, Denys le Jeune, qui régna de 367 à 356 et de 346 à 343 av. J.-C. — Sénèque se transporte maintenant dans le passé.

10. *Etiam post Platonem.* Sur les instances de Dion, Denys avait fait venir Platon à Syracuse, mais les leçons du philosophe furent perdues pour lui. V. Cornélius Népos, *Dio*, 3. — *Post Platonem*, V. *Rem.* 132.

11. *Etiam post exsilium.* Denys, défait par Timoléon, et contraint de capituler, obtint la vie sauve et se retira à Corinthe, où il passa les dernières années de sa vie dans la condition d'un simple particulier. — *Vitæ cupidus.* C'était, d'après Sénèque, qui admet la légitimité du suicide, une lâcheté que de survivre à une pareille chute.

aut resisto. » [5] Post hanc denuntiationem si quis dixisset intrare se Syracusas velle, satisne justam querelam de ullo nisi de se habere posset, qui non incidisset in illa, sed prudens sciensque venisset? [6] Ad hanc imaginem agedum totius vitæ introitum refer. An[1] Syracusas viseres deliberanti tibi quicquid delectare poterat, quicquid offendere, exposui; puta nascenti me tibi venire in consilium : « Intraturus es urbem dis hominibusque communem[2], omnia complexam, certis legibus æternisque devinctam, indefatigata[3] cælestium officia volventem. [7] Videbis illic innumerabiles stellas micare, uno sidere[4] omnia impleri. Videbis solem quotidiano cursu diei noctisque spatia signantem, annuo æstates hiemesque æqualius[5] quidem dividentem. Videbis nocturnam lunæ successionem[6], a fraternis occursibus[7] lene remissumque lumen mutuantem[8] et modo occultam, modo toto orbe terris imminentem, accessionibus damnisque mutabilem, semper proximæ dissimilem[9]. Videbis quinque sidera[10] diversas agentia

---

1. *An.* V. *Rem.* 95.
2. *Urbem communem.* Cf. X, 2.
3. *Indefatigata* etc. Les fonctions (*officia*) des corps célestes (*cælestium*, v. *Rem.* 65) sont leurs mouvements, leurs révolutions, qui s'accomplissent sans relâche (*indefatigata*) et qui ont le monde pour théâtre et pour principe (*volventem*). En écrivant *volventem*, Sénèque ne pense plus au terme figuré (*urbem*), mais à ce qu'il représente (*mundum*).
4. *Uno sidere*, le soleil dont la lumière remplit le monde entier, par opposition aux étoiles, qui ne sont que des points lumineux (*micare*).
5. *Æqualius*, parce que la durée des saisons est toujours la même, tandis que celle des jours et des nuits varie toute l'année. — *Quidem* met en relief cette particularité.
6. *Nocturnam... successionem*, la lune succède au soleil pour éclairer la terre.
7. *Fraternis occursibus*, « à ses rencontres avec son frère ». Diane (= la lune) est la sœur d'Apollon (= le soleil). — *Occursibus.* Cf. *Nat. quaest.*, VII, 25, 7 : *Solis occursus.*
8. *Mutuantem... occultam... imminentem... mutabilem... dissimilem.* Ces participes et ces adjectifs se rapportent grammaticalement à *successionem*, mais pour le sens à *lunæ* (*lunæ successionem = lunam succedentem.*)
9. *Proximæ dissimilem*, « différente de ce qu'elle était la nuit précédente ».
10. *Quinque sidera*, les cinq planètes alors connues : Mercure, Vénus, Mars, Jupiter et Saturne.

vias[1] et in contrarium[2] præcipiti mundo[3] nitentia[4] : ex horum[5] levissimis motibus fortunæ populorum dependent, et maxima ac minima proinde formantur[6], prout æquum iniquumve sidus incessit. Miraberis collecta nubila et cadentis[7] aquas et obliqua fulmina et cæli fragorem. [8] Cum satiatus spectaculo supernorum[8] in terram oculos dejeceris, excipiet te alia forma rerum aliterque mirabilis : hinc camporum in infinitum patentium fusa planities, hinc montium magnis et nivalibus surgentium jugis erecti in sublime vertices; dejectus fluminum[9] et ex uno fonte[10] in occidentem orientemque diffusi amnes et summis cacuminibus[11] nemora nutantia et tantum silvarum cum suis animalibus aviumque concentu dissono; varii urbium situs et seclusæ nationes locorum difficultate, quarum aliæ se in erectos subtrahunt montes, aliæ arenis[12], lacu, vallibus, palude circumfunduntur; adjutæ cultu segetes, et arbusta sine cultore feracia; et rivorum lenes inter prata discursus et amœni sinus et litora in portum[13] recedentia; sparsæ tot per vastum[14] insulæ, quæ interventu suo[15] maria distinguunt. Quid? lapidum gemma-

1. *Diversas... vias*, par rapport aux autres astres. — L'expression *agere vias* est poétique.

2. *In contrarium etc.*, « allant en sens inverse du mouvement du ciel ». Le mouvement apparent du ciel est d'orient en occident; celui des planètes, d'occident en orient.

3. *Mundo = cælo*.

4. *Nitentia*. Le cours des planètes semble exiger des efforts parce qu'il est contraire à la révolution générale du ciel.

5. *Ex horum etc.* La croyance à l'astrologie était alors très répandue, et les stoïciens la partageaient. — *Horum*. Sénèque ne parle ici que des planètes; ailleurs (*Natur. quæst.*, II, 32, 6-8), il soutient que les autres astres influent aussi sur la destinée humaine.

6. *Proinde formantur*, « tournent bien ou mal ».

7. *Cadentis*, en pluies.

8. *Supernorum*, V. *Rem*. 65.

9. *Dejectus fluminum*. V. *Rem*. 10.

10. *Ex uno fonte etc.*, exagération.

11. *Summis cacuminibus = (in) summis cacuminibus (montium)*. V. *Rem*. 35.

12. *Arenis, etc.* Ce sont des barrières naturelles.

13. *In portum*, « de manière à former un port. » V. *Rem*. 84.

14. *Per vastum*, « sur l'immensité (des mers) ». V. *Rem*. 67.

15. *Quæ interventu suo etc.*,

rumque fulgor, et rapidorum torrentium aurum arenis[1] interfluens, et in mediis[2] terris medioque rursus mari aëriæ ignium faces, et vinculum terrarum Oceanus[3], continuationem gentium triplici sinu[4] scindens et ingenti licentia exæstuans? [9] Videbis hic[5] inquietis et sine vento[6] fluctuantibus aquis innare excedenti terrestria magnitudine animalia[7], quædam gravia et alieno se magisterio moventia[8], quædam velocia[9] et concitatis perniciora remigiis[10], quædam haurientia[11] undas et magno prænavigantium periculo efflantia; videbis hic navigia quas non novero terras quærentia. Videbis nihil humanæ audaciæ intentatum[12] erisque et

« qui, se présentant de distance en distance, varient l'uniforme tableau des mers ».

1. *Rapidorum torrentium... arenis*, le Pactole et l'Hermus en Lydie, le Tage en Espagne, etc.

2. *Et in mediis etc.*, les volcans terrestres et les volcans sous-marins. — *Rursus*, « d'autre part ». — *Aëriæ*, « qui jaillissent, s'élèvent dans les airs ».

3. *Vinculum terrarum Oceanus*. Cf. Sénèque le père, *Suas.* 1, 2 : *Immensum et humanæ intentatum experientiæ pelagus, totius orbis vinculum terrarumque custodia*. Les anciens se figuraient l'Océan comme un immense fleuve embrassant toute la circonférence de la terre.

4. *Triplici sinu*, d'après J. Lipse, la mer Méditerranée, le golfe Arabique (la mer Rouge) et le golfe Persique; d'après Gertz, la mer Méditerranée, la mer des Indes et la mer Caspienne, qui, selon Ératosthène, communiquait avec l'océan Arctique. Ces trois mers étaient des golfes (*sinus*) de l'Océan.

5. *Hic* = *in Oceano*.

6. *Sine vento*, « même sans que le vent souffle ».

7. *Excedenti terrestria magnitudine animalia*. Entendez : *animalia magnitudine excedenti terrestria* (*animalia*), comparaison abrégée pour *excedenti magnitudinem terrestrium animalium*. V. Rem. 134.

8. *Alieno se magisterio moventia*. Pline (*Hist. nat.*, IX, 88, 182) parle d'un poisson appelé *musculus* qui sert de guide aux baleines :... *Amicitiæ exempla sunt... balæna et musculus, quando, prægravi superciliorum pondere obrutis ejus* (de la baleine) *oculis, infestantia magnitudinem vada* (les bas-fonds où elle pourrait échouer) *prænatans demonstrat oculorumque vice fungitur*.

9. *Quædam velocia*, les dauphins.

10. *Remigiis*. V. Rem. 58.

11. *Quædam haurientia etc.*, les cétacés souffleurs.

12. *Nihil humanæ audaciæ intentatum*. Cf. Horace, *Od.*, I, 3.

spectator et ipse pars magna conantium¹; disces docebisque artes, alias quæ vitam instruant², alias quæ ornent, alias quæ regant. [10] Sed istic erunt mille corporum, animorum³ pestes, et bella et latrocinia et venena⁴ et naufragia et intemperies cæli corporisque⁵, et carissimorum acerba desideria⁶, et mors, incertum⁷ facilis an per pœnam cruciatumque. Delibera tecum et perpende, quid velis; ut ad illa venias, per illa⁸ exeundum est. » Respondebis velle te vivere : quidni⁹ ad id accedas¹⁰, ex quo¹¹ tibi aliquid decuti doleas? vive ergo ut convēnit¹². « Nemo, » inquis, « nos consuluit. » Consulti sunt de nobis parentes nostri, qui cum condicionem vitæ nossent, in hanc nos sustulerunt¹³.

(C. 17, §§ 1-6; c. 18.)

1. *Magna pars conantium*. Cf. Virgile, *Æn.*, II, 6 : *Quorum pars magna fui*; X, 427 : *Lausus, pars ingens belli.*
2. *Quæ vitam instruant*, l'agriculture et les métiers. — *Quæ ornent*, les arts et les lettres. — *Quæ regant*, la philosophie.
3. *Corporum, animorum*, asyndète.
4. *Venena = veneficia.* Cf. V, 6.
5. *Intemperies cæli corporisque*, « l'insalubrité du climat et les vices de constitution ».
6. *Acerba desideria*, expression concise pour *desideria ex acerbis funeribus.* Cf. XV, 2.
7. *Incertum, etc.* V. Rem. 136. — *Per pœnam cruciatumque.* V. Rem. 90. — *Pœnam.* V. Rem. 10.
8. *Ad illa... per illa.* V. Rem. 72, 3°.
9. *Quidni etc.* Le sens paraît être : « Pourquoi n'accepterais-tu pas ce dont tu ne peux perdre quelque chose sans en souffrir ? » Si l'on souffre de perdre une chose, c'est qu'on y attache du prix et qu'on la considère comme un bien ; il est donc naturel qu'on en recherche la possession. Il nous est pénible de perdre l'une ou l'autre des choses qui nous sont données avec la vie (santé, richesse, honneur, êtres chers, etc.) : c'est que nous regardons la vie comme un bien ; par conséquent nous devons désirer de vivre.
10. *Accedas. Accedere ad...* = « aller se mettre en possession de. »
11. *Ex quo... doleas*, proposition relative marquant la conséquence. — *Decuti. Decutere* = « faire tomber en frappant », métaphore tirée d'un arbre dont le vent ou la grêle fait tomber les fruits.
12. *Ut convenit*, « conformément aux conventions ».
13. *Sustulerunt.* Cf. II, 5.

XVII

La suprême consolation.

[1] Harum contemplatione virtutum[1] filium gero quasi in sinu. Nunc ille tibi magis vacat[2], nunc nihil habet, quo avocetur; numquam tibi sollicitudini, numquam mærori erit : quod unum[3] ex tam bono filio poteras dolere, doluisti; cetera, exempta[4] casibus, plena voluptatis sunt, si modo uti[5] filio scis, si modo quid in illo pretiosissimum fuerit, intellegis. [2] Imago dumtaxat[6] filii tui periit et effigies non simillima : ipse quidem æternus meliorisque nunc status[7] est, despoliatus[8] oneribus alienis et sibi relictus. Hæc quæ vides circumdata nobis, ossa ac nervos et obductam cutem[9] vultumque et ministras manus et cetera quibus involuti sumus, vincula animorum tenebræque sunt : obruitur his animus, effocatur, inficitur, arcetur a veris et suis in falsa et aliena conjectus. Omne illi cum hac gravi carne certamen est, ne abstrahatur et sidat; nititur illo unde demissus est[10] : ibi illum æterna requies manet e confusis crassisque[11] pura et liquida visentem.

[3] Proinde non est quod ad sepulcrum filii tui curras : pessima ejus et ipsi molestissima istic jacent, ossa cineresque, non magis illius partes quam vestes aliaque tegumenta corporum[12]. Integer ille nihilque in

---

1. *Harum... virtutum*, Sénèque vient de faire l'éloge de Metilius.
2. *Tibi magis vacat*, « il est plus à toi, il t'appartient plus complètement (que de son vivant) ».
3. *Quod unum*, sa mort.
4. *Exempta = cum sint exempta*.
5. *Uti*, « jouir ».
6. *Dumtaxat*, « seulement ».
7. *Melioris status*. V. *Rem.* 31.
8. *Despoliatus*, ici, par exception, en bonne part : « débarrassé, délivré ».
9. *Obductam cutem*. Cf. Sénèque, *Ep.* 102, 25 : *Detrahetur tibi hæc circumjecta... cutis etc.*
10. *Illo, unde demissus est*, vers le ciel. Cf. XXVI, 4-7.
11. *E confusis crassisque*, « au sortir de ce chaos d'éléments grossiers ».
12. *Corporum* (*partes sunt*).

terris relinquens sui fūgit et totus excessit; paulumque supra nos commoratus, dum expurgatur et inhærentia vitia situmque omnem mortalis ævi excutit, deinde ad excelsa sublatus inter felices currit animas. Excepit[1] illum cœtus sacer, Scipiones Catonesque, interque contemptores vitæ et virtutis suæ[2] beneficio liberos parens tuus, Marcia. [4] Ille nepotem suum (quamquam[3] illic omnibus omne cognatum est) applicat sibi nova luce[4] gaudentem et vicinorum siderum meatus docet, nec[5] ex conjectura sed omnium ex vero peritus in arcana naturæ libens ducit; utque ignotarum urbium monstrator hospiti gratus est, ita sciscitanti cælestium[6] causas domesticus[7] interpres *** et in[8] profunda terrarum[9] permittere aciem; juvat enim ex alto relicta despicere. [5] Sic itaque te, Marcia, gere, tamquam sub oculis patris filiique posita, non illorum[10] quos noveras, sed tanto[11] excelsiorum et in summo locatorum; erubesce quicquam humile aut vulgare sentire et mutatos in melius tuos flere....

[6] Puta itaque ex illa arce cælesti patrem tuum, Marcia, cui tantum apud te auctoritatis erat, quantum tibi apud filium tuum, non illo ingenio quo civilia bella

---

1. *Excepit*, le parfait, parce que Sénèque se reporte au moment où Metilius est monté au ciel.

2. *Virtutis suæ etc.* Ils se sont affranchis par le suicide. — *Beneficio*. Cf. X, 1.

3. *Quamquam etc.* = *nepotem dico, quamquam etc.*

4. *Nova luce.* Cf. Virgile, *Bucol.*, V, 56 : *Candidus insuetum miratur limen Olympi*, etc.

5. *Nec*, pour *et non*, « et... non plus ». V. *Rem.* 121. — *Omnium* semblerait devoir être placé après *ex vero*; mais on remarquera que *peritus* ne convient pas à *ex conjectura* (il faudrait un terme exprimant l'idée de « juger ») et qu'ainsi ces deux mots sont comme détachés du reste de la phrase. — *Ex vero.* V. *Rem.* 67. La vérité se révèle directement à lui.

6. *Cælestium*, « des phénomènes célestes ». V. *Rem.* 65.

7. *Domesticus*, « de la même famille (que celui qui l'interroge) ».

8. *** et in etc.*, lacune : il manque probablement un verbe comme *lubet*. — *Et* = *etiam*.

9. *In profunda terrarum.* V. *Rem.* 30.

10. *Non illorum*, « non tels ».

11. *Tanto*, « de toute cette distance (qui sépare le ciel de la terre) »; on peut traduire *tanto* par « bien ».

deflevit[1], quo proscribentis[2] in æternum ipse proscripsit, sed tanto elatiore quanto est ipse sublimior, dicere : [7] « Cur te, filia, tam longa tenet ægritudo? cur in tanta veri ignoratione versaris, ut inique actum[3] cum filio tuo judices, quod integro domus statu integer ipse se ad majores recepit suos? Nescis quantis fortuna procellis disturbet omnia? Quam nullis[4] benignam facilemque se præstiterit, nisi qui minimum[5] cum illa contraxerant? Regesne tibi nominem felicissimos futuros[6], si maturius illos mors instantibus subtraxisset malis? an Romanos duces[7], quorum nihil magnitudini deerit, si aliquid ætati detraxeris? an nobilissimos viros clarissimosque ad ictum militaris gladii composita cervice deformatos[8]? Respice patrem atque avum tuum[9] : ille[10] in alieni[11] percussoris venit arbi-

1. *Civilia bella deflevit.* Cremutius Cordus avait écrit l'histoire de la chute de la république et des commencements de l'empire.

2. *Proscribentis*, « les auteurs des proscriptions », Octave, Antoine et Lépide. — *Proscripsit*, il les a proscrits moralement en flétrissant leurs cruautés (Sénèque le père, *Suas.*, 6, 19, nous a conservé un fragment de Cremutius Cordus sur la mort de Cicéron, victime d'Antoine). On se rappellera que le sens propre de *proscribere* est « afficher ».

3. *Inique actum etc.*, « que ton fils a eu un sort cruel ».

4. *Quam nullis.* Cette tournure ne peut se rendre exactement en français.

5. *Qui minimum etc.*, « qui avaient eu le moins de rapports avec elle, qui s'étaient le moins commis avec elle ».

6. *Futuros.* V. Rem. 53, 4°.

7. *Romanos duces.* Sénèque pense surtout à Pompée (*magnitu-*

dini fait allusion au surnom de Pompée, *Magnus*). Cf. *Consol. ad Marc.*, 20, 4 : *Si Cn. Pompeium, decus istud firmamentumque imperii, Neapoli valetudo abstulisset, indubitatus populi Romani princeps excesserat; at nunc exigui temporis adjectio fastigio illum suo depulit.*

8. *Deformatos*, « dégradés ». Cf. *Consol. ad Helv.*, 9, 6 :... *C. Cæsarem Mytilenas prætervectum, quia non sustineret videre deformatum virum* (Marcellus exilé).

9. *Patrem atque avum tuum.* Ils ont eu tous les deux une fin malheureuse, mais à des degrés différents.

10. *Ille* = *avus tuus* : ce pronom se rapporte au terme le plus voisin dans la phrase, mais désignant la personne la plus éloignée dans le temps.

11. *In alieni etc.*, probablement dans les proscriptions. — *Alieni percussoris*, singulière expression,

trium; ego[1] nihil in me cuiquam permisi, et cibo prohibitus ostendi tam magno me, tam libero animo, quam scripseram, vixisse. Cur in domo nostra diutissime lugetur qui felicissime moritur? [8] Coimus omnes[2] in unum videmusque non alta nocte circumdati[3] nil apud vos, ut putatis, optabile, nil excelsum, nil splendidum, sed humilia cuncta et gravia et anxia et quotam[4] partem luminis nostri cernentia! Quid dicam nulla hic arma mutuis furere concursibus, nec classes classibus frangi, nec parricidia aut fingi[5] aut cogitari, nec fora litibus strepere dies perpetuos, nihil in obscuro[6], detectas mentes et aperta præcordia et in publico medioque vitam et omnis ævi[7] prospectum venientiumque? [9] Juvabat unius me sæculi[8] facta componere in parte ultima mundi[9] et inter paucissimos gesta : tot sæcula, tot ætatium contextam seriem, quicquid annorum est, licet visere; licet surrectura, licet ruitura regna prospicere et magnarum urbium lapsus et maris novos cursus. [10] Nam si tibi potest[10] solatio esse desiderii tui[11] commune fatum, nihil quo stat loco stabit, omnia sternet abducetque secum vetustas[12]. Nec

qui semble être le résultat de la fusion de deux idées : *in alienum arbitrium* et *in percussoris arbitrium*.

1. *Ego etc.* Accusé de lèse-majesté par deux créatures de Séjan, Cremutius Cordus prévint sa condamnation en se laissant mourir de faim. — *Prohibitus.* V. Rem. 79. Cf. plus haut, § 3 : *interque contemptores vitæ etc.*

2. *Omnes = avus, pater, filius.*

3. *Non... circumdati,* « n'étant plus entourés ».

4. *Quotam = quantulam.*

5. *Fingi.* Sénèque semble donner ici à *fingere* le sens de *fabricari, moliri, machinari, struere.*

6. *Nihil in obscuro, detectas mentes, etc.* Aux propositions infinitives *nulla... arma... furere, etc.* succèdent des compléments directs. — *Nihil in obscuro* et plus loin *in publico medioque vitam.* V. Rem. 90.

7. *Omnis ævi,* tout le passé. — *Venientiumque (ævorum).*

8. *Unius sæculi.* Cf. § 6.

9. *In parte ultima mundi,* sur la terre, la partie la plus éloignée du monde par rapport au ciel, où se trouve celui qui parle.

10. *Si tibi potest etc.,* suppléez l'idée intermédiaire : « Sache ceci ». V. Rem. 131.

11. *Desiderii tui* dépend de *solatio.*

12. *Vetustas,* « le cours du temps ».

hominibus solum (quota[1] enim ista fortuitæ potentiæ portio[2] est?) sed locis, sed regionibus, sed mundi partibus ludet. Tot supprimet montes et alibi rupes in altum novas exprimet; maria sorbebit, flumina avertet et commercio gentium rupto[3] societatem generis humani cœtumque dissolvet; alibi hiatibus vastis subducet urbes, tremoribus quatiet, et ex infimo pestilentes halitus mittet et inundationibus quicquid habitatur obducet necabitque omne animal orbe submerso et ignibus vastis torrebit incendetque mortalia. Et cum tempus advenerit, quo se[4] mundus renovaturus[5] exstinguat, viribus ista[6] se suis cædent[7] et sidera sideribus incurrent et omni flagrante materia uno igne[8] quicquid nunc ex disposito lucet, ardebit. [11] Nos quoque felices animæ[9] et æterna sortitæ, cum deo visum erit iterum ista moliri[10], labentibus cunctis, et ipsæ[11]

1. *Quota.* Cf. § 8.
2. *Ista fortuitæ potentiæ portio*, la partie de l'empire du hasard qui s'exerce sur les hommes.
3. *Commercio gentium rupto*, « les moyens de communication entre les différents peuples étant détruits ».
4. *Se* dépend à la fois de *renovaturus* et de *exstinguat*.
5. *Se mundus renovaturus.* D'après la physique stoïcienne, le monde (κόσμος), dans son état actuel, n'est pas éternel : les éléments qui le composent (le feu, l'air, l'eau et la terre) doivent, au bout d'un certain temps, revenir au feu primitif par un embrasement universel (ἐκπύρωσις); puis il se formera un nouveau κόσμος, analogue à celui-ci, qui sera consumé au bout du même temps, et ainsi de suite.
6. *Ista*, « toutes les choses que tu vois ».
7. *Se... cædent,* « se briseront ».
8. *Uno igne* est opposé à *ex disposito*, comme *ardebit* à *lucet.* — *Ex disposito* = *partibus et ordine* : la lumière est distribuée entre les astres, disposés d'espace en espace. V. Rem. 67.
9. *Nos quoque* etc. Les âmes elles-mêmes ne conserveront leur existence individuelle que jusqu'à l'ἐκπύρωσις; alors elles rentreront toutes dans l'âme universelle (identique, pour les stoïciens, au feu primitif), dont elles sont des parties. Les mots *æterna sortitæ* ne doivent pas être pris dans le sens absolu.
10. *Iterum ista moliri,* « recréer ce monde », ce qui suppose la destruction de sa forme actuelle. — *Ista,* au lieu de *hæc.* V. Rem. 72, 2°.
11. *Et ipsæ* vient renforcer *quoque.* V. Rem. 114.

parva ruinæ ingentis accessio[1] in antiqua elementa
vertemur. » Felicem filium tuum, Marcia, qui ista[2]
jam novit!

(C. 24, §§ 4-5; c. 25-26.)

DE VITA BEATA

Ce traité a le caractère d'une apologie personnelle. Sénèque
avait à la cour de Néron des ennemis et des envieux qui lui
reprochaient de ne pas conformer sa conduite à ses préceptes
et notamment de vivre dans le luxe et l'opulence. Il enveloppe
sa réponse dans une dissertation philosophique sur la vie
heureuse et sur les moyens d'y parvenir.

La vie heureuse est celle qui s'accorde avec la nature, c'est-
à-dire avec la raison — ce qui est tout un, d'après la doctrine
stoïcienne. Le bonheur est dans la vertu et non dans le plaisir.
L'âme vertueuse est calme, sereine, inébranlable ; elle se suffit à elle-même et méprise les biens de ce monde. « Mais
toi, Sénèque, tu parles d'une manière et tu vis d'une autre. »
— « Je n'ai point la prétention d'être un sage; j'adore la vertu,
j'essaie de la suivre, mais je n'ignore pas que j'en suis fort
éloigné. Il n'en est pas moins beau de tendre à l'idéal, même
si l'on ne peut y atteindre (XVIII). Qu'importe d'ailleurs que
le philosophe possède des richesses ? L'essentiel est qu'il ne
soit pas possédé par elles, que sa fortune soit bien acquise et
qu'il en fasse un bon usage. Quant au vrai sage selon la formule stoïcienne, il sera également heureux dans l'opulence et
dans la pauvreté; il saura supporter l'une et l'autre condition;
et, si l'on s'avise de dénigrer la philosophie en sa personne
sous prétexte qu'il est riche, il imposera rudement silence à
ses détracteurs. »

1. *Accessio*, « supplément, partie accessoire ». — 2. *Ista*, au lieu de *illa*. V. *Rem.*

XVIII

Il est beau de tendre à l'idéal même si l'on ne peut y atteindre.

[1] « Non præstant philosophi quæ loquuntur. » Multum tamen præstant quod loquuntur[1], quod honesta[2] mente concipiunt. Utinam quidem et paria dictis agerent! quid esset illis beatius? Interim non est quod contemnas bona verba et bonis cogitationibus plena præcordia : studiorum salutarium etiam citra effectum laudanda tractatio[3] est. [2] Quid mirum, si non escendunt in altum ardua aggressi? Sed si vir es[4], suspice, etiamsi decidunt, magna conantis. Generosa res est respicientem non ad suas[5], sed ad naturæ suæ vires conari alta tentare[6] et mente majora concipere, quam quæ etiam ingenti animo adornatis[7] effici possunt. [3] Qui sibi hoc proposuit[8] : « Ego mortem meorum[9] eodem vultu audiam, quo meam videbo. Ego laboribus, quanticumque illi erunt, parebo animo fulciens corpus. Ego divitias et præsentes et absentes æque contemnam, nec si aliubi jacebunt[10], tristior, nec si circa me fulge-

---

1. *Quod loquuntur,* « par cela seul qu'ils parlent (comme ils le font). »
2. *Honesta,* neutre pluriel.
3. *Citra effectum... tractatio.* V. Rem. 90. — *Citra.* V. Rem. 83.
4. *Si vir es.* « Puto Senecam hoc sensisse : neminem, nisi qui ipse vere vir sit, viros magnos æstimare posse, ideoque hoc signum viri esse, magnos viros recte æstimare. » (Gertz.)
5. *Suas,* « ses forces individuelles ». — *Naturæ,* « celles de sa nature », c'est-à-dire de la nature humaine au sens idéal. L'homme, d'après les stoïciens, participe à la nature divine.
6. *Conari... tentare.* V Rem. 137, 4°.
7. *Adornatis,* datif. V. Rem. 25 et 66.
8. *Qui sibi hoc proposuit.* L'idée est reprise à la fin du § 5 par : *qui hæc facere proponet.*
9. *Ego mortem meorum etc.* Il eût été plus logique de dire : *Ego mortem meam codem vultu videbo quo (mortem) meorum audiam.* V. Rem. 92.
10. *Si aliubi jacebunt,* « si elles

bunt, animosior[1]. Ego fortunam nec venientem sentiam nec recedentem. Ego terras omnes tamquam meas videbo, meas tamquam omnium. Ego sic vivam quasi sciam aliis me natum et naturæ rerum hoc nomine gratias agam : quo enim melius genere[2] negotium meum agere potuit? unum me donavit omnibus, uni mihi omnis. [4] Quicquid habebo, nec sordide custodiam nec prodige spargam. Nihil magis possidere me credam quam bene donata. Non numero nec pondere beneficia[3] nec ullā nisi accipientis æstimatione perpendam : numquam id mihi[4] multum erit, quod dignus[5] accipiet. Nihil opinionis causa, omnia conscientiæ faciam. Populo spectante fieri credam quicquid me conscio faciam. [5] Edendi mihi erit bibendique finis desideria naturæ restinguere, non implere alvum et exinanire. Ero amicis jucundus, inimicis[6] mitis et facilis. Exorabor antequam roger[7] et honestis precibus occurram. Patriam meam[8] esse mundum sciam et præsides deos[9], hos supra me circaque me stare factorum dictorumque censores. Quandoque aut natura spiritum repetet aut ratio dimittet[10], testatus exibo bonam me conscientiam amasse, bona studia, nullius per me libertatem deminutam, minime meam, » — qui hæc facere proponet[11], volet, tentabit, ad deos iter faciet[12],

se trouvent (reposent) en d'autres mains ».

1. *Animosior*, « plus fier et plus joyeux ». V. *Rem*. 11.
2. *Quo... genere* = *qua ratione*.
3. *Beneficia*, entendez : *quæ aliis tribuam*.
4. *Mihi*, entendez : *danti*.
5. *Dignus*. V. *Rem*. 62.
6. *Inimicis*. V. *Rem*. 24.
7. *Exorabor antequam roger*. La proposition qui suit explique la pensée de Sénèque tout en l'affaiblissant.

8. *Patriam meam etc.* Le stoïcien se regardait comme « citoyen du monde » (κόσμου πολίτης). Cf. X, 2; XVI, 6; XX, 3.
9. *Et præsides deos*, sous-entendu *esse* avec le sens d' « exister ».
10. *Ratio dimittet*. Aux yeux de Sénèque, le suicide est légitime s'il est déterminé non par la passion, mais par la raison.
11. *Facere proponet*. V. *Rem*. 50.
12. *Ad deos iter faciet* est subordonné par *qui*, comme *proponet*, *volet*, *tentabit*.

ne[1] ille, etiamsi non tenuerit[2],

Magnis tamen excidet ausis.

(C. 20, §§ 1-5.

DE OTIO

(Ce traité est mutilé au commencement et probablement aussi à la fin.)

La nature nous a formés non seulement pour l'action, mais encore pour la contemplation et pour la science (XIX). En nous consacrant à la contemplation, nous vivons selon la nature et nous nous rendons utiles à l'humanité : les Zénon, les Cléanthe, les Chrysippe ont fait de plus grandes choses que s'ils avaient commandé des armées et administré l'État. Au reste, il y a des circonstances où le sage doit renoncer à s'occuper des affaires publiques.

XIX

L'homme est né non seulement pour l'action, mais encore pour la contemplation et pour la science.

[1] Solemus dicere[3] summum bonum esse secundum naturam vivere : natura nos ad utrumque genuit, et contemplationi rerum et actioni[4]. Nunc id probemus.

---

1. *Ne*, particule confirmative, écrite vulgairement, mais à tort, *næ* : « certes ».

2. *Etiamsi non tenuerit*, etc. Cf. Ovide, *Metam.*, II, 327-328 :
 Hic situs est Phaethon, currus
 [auriga paterni,
 Quem si non tenuit, magnis
 [tamen excidit ausis.

Sénèque paraît prendre *tenere* dans le sens de « arriver au but ».

3. *Solemus dicere* etc. C'est un axiome des stoïciens (ὁμολογουμένως τῇ φύσει ζῆν).

4. *Ad utrumque... et contemplationi... et actioni*. V. Rem. 17 et 27.

quod prius diximus[1]. Quid porro[2]? hoc non erit probatum, si se unusquisque consuluerit, quantam[3] cupidinem habeat ignota noscendi, quam ad omnīs fabulas[4] excitetur? [2] Navigant quidam et labores peregrinationis longissimæ una mercede perpetiuntur cognoscendi[5] aliquid abditum remotumque; hæc res[6] ad spectacula populos contrahit, hæc cogit præclusa rimari, secretiora exquirere, antiquitates[7] evolvere, mores barbararum audire gentium. [3] Curiosum nobis natura ingenium dedit et artis sibi ac pulchritudinis suæ conscia spectatores nos tantis rerum spectaculis genuit, perditura[8] fructum sui, si tam magna, tam clara, tam subtiliter ducta[9], tam nitida et non uno genere formosa solitudini ostenderet. [4] Ut scias illam spectari voluisse, non tantum adspici, vide quem nobis locum dederit : in media nos sui parte[10] constituit et circumspectum omnium nobis dedit; nec erexit tantummodo hominem, sed etiam habilem contemplationi factura[11], ut ab ortu sidera in occasum labentia prosequi posset et vultum suum circumferre cum toto[12], os sublime[13] fecit illi et caput collo flexili imposuit; deinde sena per diem[14], sena per noctem signa producens nul-

---

1. *Quod prius diximus*, « notre première proposition », savoir : *naturam nos contemplationi rerum genuisse*.

2. *Quid porro?* « Eh bien ».

3. *Se... consuluerit, quantam* etc. V. Riemann, *Syntaxe*, § 174, *Rem.* II.

4. *Fabulas*, « récits ».

5. *Cognoscendi*, génitif explicatif ou de définition : le profit (*merces*) consiste à connaître, etc. V. *Rem.* 54.

6. *Hæc res*, savoir *cupiditas ignota noscendi*.

7. *Antiquitates*, « l'histoire ancienne ».

8. *Perditura*. V. *Rem.* 53, 4°.

9. *Ducta = formata*.

10. *In media sui parte*. La terre, d'après les idées des anciens, occupait le centre du monde.

11. *Factura*. V. *Rem.* 53, 3°.

12. *Cum toto*, « avec l'univers ». V. *Rem.* 62.

13. *Os sublime* etc. Cf. Ovide, *Metam.*, I, 85-86 :

Os homini sublime dedit cæ-
[*lumque videre*
Jussit et erectos ad sidera tollere
[*vultus.*

14. *Sena per diem* etc., les signes du zodiaque, qui s'élèvent successi-

lam non partem sui explicuit, ut per hæc, quæ obtulerat oculis ejus, cupiditatem faceret etiam ceterorum. [5] Nec enim omnia nec tanta visimus[1] quanta sunt, sed acies nostra aperit sibi investigandi viam et fundamenta vero[2] jacit, ut inquisitio transeat ex apertis in obscura et aliquid ipso mundo inveniat antiquius : unde ista[3] exierint; quis fuerit universi[4] status, antequam singula[5] in partes discederent; quæ ratio mersa et confusa[6] diduxerit; quis loca rebus assignaverit, suapte natura gravia descenderint, evolaverint levia, an præter nisum[7] pondusque corporum altior aliqua vis[8] legem singulis dixerit; an[9] illud verum sit, quo maxime probatur homines divini esse spiritus, partem ac veluti scintillas[10] quasdam astrorum in terram desiluisse atque alieno loco hæsisse. [6] Cogitatio nostra cæli munimenta[11] perrumpit nec contenta est id, quod ostenditur, scire. « Illud, » inquit, « scrutor, quod ultra mundum jacet : utrumne profunda vastitas[12] sit an et[13] hoc ipsum terminis suis cludatur; qualis sit habitus exclusis[14] : in-

vement au-dessus de l'horizon, six pendant le jour et six pendant la nuit.

1. *Nec (ea) tanta visimus*, « nous ne les voyons pas aussi grands... » : *tanta* est complément attributif.

2. *Vero*, datif.

3. *Ista*, au lieu de *hæc*, « les choses que nous voyons ». V. Rem. 72, 2°.

4. *Universi*, « de l'univers ». V. Rem. 62 et cf. plus haut (§ 4) : *cum toto*.

5. *Antequam singula* etc. Cf. Ovide, Metam., 1, 5 et suiv.

6. *Mersa et confusa*, « les choses plongées dans le chaos ».

7. *Nisum*, « la tendance à s'élever », correspond à *evolaverint levia*, comme *pondus*, « la pesan-teur », à *gravia descenderint*.

8. *Altior aliqua vis*, « une force plus intime ».

9. *An*. V. Rem. 95.

10. *Partem ac veluti scintillas* etc. Cf. Virgile, Æn., VI, 730 et suiv. V. aussi XVII, 2 et XXVI, 4-7. — *Astrorum*. Les astres, pour les stoïciens, étaient des êtres divins.

11. *Cæli munimenta*, « les remparts du ciel », les bornes du monde, c. à-d. de notre monde visible, fini et distinct de l'univers.

12. *Profunda vastitas*, « une étendue infinie, l'immensité ».

13. *Et* = *etiam*, « aussi », comme notre monde. De même, plus bas, *et illa*.

14. *Exclusis* = *iis rebus quæ extra hunc mundum jacent*.

formia et confusa sint, in omnem partem¹ tantumdem loci obtinentia, an et illa in aliquem cultum discripta sint² ; huic cohæreant mundo an longe ab hoc secesserint et in vacuo volutentur ; — individua³ sint, per quæ struitur omne id quod natum futurumque est, an continua eorum⁴ materia sit et per totum mutabilis⁵ ; — utrum contraria inter se elementa sint an non pugnent, sed per diversa⁶ conspirent. » [7] Ad hæc quærenda natus⁷, æstima quam non multum acceperit temporis, etiamsi illud totum sibi vindicat : cujus licet nihil facilitate eripi, nihil neglegentiā patiatur excidere⁸, licet horas suas avarissime servet et usque in ultimum ætatis humanæ terminum procedat nec quicquam illi ex eo quod natura constituit fortuna concutiat⁹, tamen homo ad immortalium cognitionem¹⁰ nimis mortalis est.

(C. 5, §§ 1-7.)

1. *In omnem partem,* « en tous sens ».

2. *In aliquem cultum discripta sint* = *ita disposita sint, ut aliquam formam cura exculta exprimant.* V. Rem. 84.

3. *Individua* (*corpuscula*), « des atomes ».

4. *Eorum,* « des corps », dont l'idée est contenue dans *omne id quod natum futurumque est.*

5. *Per totum mutabilis,* « indéfiniment variable », c.-à-d. susceptible de prendre toute espèce de formes, tandis que les atomes sont en eux-mêmes immuables et que la variété des choses n'est que le résultat de leurs combinaisons. — *Per totum.* V. Rem. 67.

6. *Per diversa,* « par des voies différentes ». V. Rem. 67.

7. *Natus,* savoir *homo.*

8. *Eripi... excidere.* Cf. XXXVI, 1.

9. *Concutiat,* « ébranle, bouleverse » : il s'agit des maladies, des revers, etc., qui empêchent l'homme d'appliquer à l'étude des sciences les dons qu'il a reçus de la nature. D'autres entendent : « que la fortune ne lui arrache aucune partie du temps que la nature lui a donné à vivre ». Mais cela n'ajouterait rien à l'idée précédente : *et usque in ultimum etc.*

10. *Ad... cognitionem etc.* V. Rem. 81. — *Immortalium,* neutre. V. Rem. 65.

DE TRANQUILLITATE ANIMI

La forme de ce traité est celle d'un dialogue, mais très rudimentaire.

Un ami de Sénèque, Sérénus, lui expose l'état de son âme. Il est en proie à un malaise moral qui le remplit de tristesse et de dégoût de lui-même : il ne trouve pas dans la pratique de la vertu la paix et le contentement; ses élans généreux sont suivis d'espèces de défaillances ; il aime le bien, et il ne sait pas s'y attacher fortement; il se sent faible, hésitant, troublé. Que faire pour dissiper cet ennui et cette inquiétude?

Sénèque commence par préciser la nature du mal dont souffre son ami, par en décrire les symptômes et toutes les variétés ; puis il indique les remèdes. Cherchons d'abord une ressource dans les occupations; d'une manière ou de l'autre rendons-nous utiles à notre prochain : il est toujours possible de faire du bien (XX). N'entreprenons rien qui soit au-dessus de nos forces et consultons nos dispositions naturelles. Un ami fidèle et sage exercera sur nous une influence bienfaisante. Ne soyons pas esclaves des richesses ; apprenons à nous contenter de peu et gardons en tout la juste mesure, même dans le goût des livres (XXI). Tâchons de nous faire à notre condition (XXII); bornons nos désirs. Le sage ne craint ni la mort ni l'adversité : imitons-le. Fuyons l'agitation stérile (XXII). La fortune est inconstante : ne comptons jamais sur elle. Que notre âme se détache des objets extérieurs et se replie sur elle-même. Ni le spectacle des vices et des crimes de l'humanité ni celui des disgrâces des gens de bien ne doivent nous affliger : rions, comme Démocrite, des sottises du genre humain, et disons-nous que l'homme vertueux n'est jamais à plaindre. Montrons-nous toujours tels que nous sommes : rien de plus pénible que de porter un masque. Enfin accordons à notre esprit du repos et des distractions. Ces moyens, employés à propos, et joints à une surveillance continuelle sur nous-mêmes, nous rendront et nous conserveront la tranquillité d'âme.

XX

Il est toujours possible de faire le bien.

[1] Hoc puto virtuti faciendum studiosoque virtutis[1] : si prævalebit fortuna et præcidet agendi facultatem, non statim aversus inermisque fugiat[2] latebras quærens, quasi ullus locus sit, quo non possit fortuna persequi, sed parcius se inferat officiis et cum delectu[3] inveniat aliquid, in quo utilis civitati sit. [2] Militare non licet? honores petat; privato vivendum est? sit orator; silentium indictum est? tacita advocatione cives juvet; periculosum etiam ingressu forum est? in domibus, in spectaculis, in conviviis bonum contubernalem, fidelem amicum, temperantem convivam agat; officia civis amisit[4]? hominis exerceat. [3] Ideo magno animo nos[5] non unius urbis mœnibus clusimus, sed in totius orbis commercium emisimus patriamque nobis mundum professi sumus, ut liceret latiorem virtuti campum dare. Præclusum tibi tribunal[6] est et rostris prohiberis aut comitiis? respice post te quantum latissimarum regionum pateat, quantum populorum; numquam ita tibi magna pars obstruetur, ut non major relinquatur. [4] Sed vide, ne totum istud[7] tuum vitium[8] sit; non vis enim nisi consul aut prytanis[9] aut ceryx[10] aut sufes[11] administrare rem publicam :

---

1. *Studiosoque virtutis.* V. Rem. 66.

2. *Non... fugiat.* V. Rem. 96.

3. *Cum delectu*, « avec discernement ».

4. *Officia civis amisit.* V. Rem. 132.

5. *Nos*, nous autres stoïciens. Cf. X, 2, et la note.

6. *Tribunal*, le siège du juge, du magistrat.

7. *Istud*, l'obstacle.

8. *Vitium* = *culpa*.

9. *Prytanis* (πρύτανις), premier magistrat dans certaines cités grecques, par exemple à Rhodes.

10. *Ceryx* (κῆρυξ) signifie « héraut ». On ne connaît pas de magistrat portant ce titre qui puisse être assimilé aux consuls, aux prytanes et aux suffètes.

11. *Sufes*, premier magistrat de Carthage. Les villes africaines, sous la domination des Carthaginois,

quid si militare nolis nisi imperator aut tribunus? Etiamsi alii primam frontem tenebunt, te sors inter triarios posuerit[1], inde voce, adhortatione, exemplo, animo milita : præcisis quoque manibus ille in prœlio invenit, quod partibus[2] conferat, qui stat tamen et clamore juvat. [5] Tale quiddam facias[3] : si a prima te rei publicæ parte fortuna submoverit, stes tamen et clamore juves et, si quis fauces oppresserit, stes tamen et silentio juves. Numquam inutilis est opera civis boni : auditus visusque[4], vultu, nutu, obstinatione tacita incessuque ipso prodest. [6] Ut salutaria[5] quædam, quæ citra[6] gustum tactumque odore[7] proficiunt, ita virtus utilitatem etiam ex longinquo et latens fundit. Sive spatiatur et se utitur[8] suo jure, sive precarios habet excessus[9] cogiturque vela contrahere, sive otiosa[10] mutaque est et in angusto circumsæpta, sive adaperta, in quocumque habitu est, prodest : quid? tu parum utile putas exemplum bene quiescentis[11]? [7] Longe itaque optimum est miscere otium rebus[12], quotiens actuosa vita impedimentis fortuitis aut civitatis condicione prohibebitur : numquam enim usque eo interclusa sunt omnia, ut nulli actioni locus honestæ sit.

(C. 4.)

étaient aussi gouvernées par des suffètes; Rome les leur laissa, et quelques-unes les ont gardés jusqu'après l'époque des Antonins.

1. *Posuerit*, futur passé.
2. *Partibus*, « son parti ».
3. *Facias... stes etc.* V. Riemann, *Syntaxe*, § 165, a, Rem. II.
4. *Auditus visusque*. Cf. XIV, 7 : *nominatus cogitatusque*. V. Rem. 69.
5. *Salutaria*, « certains remèdes, certains spécifiques ».
6. *Citra*. V. Rem. 83.
7. *Odore*, « par la seule odeur ».
8. *Se utitur*, « dispose d'elle-même ». — *Suo jure*, « en vertu de son droit, de plein droit », c'est-à-dire « en toute liberté ».
9. *Excessus*, « faculté de se mouvoir en dehors, manifestations extérieures, expansion ».
10. *Sive otiosa etc.*, correspond à *sive precarios habet excessus* et *sive adaperta* à *sive spatiatur etc.* : entre-croisement. — *Otiosa*, « réduite à l'inaction ».
11. *Bene quiescentis*, « de celui qui fait un bon usage de son loisir ».
12. *Miscere otium rebus*, et non de se condamner à une inaction absolue.

XXI

La bibliomanie.

[1] Studiorum quoque quæ[1] liberalissima impensa est, tamdiu[2] rationem habet, quamdiu modum. Quo innumerabiles libros et bibliothecas, quarum dominus vix tota vita indices[3] perlegit? Onerat discentem turba, non instruit, multoque satius est paucis te auctoribus tradere, quam errare per multos. [2] Quadraginta milia librorum[4] Alexandriæ arserunt : pulcherrimum regiæ opulentiæ monumentum alius laudaverit, sicut T. Livius[5], qui « elegantiæ regum[6] curæque egregium id opus » ait « fuisse ». Non fuit[7] elegantia illud aut cura, sed studiosa[8] luxuria, immo ne studiosa quidem, quoniam non in studium, sed in spectaculum comparaverant, sicut plerisque[9] ignaris etiam puerilium litterarum[10] libri non studiorum instrumenta, sed cenationum[11] ornamenta sunt. Paretur itaque librorum quantum satis sit, nihil in apparatum. [3] « Honestius, »

---

1. *Studiorum quoque (impensa), quæ etc.* — Pour le sens de *studia.* V. Rem. 10. — *Quoque,* pour *etiam.* V. Rem. 111.

2. *Tamdiu,* restrictif : « aussi longtemps (mais pas plus longtemps) ».

3. *Indices.* Le titre du livre (*index, titulus*) était écrit sur un petit morceau de parchemin attaché au centre du rouleau (*volumen*), de manière à pendre en dehors et à pouvoir être facilement consulté.

4. *Quadraginta milia librorum... arserunt,* pendant la guerre d'Alexandrie (47 av. J.-C.) : César, retranché dans un des quartiers de la ville, soutint, contre les troupes d'Achillas, une lutte acharnée au cours de laquelle une partie de la bibliothèque royale fut consumée par un incendie. Le chiffre de quarante mille volumes paraît inférieur à la réalité ; aussi a-t-on proposé de changer *quadraginta* en *quadringenta.*

5. *T. Livius,* dans un des livres aujourd'hui perdus de sa grande histoire.

6. *Regum,* des Ptolémées.

7. *Non fuit etc.* Ce jugement est très injuste.

8. *Studiosa,* « littéraire ».

9. *Plerisque = multis.* V. Rem. 76.

10. *Puerilium litterarum,* l'instruction primaire.

11. *Cenationum.* V. Rem. 6.

inquis, « hoc[1] se impensæ quam in Corinthia[2] pictasque tabulas effuderint. » Vitiosum est ubique, quod nimium est. Quid habes, cur ignoscas homini armaria[3] e citro[4] atque ebore captanti, corpora[5] conquirenti aut ignotorum auctorum aut improbatorum et inter tot milia librorum oscitanti, cui voluminum suorum frontes[6] maxime placent titulique[7]? [4] Apud desidiosissimos ergo videbis quicquid orationum historiarumque est, tecto tenus exstructa loculamenta; jam enim inter balnearia[8] et thermas bibliotheca quoque ut necessarium domus ornamentum expolitur. Ignoscerem plane, si studiorum nimia cupidine erraretur : nunc ista conquisita, cum imaginibus[9] suis discripta[10] sacrorum opera ingeniorum in speciem[11] et cultum parietum comparantur.

(C. 9, §§ 4-7.)

1. *Hoc* = *huc*. V. Rem. 1. L'adverbe tient lieu d'une préposition avec son cas (*in hoc*).

2. *Corinthia* (*vasa*). Les vases d'airain de Corinthe étaient fort recherchés des amateurs et se payaient des prix fabuleux.

3. *Armaria*, « casiers pour les livres ».

4. *Citro*. Le *citrus* n'est pas le citronnier, mais une espèce de thuia (*thuia articulata*). Le bois de ce thuia, qu'on rencontrait surtout en Mauritanie, dans les montagnes de l'Atlas, servait à faire des meubles de luxe.

5. *Corpora*, « collections ».

6. *Frontes*. Le *volumen* enroulé avait la forme d'un cylindre; les *frontes* sont les deux bases du cylindre; la surface en était soigneusement polie.

7. *Tituli*, comme plus haut *indices* (§ 1).

8. *Inter balnearia etc.* Sénèque ne veut pas dire que les bains et les thermes étaient garnis d'une bibliothèque (car les mots *ut necessarium domus ornamentum* n'auraient alors aucun sens), mais qu'une bibliothèque était, au même titre que les bains et les thermes, l'ornement obligé de toute maison.

9. *Imaginibus*, les portraits des auteurs.

10. *Discripta*, « classés, rangés ».

11. *In speciem etc.*, « ne... que pour, etc. ». V. Rem. 84.

XXII

Il faut se faire à sa condition.

[1] At in aliquod genus vitæ difficile incidisti et tibi ignoranti¹ vel publica fortuna vel privata laqueum impegit, quem nec solvere possis nec rumpere : cogita compeditos² primo ægre ferro onera et impedimenta crurum; deinde, ubi non indignari illa, sed pati proposuerunt, necessitas fortiter ferre docet, consuetudo facile. Invenies in quolibet genere vitæ oblectamenta et remissiones et voluptates, si volueris mala³ putare levia potius quam invidiosa facere. [2] Nullo melius nomine de nobis natura meruit, quæ, cum sciret quibus ærumnis⁴ nasceremur, calamitatum mollimentum consuetudinem invenit, cito in familiaritatem gravissima adducens. Nemo duraret, si rerum adversarum eamdem vim assiduitas haberet quam primus ictus. [3] Omnes cum fortuna copulati sumus : aliorum aurea catena est ac laxa, aliorum arta et sordida; sed quid refert? eadem custodia universos circumdedit alligatique sunt etiam qui alligaverunt, nisi forte tu leviorem in sinistra catenam⁵ putas. Alium honores, alium opes vinciunt; quosdam nobilitas, quosdam humilitas premit; quibusdam aliena supra caput imperia sunt⁶, quibusdam sua; quosdam exsilia uno loco tenent, quos-

---

1. *Ignoranti*, « à ton insu », c'est-à-dire sans qu'il y ait de ta faute.

2. *Compeditos*, les esclaves qui ont les fers ou les entraves aux pieds. Ils les portaient même en travaillant.

3. *Si volueris mala* etc. « Mala æstimatione prudenti levanda potius sunt quam querendo magna et invidiosa facienda. » (Madvig.)

4. *Quibus ærumnis*. V. Rem. 27.

5. *In sinistra catenam*. V. Rem. 90. — *In sinistra*. La chaîne était attachée au bras droit du prisonnier; le gardien en tenait l'extrémité dans sa main gauche.

6. *Supra caput... sunt*, m. à m. : « sont par-dessus la tête », c'est-à-dire « sont à charge, accablent ».

dam sacerdotia[1]. Omnis vita servitium est. [4] Assuescendum est itaque condicioni suæ et quam minimum de illa querendum et quicquid habet circa se[2] commodi, apprendendum : nihil tam acerbum est, in quo non æquus animus solatium inveniat. Exiguæ sæpe areæ in multos usus discribentis[3] arte patuerunt et quamvis angustum pedem[4] dispositio fecit habitabilem. Adhibe rationem difficultatibus : possunt et dura molliri et angusta laxari et gravia scite ferentis minus premere.

(C. 10, §§ 1-4.)

XXIII

Fuyons l'agitation stérile.

[1] Proximum ab his erit, ne[5] aut in supervacuis aut ex supervacuo[6] laboremus, id est, ne quæ[7] aut non possumus consequi, concupiscamus, aut adepti vanitatem cupiditatium nostrarum sero post multum sudorem intellegemus, id est, ne aut labor irritus sit sine effectu[8] aut effectus labore indignus. Fere enim ex his tristitia sequitur, si aut non successit[9] aut successus

---

1. *Sacerdotia.* Les desservants de certains cultes étaient tenus de résider perpétuellement dans le temple ou dans la ville où ils exerçaient leurs fonctions.
2. *Circa se.* V. Rem. 82.
3. *Discribentis*, de l'architecte qui a fait le plan et qui a divisé le terrain en différentes parties ayant chacune leur destination.
4. *Pedem*, l'emplacement d'une maison. Varron, *De ling. Lat.*, V, 19 : *Dicitur in ædificiis area « pes magnus », et qui fundamentum instituit, « pedem ponit »*.
5. *Proximum... erit, ne...* Cf. VI, 4.
6. *Ex supervacuo.* V. Rem. 67.
7. *Ne quæ etc.* Construisez : *ne concupiscamus (ea) quæ aut non possumus consequi, aut adepti... intellegemus.* Le relatif *quæ*, commun aux deux membres, sert dans le second de complément au participe *adepti* : il en résulte une forme de phrase qui ne peut être reproduite en français. V. Riemann, *Syntaxe*, § 18.
8. *Irritus... sine effectu.* V. Rem. 137, 4°.
9. *Non successit.* Cf. IX, 3.

pudet. [2] Circumcidenda concursatio[1], qualis est magnæ parti hominum domos et theatra et fora pererrantium : alienis se negotiis offerunt, semper aliquid agentibus similes. Horum si aliquem exeuntem e domo interrogaveris : « Quo tu? quid cogitas? » respondebit tibi : « Non mehercules scio; sed aliquos videbo, aliquid agam. » [3] Sine proposito vagantur quærentes negotia, nec quæ destinaverunt agunt, sed in quæ incucurrerunt; inconsultus illis vanusque cursus est, qualis formicis[2] per arbusta repentibus, quæ in summum cacumen et inde in imum inanes[3] aguntur[4] : his plerique similem vitam[5] agunt, quorum non immerito quis inquietam inertiam dixerit. [4] Quorumdam quasi ad incendium currentium misereberis : usque eo[6] impellunt obvios et se aliosque præcipitant, cum interim cucurrerunt[7] aut salutaturi[8] aliquem non resalutaturum aut funus ignoti hominis prosecuturi[9], aut ad

1. *Circumcidenda concursatio, etc.* Pour tout ce morceau, cf. les jolis vers de Phèdre, *Fab.*, II, 5, 1-4 :

Est ardelionum quædam Romæ
              [natio,
Trepide concursans, occupata in
              [otio,
Gratis anhelans, multa agendo
              [nil agens,
Sibi molesta et aliis odiosissima.

2. *Qualis formicis etc.* La comparaison n'est pas heureuse : Sénèque juge mal les fourmis, faute de connaître l'histoire naturelle.

3. *Inanes*, lorsqu'elles redescendent.

4. *Aguntur*, sens réfléchi.

5. *His similem vitam*, comparaison abrégée. V. *Rem.* 134.

6. *Usque eo*, « tant... », épiphonème explicatif.

7. *Cum interim cucurrerunt etc.* Sénèque énumère ici quelques-uns des devoirs (*officia*) de la vie civile. —*Cum interim*... V. *Rem.* 106.

8. *Salutaturi etc.* Le principal devoir du client était d'aller saluer son patron le matin (*salutare*). Quand la foule des visiteurs était trop grande, la porte restait fermée à ceux qui n'étaient point les familiers de la maison (cf. § 6). D'ailleurs le patron ne se gênait guère avec ses inférieurs et se contentait souvent de répondre à leur salut par un regard protecteur ou par un léger signe de tête, sans desserrer les dents (*clauso labello*, Juvénal, *Sat.* III, 185). Cf. XXV, 3.

9. *Salutaturi... resalutaturum... prosecuturi..*, et plus loin *erraturi*. V. *Rem.* 53.

judicium¹ sæpe litigantis aut ad sponsalia sæpe nubentis², et lecticam assectati quibusdam locis etiam tulerunt; dein domum cum supervacua redeuntes lassitudine jurant nescire se ipsos, quare exierint, ubi fuerint, postero die erraturi per eadem illa vestigia.

[5] Omnis itaque labor aliquo referatur, aliquo respiciat. Non industria inquietos, sed, ut insanos, falsæ rerum imagines agitant³; nam ne illi⁴ quidem sine aliqua spe moventur⁵ : proritat illos alicujus rei species, cujus vanitatem capta mens⁶ non coarguit. [6] Eodem modo unumquemque ex his, qui ad augendam turbam exeunt⁷, inanes et leves causæ per urbem circumducunt nihilque habentem, in quod laboret⁸, lux orta expellit, et cum multorum frustra liminibus illisus⁹ nomenclatores persalutavit¹⁰, a multis exclusus¹¹ neminem ex omnibus difficilius domi quam se convenit.

(C. 12, §§ 1-6.)

1. *Ad judicium etc.*, comme *advocatus*. V. XXVIII, 7, note.

2. *Sæpe nubentis*. Les divorces étaient fréquents à Rome, et beaucoup de femmes divorçaient uniquement pour se remarier. Cf. Sénèque, *De benef.*, III, 16, 2 : *Numquid jam ulla repudio erubescit, postquam illustres quædam ac nobiles feminæ non consulum numero sed maritorum annos suos computant et exeunt matrimonii causa, nubunt repudii?*

3. *Non industria inquietos... agitant*, « ces gens d'humeur inquiète, ce n'est pas l'amour du travail qui les pousse, qui les met en mouvement, qui les fait agir ».

4. *Illi* = *insani*.

5. *Moventur*, sens réfléchi.

6. *Capta mens*, « leur esprit en délire ».

7. *Ad augendam turbam exeunt*, « ne sortent que pour... ».

8. *In quod laboret*. V. *Rem*. 84.

9. *Illisus*, il est poussé, écrasé, par la masse des visiteurs qui se pressent à la porte.

10. *Nomenclatores persalutavit*. A défaut du maître, il a salué les esclaves introducteurs. Le *nomenclator* était chargé d'annoncer les clients venus chaque matin pour la *salutatio*. Il accompagnait aussi son maître dans ses sorties, pour lui rappeler le nom et la situation des personnes qu'il rencontrait dans la rue et qu'il convenait de saluer; cet office du *nomenclator* était particulièrement important sous la République, lorsque les candidats briguaient les suffrages des électeurs et devaient se mettre en frais d'amabilité.

11. *Exclusus. Excludere* = « ne pas recevoir, ne pas faire entrer, laisser à la porte, fermer sa porte à... ».

DE BREVITATE VITÆ

La plupart des hommes se plaignent à tort de la brièveté de l'existence. Notre vie est assez longue, si nous savons bien l'employer. Mais nous en perdons la plus grande partie par notre faute : les passions, les vices, les vaines occupations (XXIV) la dévorent. Seul, le sage jouit de la vie dans toute sa plénitude (XXV). Sénèque termine en engageant son ami Paulinus, à qui il adresse ce traité, à prendre sa retraite[1] et à se vouer au culte de la philosophie.

XXIV

Les vaines occupations.

[1] Quæris fortasse, quos occupatos vocem. Non est quod me solos putes dicere, quos a basilica[2] immissi demum canes[3] ejiciunt, quos aut in sua vides turba[4] speciosius elidi aut in aliena contemptius, quos officia[5] domibus suis evocant, ut alienis foribus illidant, quos hasta prætoris[6] infami lucro et quandoque suppura-

---

1. Paulinus était *præfectus annonæ* (O. Hirschfeld).

2. *A basilica*. Les basiliques étaient de vastes édifices publics de forme rectangulaire, généralement divisés en trois parties (une nef et deux bas-côtés) par deux rangées de colonnes. Elles servaient de tribunal, de bourse et de lieu de réunion abrité. Les habitués des basiliques dont parle ici Sénèque étaient des plaideurs et des hommes d'affaires. — Pour l'emploi de *a*, v. *Rem.* 80.

3. *Canes*, les chiens des gardiens chargés de faire évacuer l'édifice à la tombée de la nuit.

4. *In sua turba*, dans la foule de leurs propres clients, qui leur font cortège. — *In aliena*, dans celle des clients d'un autre, à laquelle ils se trouvent mêlés.

5. *Quos officia etc.* Cf. XXIII, 4 et 6.

6. *Hasta prætoris*, les ventes par autorité de justice et pour le compte de l'État (*sectiones*). Il s'agit des biens confisqués : en effet, la condamnation aux peines les plus graves (mort, déportation, etc.) entraînait la confiscation totale ou partielle des biens du condamné. Des spéculateurs achetaient ces biens en gros et les revendaient en

turo[1] exercet[2]. [2] Quorumdam otium[3] occupatum est : in villa, aut in lecto suo, in media solitudine, quamvis ab omnibus[4] recesserint, sibi ipsi molesti sunt : quorum non otiosa vita dicenda est, sed desidiosa occupatio. [3] Illum tu otiosum vocas, qui Corinthia[5], paucorum furore pretiosa[6], anxia subtilitate concinnat[7] et majorem dierum partem in æruginosis lamellis[8] consumit? qui in ceromate[9] (nam, pro facinus! ne Romanis quidem vitiis[10] laboramus) spectator puerorum[11] rixantium sedet? qui jumentorum suorum greges in ætatium et colorum paria diducit? qui athletas nobilissimos pascit? [4] Quid? illos otiosos vocas, quibus[12] apud tonsorem multæ horæ transmittuntur, dum decerpitur[13], si quid proxima nocte succrevit, dum de singulis capillis in consilium itur, dum aut disjecta coma restituitur aut deficiens hinc atque illinc in frontem compellitur[14]? Quomodo irascuntur, si tonsor paulo neglegentior fuit, tamquam virum tonderet? quomodo

---

détail. Ce métier était fort décrié (cf. Tacite, *Ann.*, XIII, 23 : *Pætus quidam, exercendis apud ærarium sectionibus famosus*); de là, *infami lucro*. Il était en outre dangereux, car les *sectores* ou adjudicataires s'exposaient à la vengeance et aux revendications des familles des condamnés ; de là, *quandoque suppuraturo*.

1. *Suppuraturo*, comme un chancre.
2. *Exercet*, « occupe sans relâche ». On peut traduire : « Il va à toutes les ventes publiques ».
3. *Otium*, « le loisir même ».
4. *Omnibus*, masculin.
5. *Corinthia* (*vasa*). V. XXI, 3.
6. *Paucorum furore pretiosa*. Cf. *Consol. ad Helv.*, 11, 3 : *æs paucorum insania pretiosum*. — *Furore*. V. *Rem.* 38, 1°.
7. *Anxia subtilitate concinnat*, « range avec un soin minutieux ».
8. *Lamellis*, expression dédaigneuse. Cf. Horace, *Od.*, II, 2, 2 : *Inimice lamnæ*.
9. *Ceromate. Ceroma* (κήρωμα) désigne proprement une pommade faite de cire et d'huile, avec laquelle les lutteurs s'oignaient le corps avant le combat; par métonymie, la salle où se faisait cette opération.
10. *Ne Romanis quidem vitiis*. La palestre était une institution essentiellement grecque.
11. *Puerorum*, les jeunes garçons qui s'exerçaient à la lutte. — *Rixantium*, terme de mépris, pour *luctantium*. On rendrait bien l'intention de Sénèque en traduisant : « de gamins qui se battent ».
12. *Quibus*, datif. V. *Rem.* 25.
13. *Decerpitur*, avec les pinces épilatoires (*volsellæ*).
14. *Deficiens... compellitur.* Cf.

excandescunt, si quid ex juba[1] sua decisum est[2], si quid extra ordinem jacuit, nisi omnia in anulos suos reciderunt! Quis est istorum qui non malit rem publicam turbari quam comam suam? qui non sollicitior sit de capitis sui decore quam de salute? qui non comptior esse malit quam honestior? Ilos tu otiosos vocas inter pectinem speculumque occupatos? [5] Quid illi, qui in componendis, audiendis, discendis canticis operati sunt, dum vocem, cujus rectum cursum[3] natura et optimum et simplicissimum fecit, inflexu modulationis ineptissimæ[4] torquent, quorum digiti[5] aliquod intra se[6] carmen metientes semper sonant, quorum, cum ad res serias[7], etiam sæpe tristes, adhibiti sunt, exauditur tacita modulatio[8]? Non habent isti otium, sed iners negotium. [6] Convivia mehercules horum non posuerim inter vacantia tempora, cum videam, quam solliciti argentum ordinent, quam diligenter servulorum suorum tunicas succingant, quam suspensi sint, quomodo aper a coco[9] exeat, qua celeritate[10] signo dato glabri[11] ad ministeria discurrant, quanta arte

Suétone, *Jul. Cæs.*, 45 : *Deficientem capillum revocare a vertice assueverat (Cæsar)*.

1. *Juba*, par ironie. — *Sua.* V. Rem. 70.

2. *Decisum est,* « a été coupé de trop près ».

3. *Rectum cursum. Rectus,* opposé à *flexus,* se dit de la voix qui reste dans le même ton.

4. *Ineptissimæ,* « la plus insipide ».

5. *Quorum digiti... sonant.* Cf. Quintilien, IX, 4, 51 : *Tempora* (les temps prosodiques) *etiam animo metiuntur, et pedum et digitorum ictu intervalla signant.* Terentianus Maurus, v. 2253 :

*Moram (= tempora, intervalla),
quam pollicis sonore vel plausa
      [pedis
Discriminare, qui docent artem,
      [solent.*

6. *Intra se* se rapporte grammaticalement à *digiti,* quoiqu'il convienne plutôt à la personne même.

7. *Quorum, cum ad res serias,* etc. Cf. Manilius, V, 335-336 :

*Quin etiam curas inter secreta
      [movebit
Carmina, furtivo modulatus
      [murmure vocem.*

8. *Tacita modulatio,* « fredonnement ».

9. *A coco,* « des mains du cuisinier ».

10. *Qua celeritate.* Cf. VIII, 3, et la note.

11. *Glabri,* des esclaves imberbes ou soigneusement épilés : c'était la

scindantur aves in frusta non enormia¹, quam curioso infelices pueruli ebriorum sputa detergeant : ex his elegantiæ lautitiæque fama captatur et usque eo in omnes vitæ secessus mala sua illos sequuntur, ut nec bibant sine ambitione nec edant. [7] No illos quidem inter otiosos numeraverim, qui sella² se et lectica huc et illuc ferunt³ et ad gestationum suarum, quasi deserere illas non liceat, horas occurrunt ; quos quando lavari debeant, quando natare, quando cenare, alius admonet : usque eo nimio delicati animi languore solvuntur, ut per se scire non possint, an⁴ esuriant. [8] Audio quemdam ex delicatis (si modo deliciæ vocandæ sunt vitam et consuetudinem humanam dediscere), cum ex balneo inter manus elatus et in sella positus esset, dixisse interrogando : « Jam sedeo? » Hunc tu ignorantem an sedeat, putas scire an vivat, an videat, an otiosus sit? Non facile dixerim, utrum magis miserear, si hoc ignoravit, an si ignorare se finxit. Multarum quidem rerum oblivionem sentiunt, sed multarum et imitantur⁵ ; quædam vitia illos, quasi felicitatis argumenta, delectant ; nimis humilis et contempti hominis videtur scire quid facias. [9] I nunc et mimos⁶ multa mentiri ad exprobrandam luxuriam puta! Plura mehercules prætereunt quam fingunt, et tanta incredibilium vitiorum copia ingenioso in hoc unum⁷ sæculo processit, ut jam mimorum arguere possimus neglegentiam. Esse aliquem, qui usque eo deliciis interierit, ut an sedeat alteri credat! Non est ergo hic otiosus, aliud nomen imponas⁸ : æger est, immo mortuus est ; ille otiosus est, cui otii sui et sensus⁹

mode pour ceux qui servaient à table.
1. *Non enormia*, « réguliers ».
2. *Sella*, chaise à porteurs ; *lectica*, litière, sorte de palanquin. Cf. LV, 1, note.
3. *Se ferunt*, « se font porter ».
4. *An.* V. Rem. 95. De même, §§ 8 et 9.
5. *Imitantur = fingunt*.
6. *Mimos.* Cf. XV, 5, note.
7. *Ingenioso in hoc unum*. V. Rem. 84.
8. *Imponas.* Pour le subjonctif, Cf. XX, 5, note.
9. *Et sensus = etiam sensus* ; entendez : outre l'*otium* lui-même.

est. Hic vero semivivus, cui ad intellegendos corporis sui habitus indice opus est, quomodo potest hic¹ ullius temporis dominus esse ?

[10] Persequi singulos longum est, quorum aut latrunculi² aut pila aut excoquendi in sole corporis³ cura consumpsere vitam. Non sunt otiosi, quorum voluptates multum negotii habent.

(C. 12-13, § 1.)

XXV

Le sage seul jouit de la vie dans toute sa plénitude.

[1] Soli omnium otiosi sunt qui sapientiæ vacant, soli vivunt; nec enim suam tantum ætatem bene tuentur⁴ : omne ævum suo adjiciunt; quicquid annorum ante illos actum est, illis acquisitum est. Nisi ingratissimi sumus, illi clarissimi⁵ sacrarum opinionum conditores nobis nati sunt, nobis vitam præparaverunt. Ad res pulcherrimas⁶ ex tenebris ad lucem erutas alieno labore deducimur; nullo nobis sæculo interdictum est, in omnia admittimur et, si magnitudine animi egredi humanæ imbecillitatis angustias libet, multum, per quod spatiemur, temporis est. [2] Disputare⁷ cum Socrate licet, dubitare cum Carneade⁸, cum Epicuro

---

1. *Hic... hic*, pléonasme énergique.
2. *Latrunculi* = *ludus latrunculorum*. Ce jeu tenait de notre jeu de dames et de notre jeu d'échecs.
3. *Excoquendi in sole corporis*, ce que les Espagnols appellent *tomar el sol*.
4. *Bene tuentur*, « ils gouvernent bien, ils mettent à profit ».
5. *Illi clarissimi etc.*, les auteurs des grands systèmes philosophiques.
6. *Res pulcherrimas*, la connaissance des lois de la nature, etc.
7. *Disputare* caractérise la méthode de Socrate, dont nous pouvons nous faire une idée d'après Platon et Xénophon.
8. *Dubitare cum Carneade.* Carnéade de Cyrène (213-129 av. J.-C.) fut le plus brillant représentant de la nouvelle Académie, dont la doctrine était le probabilisme.

quiescere[1], hominis naturam cum Stoicis vincere, cum Cynicis excedere[2]. Cum rerum natura in consortium omnis ævi patiatur incedere, quidni ab hoc exiguo et caduco temporis transitu in illa toto nos demus animo, quæ immensa, quæ æterna sunt, quæ cum melioribus communia? [3] Isti, qui per officia discursant[3], qui se aliosque inquietant, cum bene insanierint[4], cum omnium limina quotidie perambulaverint nec ullas apertas fores prætererint, cum per diversissimas domos meritoriam salutationem circumtulerint, quotum quemque ex tam immensa et variis cupiditatibus districta urbe poterunt videre? Quam multi erunt, quorum illos aut somnus aut luxuria aut inhumanitas submoveat[5]! quam multi, qui illos, cum diu torserint[6], simulata festinatione transcurrant! quam multi per refertum clientibus atrium[7] prodire vitabunt et per obscuros ædium aditus profugient, quasi non inhumanius sit decipere quam excludere[8]! quam multi hesterna crapula semisomnes et graves illis miseris suum somnum rumpentibus[9], ut alienum exspectent[10], vix allevatis

1. *Cum Epicuro quiescere.* Le bonheur suprême pour Épicure consiste dans la complète tranquillité d'esprit (ἀταραξία).

2. *Vincere... excedere* marquent bien la différence des deux doctrines, surtout au point de vue pratique : les stoïciens ne se croyaient pas tenus de fouler aux pieds toutes les convenances, comme le faisaient les cyniques.

3. *Qui per officia discursant, etc.* Cf. XXIII, 4 et 6; XXIV, 1. — Pour *per*, v. *Rem.* 86.

4. *Bene insanierint.* V. *Rem.* 101.

5. *Submoveat,* « éconduira ».

6. *Torserint,* par une longue attente.

7. *Per refertum clientibus atrium etc.* Cf. Horace, *Epist.*, I, 5, 31 : *Atria servantem postico falle clientem.*

8. *Excludere.* Cf. XXIII, 6, note.

9. *Suum somnum rumpentibus.* Les clients étaient obligés de se lever avant l'aube, s'ils ne voulaient pas arriver trop tard pour la visite du matin.

10. *Ut alienum (somnum) exspectent,* m. à m. : « pour attendre le sommeil d'un autre », c'est-à-dire « pour attendre que le sommeil d'un autre ait pris fin, pour attendre le réveil d'un autre ». Cf. Horace, *Sat,* I, 5, 9 : *Cenantes... exspectans comites* (« attendant que mes compagnons eussent fini de dîner »). Tacite, *Dial. de orat.*, 20 : *Quis quinque in Verrem libros exspec-*

palpebris insusurratum¹ millies nomen oscitatione superbissima reddent! [4] Hos in veris officiis morari licet dicamus, qui Zenonem, qui Pythagoran quotidie et Democritum ceterosque antistites bonarum artium adire, qui Aristotelem et Theophrastum volent habere quam familiarissimos. Nemo horum non vacabit, nemo non venientem ad se² beatiorem amantioremque sui dimittet, nemo quemquam vacuis a se manibus abire patietur; nocte conveniri et interdiu ab omnibus mortalibus possunt. [5] Horum te mori nemo coget³, omnes docebunt; horum nemo annos tuos conteret, suos tibi contribuet; nullius ex his sermo periculosus erit, nullius amicitia capitalis⁴, nullius sumptuosa observatio⁵. Feres ex illis, quicquid voles; per illos non stabit, quominus quantum plurimum cupieris, haurias. [6] Quæ illum felicitas, quam pulchra senectus manet, qui se in horum clientelam contulit! habebit, cum quibus de minimis maximisque rebus deliberet, quos de se quotidie consulat, a quibus audiat verum sine contumelia, laudetur sine adulatione, ad quorum se similitudinem effingat. [7] Solemus dicere non fuisse in nostra potes-

---

tabit? (« Qui aurait la patience d'écouter jusqu'au bout...? »). Cicéron, *De oratore*, I, 36, 166, parlant de certains orateurs, dit : *Quos... exspectavit Scævola,* « Scévola attendit qu'ils eussent fini de parler ».

1. *Insusurratum*, par le *nomenclator*. Cf. XXIII, 6, note.

2. *Venientem ad se*. V. Rem. 66.

3. *Mori... coget*, allusion au sort des courtisans qui ont le malheur de déplaire à un despote ou à ses favoris. On pourrait l'entendre aussi des suites fatales qu'avait souvent le pénible métier de client : ces pauvres diables, astreints à de fastidieuses corvées, harassés de fatigue, exposés à toutes les intempéries, dormant peu, mangeant mal, mouraient d'épuisement.

4. *Sermo periculosus... amicitia capitalis*. Les grands personnages, devenus suspects à l'empereur et tombés en disgrâce, entraînaient leurs amis dans leur chute. Cf. LV, 3. Il suffisait d'une confidence pour causer la perte de celui qui l'avait reçue.

5. *Sumptuosa observatio*. Non seulement les clients étaient tenus d'offrir des présents à leur patron, mais encore ils devaient, pour avoir leurs entrées, se faire bien venir de la valetaille (surtout du portier) en lui distribuant des gratifications. — *Observatio*. V. Rem. 10.

tate, quos sortiremur parentes, forte nobis datos[1] : nobis vero ad nostrum arbitrium nasci licet. Nobilissimorum ingeniorum familiæ[2] sunt : elige in quam adscisci velis; non in nomen tantum adoptaberis, sed in ipsa bona, quæ non erunt sordido nec maligno custodienda[3] : majora fient, quo illa pluribus diviseris. [8] Hi tibi dabunt ad æternitatem iter et te in illum locum, ex quo nemo dejicitur, sublevabunt. Hæc una ratio est extendendæ mortalitatis, immo in immortalitatem vertendæ. Honores, monumenta, quicquid aut decretis ambitio jussit aut operibus exstruxit, cito subruitur : nihil non longa demolitur vetustas[4] et amovet[5]; at iis, quæ consecravit sapientia, noceri non potest; nulla abolebit ætas, nulla deminuet; sequens ac deinde semper ulterior aliquid ad venerationem conferet, quoniam quidem[6] in vicino[7] versatur invidia, simplicius longe posita miramur. [9] Sapientis ergo multum patet vita, non idem illum qui ceteros terminus cludit : solus generis humani legibus solvitur, omnia illi sæcula ut deo serviunt. Transiit tempus aliquod : hoc recordatione comprehendit; instat : hoc utitur; venturum est : hoc præcipit[8]. Longam illi vitam facit omnium temporum in unum collatio[9].

(C. 14-15.)

1. *Forte nobis datos (eos esse).*
2. *Familiæ.* Les sectes philosophiques étaient assimilées à des familles. Cicéron, *De oratore*, III, 16, 61 : *Cum essent plures orti... a Socrate... proseminatæ sunt quasi familiæ dissentientes inter se*, etc. Id., I, 10, 42 : *Singulæ familiæ (philosophorum).* Id., *De divin.*, II, 1, 3 : *Tota Peripateticorum familia.*
3. *Non erunt... custodienda (tibi).*
4. *Longa vetustas.* Cf. XVII, 10.
5. *Amovet.* Cf. Lucrèce, I, 225 :

Quæcumque vetustate amove ætas.

6. *Quoniam quidem* etc. Cf. Velleius Paterculus, II, 92 : *Præsentia invidia, præterita veneratione prosequimur.* Horace, *Epist.*, II, 1, 13-14 :

Urit enim fulgore suo, qui præ-
[*gravat artes*
Infra se positas : exstinctus
[*amabitur idem.*

7. *In vicino.* Cf. XIII, 6.
8. *Præcipit (cogitatione).*
9. *In unum collatio*, V. *Rem.* 90.

AD HELVIAM MATREM — DE CONSOLATIONE

Sénèque, exilé en Corse, apprenant que sa mère Helvia est inconsolable de sa disgrâce, lui écrit pour relever son courage.

Il met d'abord sous les yeux d'Helvia toutes les épreuves par lesquelles elle a passé depuis son enfance : tant d'infortunes ont dû tremper son âme et lui apprendre la résignation. Ensuite, il aborde le fond de son sujet, qu'il divise en deux parties : 1° Helvia ne doit pas s'affliger du sort de son fils : celui-ci, grâce aux leçons de la philosophie, n'est pas malheureux. L'exil en soi est supportable (XXVI); et quant aux inconvénients qu'il entraîne : la pauvreté, l'opprobre, ce ne sont point des maux pour le sage, que sa vertu rend invulnérable. — 2° Helvia souffre d'être privée de la présence de son fils bien-aimé. Sans doute cette séparation est cruelle; mais une femme comme Helvia doit être au-dessus des faiblesses de son sexe. Qu'elle fasse appel à toute sa fermeté, qu'elle puise dans les préceptes des sages la force de vaincre sa douleur. Enfin elle trouvera dans l'affection de ses proches de puissants motifs de consolation (XXVII).

XXVI
L'exil est supportable.

[1] « Carere patria intolerabile est. » Adspice agedum hanc frequentiam, cui vix urbis immensæ[1] tecta sufficiunt : maxima pars istius turbæ patria caret. Ex municipiis et coloniis suis, ex toto denique orbe terrarum confluxerunt : alios adduxit ambitio, alios necessitas officii publici, alios imposita legatio, alios luxuria opportunum et opulentum vitiis locum quærens, alios liberalium studiorum cupiditas, alios spectacula; quosdam traxit amicitia, quosdam industria laxam ostendendæ virtuti[2] nancta materiam; quidam venalem

---

1. *Urbis immensæ*, Rome. | 2. *Virtuti*, « le mérite ».

operam attulerunt, quidam venalem eloquentiam. Nullum non hominum genus concucurrit in urbem et virtutibus et vitiis magna pretia ponentem. Jube istos omnes ad nomen citari et « Unde domo[1] » quisque sit quære : videbis majorem partem esse, quæ relictis sedibus suis venerit in maximam quidem ac pulcherrimam urbem, non tamen suam. [2] Deinde ab hac civitate discede, quæ veluti communis[2] potest dici; omnes urbes circumi : nulla non magnam partem peregrinæ multitudinis habet. Transi ab iis, quarum amœna positio[3] et opportunitas regionis plures allicit; deserta loca et asperrimas insulas, Sciathum et Seriphum, Gyarum et Cossuran, percense : nullum invenies exsilium, in quo non aliquis animi causa moretur. [3] Quid tam nudum inveniri potest, quid tam abruptum undique quam hoc saxum[4]? quid ad copias respicienti[5] jejunius? quid ad ipsum loci situm horridius? quid ad cæli naturam intemperatius? plures tamen hic peregrini quam cives[6] consistunt. Usque eo ergo commutatio ipsa[7] locorum gravis non est, ut hic quoque locus a patria quosdam abduxerit. [4] Invenio qui dicant inesse naturalem quamdam irritationem[8] animis commutandi sedes et transferendi domicilia : mobilis enim et inquieta homini mens data est; nusquam se tenet, spargitur[9] et cogitationes suas in omnia nota atque ignota dimittit, vaga et quietis impatiens et novitate rerum lætissima. [5] Quod non miraberis, si primam ejus originem adspexeris : non est ex terreno et gravi concreta corpore, ex illo cælesti[10] spiritu descendit; cælestium[11] autem natura semper in motu est, fugit et

---

1. *Unde domo.* Cf. Virgile, *Én.*, VIII, 114.

2. *Communis,* « la cité universelle ».

3. *Positio* = *situs.* V. Rem. 6.

4. *Hoc saxum,* « ce rocher que j'habite », la Corse.

5. *Respicienti.* V. Rem. 26.

6. *Cives,* « indigènes ».

7. *Ipsa,* « en soi ».

8. *Naturalem... irritationem,* « un penchant, un instinct ».

9. *Spargitur,* sens réfléchi.

10. *Ex illo cælesti etc.* Cf. XIX, 5.

11. *Cælestium.* V. Rem. 65.

velocissimo cursu agitur. [6] Adspice sidera mundum illustrantia : nullum eorum perstat. Sol labitur assidue et locum ex loco mutat et, quamvis cum universo[1] vertatur, in contrarium[2] nihilominus ipsi mundo refertur, per omnīs signorum[3] partes discurrit, numquam resistit; perpetua ejus agitatio et aliunde alio commigratio[4] est. [7] Omnia volvuntur semper et in transitu sunt; ut lex et naturæ necessitas ordinavit, aliunde alio deferuntur; cum per certa annorum spatia orbes suos explicuerint, iterum ibunt[5] per quæ venerant. I nunc et humanum animum ex isdem, quibus divina constant, seminibus compositum moleste ferre transitum ac migrationem puta, cum dei natura assidua et citatissima commutatione vel delectet se vel conservet.

[8] A cælestibus[6] agedum te ad humana converte : videbis gentes populosque universos mutasse sedem. Quid sibi volunt in mediis barbarorum regionibus Græcæ urbes? quid inter Indos Persasque Macedonicus sermo[7]? Scythia et totus ille ferarum indomitarumque gentium tractus civitates Achaiæ[8] Ponticis impositas litoribus ostentat : non perpetuæ hiemis sævitia, non hominum ingenia ad similitudinem cæli sui horrentia transferentibus domos suas obstiterunt. [9] Atheniensis in Asia turba[9] est; Miletus quinque et septuaginta

---

1. *Cum universo*, « avec l'univers ». Cf. XIX, 4 et 5.
2. *In contrarium etc.*, dans un sens contraire au mouvement apparent du ciel (*mundo = cælo*). Cf. XVI, 7, et la note.
3. *Signorum*, des signes du zodiaque.
4. *Aliunde alio commigratio*. V. *Rem.* 90.
5. *Iterum ibunt, etc.* Au bout d'une période plus ou moins longue, ils se retrouveront dans la même position par rapport à l'ensemble du ciel.

6. *A cælestibus.* V. *Rem.* 65.
7. *Macedonicus sermo*, la langue des soldats et des colons établis dans ces pays par Alexandre.
8. *Achaiæ*, de la Grèce. Après la défaite de la ligue achéenne et la prise de Corinthe (146 av. J.-C.), les Romains se servirent du nom d'*Achaia* pour désigner toute la Grèce propre.
9. *Atheniensis turba.* Velleius Paterculus, I, 4, 3 : *Iones duce Ione profecti Athenis nobilissimam partem regionis maritimæ occupavere, quæ hodieque appel-*

urbium populum in diversa effudit; totum Italiæ latus, quod infero mari alluitur, major Græcia fuit. Tuscos[1] Asia sibi vindicat; Tyrii[2] Africam incolunt, Hispaniam[3] Pœni; Græci[4] se in Galliam immiserunt, in Græciam[5] Galli; Pyrenæus[6] Germanorum transitus non inhibuit. [10] Per invia, per incognita versavit se humana levitas. Liberos conjugesque et graves senio parentes traxerunt. Alii longo errore jactati non judicio elegerunt locum, sed lassitudine[7] proximum occupaverunt; alii armis sibi jus in aliena terra fecerunt; quasdam gentes, cum ignota peterent, mare hausit; quædam ibi consederunt, ubi illas rerum omnium inopia deposuit. [11] Nec omnibus eadem causa relinquendi quærendique patriam[8] fuit : alios excidia urbium suarum hostilibus armis elapsos in aliena spoliatos suis[9] expulerunt; alios domestica seditio submovit; alios nimia superfluentis[10] populi frequentia ad exonerandas[11] vires emisit; alios pestilentia aut frequentes terrarum hiatus aut aliqua intoleranda infelicis soli vitia ejecerunt; quosdam fertilis oræ et in majus[12] laudatæ fama corrupit[13]. [12] Alios

latur Ionia, urbesque constituere Ephesum, Miletum, Colophona, Prienen, Lebedum, Myuntem, Erythram, Clazomenas, Phocæam....

1. *Tuscos etc.* D'après la tradition, les Étrusques étaient venus de la Lydie.
2. *Tyrii etc.* Carthage fut fondée par des émigrés tyriens.
3. *Hispaniam etc.* Entre la 1ʳᵉ et la 2ᵉ guerre punique, les Carthaginois occupèrent une bonne partie de l'Espagne et fondèrent *Carthago nova* (Carthagène).
4. *Græci etc.* Marseille était une colonie phocéenne. Cf. § 15.
5. *In Græciam etc.*, lors de l'invasion de 279 av. J.-C.
6. *Pyrenæus etc.* Sénèque confond probablement les Germains avec les Celtes ou Gaulois, qui pénétrèrent effectivement en Espagne et, se mélangeant avec l'ancienne population, formèrent la peuplade des Celtibères.
7. *Lassitudine.* V. Rem. 38,2°.
8. *Patriam*, un seul terme pour deux idées : « leur patrie » (avec *relinquendi*) et « une autre patrie » (avec *quærendi*).
9. *Suis*, au neutre, comme l'indique l'antithèse avec *aliena*.
10. *Nimia superfluentis etc.* V. Rem. 137, 4°.
11. *Ad exonerandas vires. Exonerare*, comme en français « décharger », signifie proprement « débarrasser (d'une charge) », et par ext. « ôter (ce qui est une charge) ».
12. *In majus.* V. Rem. 67.
13. *Corrupit*, « a séduits ».

alia causa excivit domibus suis : illud utique manifestum est, nihil eodem loco mansisse, quo genitum est. Assiduus generis humani discursus est; quotidie aliquid in tam magno orbe mutatur : nova urbium fundamenta jaciuntur, nova gentium nomina exstinctis prioribus[1] aut in accessionem validioris conversis oriuntur. Omnes autem istæ populorum transportationes quid aliud quam publica exsilia sunt? [13] Quid te tam longo circuitu traho? quid interest enumerare Antenorem[2] Patavii conditorem et Euandrum[3] in ripa Tiberis regna Arcadum collocantem? quid Diomeden[4] aliosque, quos Trojanum bellum victos simul victoresque per alienas terras dissipavit? [14] Romanum imperium nempe[5] auctorem exsulem[6] respicit[7]; quem profugum[8] patria, exiguas reliquias trahentem necessitas et victoris metus longinqua quærentem[9] in Italiam detulit. Hic deinde populus quot colonias in omnem provinciam misit! ubicumque vicit Romanus, habitat Ad hanc commutationem locorum libentes[10] nomina dabant[11]. et relictis aris suis trans maria sequebatur[12] colonus novas sedes. [15] Res quidem non desiderat plurium enumerationem; unum tamen adjiciam, quod

1. *Prioribus (gentibus).*
2. *Antenorem, etc.* Cf. Virgile, Æn., I, 242 et suiv. : *Antenor potuit, mediis elapsus Achivis, etc.* Tite-Live, I, 1.
3. *Euandrum etc.* Cf. Virgile, Æn., VIII, 51 et suiv. : *Arcades his oris, etc.* — *Regna.* V. Rem. 58.
4. *Diomeden.* Cf. Virgile, Æn., XI, 243 et suiv. : *Vidimus, o cives, Diomedem Argivaque castra, etc.*
5. *Nempe* indique que le fait saute aux yeux, qu'il est évident, palpable, etc.
6. *Exsulem,* Énée.
7. *Respicit.* Les regards se portent en arrière, dans le passe.
8. *Quem profugum etc.* Cf. Virgile, Æn., I, 2 et 30.
9. *Trahentem... quærentem.* La place des mots montre que ces deux participes appartiennent à des ordres d'idées différents. Il y a quelque négligence à employer dans une phrase la même forme pour exprimer deux circonstances qui ne sont pas sur le même plan.
10. *Libentes.* Sénèque exagère, et pour cause.
11. *Nomina dabant,* « ils s'enrôlaient ».
12. *Sequebatur... sedes.* Cf. Virgile, Æn., IV, 361 : *Italiam non sponte sequor.* Les réminiscences de Virgile abondent dans Sénèque.

in oculos[1] se ingerit. Hæc ipsa insula[2] sæpe jam cultores mutavit. Ut antiquiora, quæ vetustas obduxit, transeam, Phocide[3] relicta Graii, qui nunc Massiliam incolunt, prius in hac insula consederunt, ex qua quid eos fugaverit incertum est, utrum cæli gravitas an præpotentis Italiæ[4] conspectus[5] an natura importuosi maris; nam in causa non fuisse feritatem accolarum eo apparet, quod maxime[6] tunc trucibus et inconditis Galliæ populis se interposuerunt. [16] Transierunt deinde Ligures in eam, transierunt et Hispani, quod ex similitudine ritus apparet : eadem enim tegmenta capitum idemque genus calceamenti quod Cantabris est, et verba quædam; nam[7] totus sermo[8] conversatione[9] Græcorum Ligurumque a patrio descivit. Deductæ deinde sunt duæ civium Romanorum coloniæ, altera a Mario[10], altera a Sulla : toties hujus aridi et spinosi saxi mutatus est populus! [17] Vix denique invenies ullam terram quam etiamnunc indigenæ colant. Permixta omnia et insiticia[11] sunt. Alius alii successit : hic concupivit quod illi fastidio fuit; ille, unde expulerat, ejectus est. Ita[12] fato placuit, nullius rei eodem semper loco stare fortunam.

(C 6, §§ 2-8; c. 7.)

1. *In oculos* (meos).
2. *Hæc ipsa insula*, « l'île même où je suis ».
3. *Phocide.* Sénèque confond la Phocide avec Phocée, ville d'Ionie. Cf. § 9.
4. *Præpotentis Italiæ.* La puissance des Étrusques menaçait l'existence de leur colonie.
5. *Conspectus*, plus expressif que *propinquitas*.
6. *Maxime*, « précisément, justement ».
7. *Nam*, « (je dis : quelques mots seulement), car.... »
8. *Sermo*, l'idiome de ces Espagnols immigrés.
9. *Conversatione*, « par suite de leurs rapports, de leur commerce avec... ».
10. *Altera a Mario*, la colonie de Mariana. — *Altera a Sulla*, la colonie d'Aléria.
11. *Insiticia*, métaphore tirée des arbres.
12. *Ita* annonce la proposition infinitive *nullius rei etc.*

XXVI

Helvia trouvera dans l'affection de ses proches de puissants motifs de consolation.

[1] Haec quidem certissima praesidia[1] sunt et quae sola te fortunae eripere possint; sed quia, dum in illum portum, quem tibi studia[2] promittunt, perveneris, adminiculis quibus innitaris opus est, volo interim solatia tibi tua[3] ostendere.

[2] Respice fratres meos[4], quibus salvis fas tibi non est accusare fortunam. In utroque habes quod te diversa virtute delectet : alter honores industria consecutus est, alter[5] sapienter contempsit[6]; acquiesce alterius filii dignitate, alterius quiete, utriusque pietate! Novi fratrum meorum intimos affectus : alter in hoc dignitatem excolit, ut tibi ornamento sit, alter in hoc se ad tranquillam quietamque vitam recepit, ut tibi vacet.

[3] Bene liberos tuos et in auxilium et in oblectamentum fortuna disposuit : potes alterius dignitate defendi, alterius otio frui. Certabunt in te officiis et unius desiderium duorum pietate supplebitur; audacter possum promittere : nihil tibi deerit praeter numerum[7].

[4] Ab his[8] ad nepotes quoque respice : Marcum[9],

---

1. *Haec... praesidia*, les secours de la philosophie.
2. *Studia*, l'étude de la sagesse.
3. *Solatia... tua*, « les motifs de consolation qui te sont personnels », par opposition aux préceptes généraux de la philosophie.
4. *Fratres meos*, Novatus et Mela. V. la *Notice sur Sénèque*.
5. *Alter*, Novatus. — *Alter*, Mela.
6. *Sapienter contempsit.* Cf. Sénèque le père, *Controv.*, II, praef., 3 : *Haec eo libentius, Mela, fili carissime, refero, quia video animum tuum a civilibus officiis abhorrentem et ab omni ambitu aversum hoc unum concupiscentem, nihil concupiscere.*
7. *Nihil tibi deerit praeter numerum.* Cf. Sénèque, *Consol. ad Marc.*, 4, 2 : *Cujus (Tiberii) pietas efficiebat ut in illo acerbo et defleto gentibus funere* (la mort de Drusus) *nihil sibi nisi numerum deesse sentiret* (Livia).
8. *Ab his*, « après eux ».
9. *Marcum*, fils de Sénèque.

blandissimum puerum, ad cujus conspectum nulla potest durare tristitia; nihil tam magnum, nihil tam recens in cujusquam pectore sævierit, quod non circumfusus[1] ille permulceat. Cujus non lacrimas illius hilaritas supprimat? cujus non contractum[2] sollicitudine animum illius argutiæ[3] solvant? quem non in jocos evocabit illa lascivia? quem non in se convertet et abducet infixum cogitationibus illa neminem satiatura[4] garrulitas? [5] Deos oro, contingat hunc habere nobis superstitem! In me omnis fatorum crudelitas lassata consistat; quicquid matri[5] dolendum fuit, in me transierit, quicquid aviæ[6], in me. Floreat reliqua in suo statu turba[7]: nihil de orbitate[8], nihil de condicione mea querar, fuerim tantum[9] nihil amplius doliturae domus piamentum.

[6] Tene in gremio cito tibi daturam pronepotes Novatillam[10], quam sic in me transtuleram[11], sic mihi adscripseram, ut possit videri, quod me amisit, quamvis salvo patre pupilla[12]; hanc et pro me[13] dilige. Abstulit illi nuper fortuna matrem: tua potest efficere pietas, ut

1. *Circumfusus*, « par ses embrassements ». V. *Rem.* 79.
2. *Contractum*, « serré ».
3. *Argutiæ*, « gentillesses ».
4. *Satiatura... doliturae* (§ 5)... *daturam* (§ 6). V. *Rem.* 53.
5. *Matri*, à la mère de l'enfant (la première femme de Sénèque).
6. *Aviæ*, à Helvia.
7. *Turba*. Ce mot s'emploie souvent pour désigner une famille composée de plusieurs enfants (et petits-enfants). Cf. *Consol. ad Marc.*, 15, 2: *Divus Augustus, amissis liberis, nepotibus, exhausta Cæsarum turba, adoptione desertam domum fulsit*; ib., 16, 5: *Quattuor liberos sustuleras, Marcia.... Mirum est tantam turbam non potuisse sine invidia damnove præ-*

tervehi? Properce, V, 11. 73-76:

Fungere maternis vicibus, pater:
[*illa meorum*
(de mes trois enfants)
Omnis erit collo turba fovenda
[*tuo.*

8. *De orbitate*, « de ma solitude ». Exilé, il est privé de son fils.
9. *Fuerim tantum.* V. *Rem.* 112.
10. *Novatillam*, la fille de Novatus.
11. *In me transtuleram*, « non adoptione, sed affectu et cura ». (J. Lipse.)
12. *Pupillam*, « orpheline ».
13. *Et pro me*, « aussi pour mon compte », indépendamment de l'affection que tu lui portes naturellement.

perdidisse se matrem doleat tantum, non et sentiat.
Nunc mores ejus compone, nunc forma : altius præcepta descendunt, quæ teneris imprimuntur ætatibus.
Tuis assuescat sermonibus, ad tuum fingatur arbitrium : multum illi dabis, etiamsi nihil dederis præter
exemplum. Hoc tibi tam sollemne[1] officium pro remedio
erit; non potest enim animum pie dolentem a sollicitudine avertere nisi aut ratio aut honesta occupatio.
[7] Numerarem inter magna solatia patrem quoque
tuum, nisi abesset[2]; nunc tamen ex affectu tuo, qui
illius in te sit, cogita : intelleges, quanto justius sit te
illi servari quam mihi impendi[3]. Quotiens te immodica
vis doloris invaserit et sequi se jubebit, patrem cogita!
cui tu quidem tot nepotes pronepotesque dando effe-
cisti, ne unica[4] esses : consummatio[5] tamen ætatis
actæ feliciter in te vertitur. Illo vivo nefas est te, quod
vixeris, queri.

[8] Maximum adhuc solatium tuum tacueram[6], sororem tuam, illud fidelissimum tibi pectus, in quod
omnes curæ tuæ pro indiviso[7] transferuntur, illum
animum omnibus nobis[8] maternum. Cum hac tu lacrimas tuas miscuisti[9], in hujus primum respirasti[10] sinu.
Illa quidem affectus tuos semper sequitur; in mea

1. *Tibi tam sollemne*, « auquel tu es si accoutumée, auquel tu t'es entièrement consacrée ».
2. *Abesset*. Il était en Espagne.
3. *Impendi*, « te sacrifier ».
4. *Unica*. Helvia avait une sœur (§ 8), mais c'était, selon toute apparence, une sœur utérine.
5. *Consummatio etc.*, « il dépend de toi qu'il achève paisiblement son heureuse carrière », c.-à-d. : si tu succombais à ton chagrin, si tu mourais avant lui, tu empoisonnerais les derniers jours de son existence; il ne vit que pour toi, épargne-lui une pareille douleur.

6. *Adhuc... tacueram*, « je n'avais pas encore parlé ». On attendrait plutôt : *adhuc tacui*, « je n'ai pas encore parlé ». Mais Sénèque, dans la vivacité de sa pensée, se représente l'action de *tacere* comme ayant déjà cessé au moment où il a commencé à écrire cette phrase. V. *Rem.* 41.
7. *Pro indiviso*. V. *Rem.* 67.
8. *Omnibus nobis*. V. *Rem.* 24.
9. *Lacrimas tuas miscuisti*, en apprenant la nouvelle de mon exil.
10. *Respirasti*, « tu as repris tes esprits », après les premiers transports de douleur.

tamen persona non tantum pro te[1] dolet. Illius manibus in urbem[2] perlatus sum, illius pio maternoque nutricio[3] per longum tempus æger convalui, illa pro quæstura mea[4] gratiam[5] suam extendit[6] et, quæ ne sermonis[7] quidem aut claræ salutationis sustinuit audaciam, pro me vicit indulgentiâ[8] verecundiam. Nihil illi seductum[9] vitæ genus, nihil modestia, ut in tanta feminarum petulantia, rustica[10], nihil quies, nihil secreti et ad otium repositi mores obstiterunt, quominus pro me etiam ambitiosa fieret. [9] Hoc est, mater carissima, solatium quo reficiaris : illi te, quantum potes, junge, illius[11] artissimis amplexibus alliga. Solent mærentes ea, quæ maxime diligunt, fugere et libertatem dolori suo quærere : tu ad illam te, quicquid cogitaveris, confer; sive servare istum habitum[12] voles sive deponere, apud illam invenies vel finem doloris tui vel comitem. [10] Sed si prudentiam perfectissimæ feminæ novi, non patietur te nihil profuturo[13] mærore consumi et exemplum tibi suum, cujus ego etiam spectator fui,

---

1. *Non tantum pro te* (sed etiam pro se).

2. *In urbem*, à Rome. V. la Notice sur Sénèque.

3. *Nutricio*. V. Rem. 7.

4. *Pro quæstura mea*. La questure était le premier échelon dans l'ordre des magistratures (*ordo honorum*). Sénèque se proposait de parcourir la carrière des honneurs. V. la *Notice*.

5. *Gratiam extendit*. Il n'était pas rare de voir les femmes s'employer pour recommander les candidats aux magistratures ou aux sacerdoces. Cf. Sénèque, *Consol. ad Marc.*, 24, 3 : *Hac sanctitate morum effecit* (*Metilius*) *ut puer admodum dignus sacerdotio videretur, materna sine dubio suffragatione....*

6. *Extendit*, proprement : « elle déploya ».

7. *Sermonis etc.*, « la hardiesse de parler en société et de saluer à haute voix (les personnes influentes) ». Pour la *salutatio*, cf. XXIII, 4.

8. *Indulgentiâ*, « par tendresse, par affection ». Cf. I, 1, et v. Rem. 38, 2°.

9. *Seductum*, « retiré ». V. Rem. 79, et cf. plus loin *secreti... repositi*.

10. *Modestia... rustica*, « si réserve qui... pouvait passer pour de la sauvagerie. »

11. *Illi... illius*, féminin (dans la phrase précédente, *hoc est* mis par attraction pour *hæc*).

12. *Habitum* (*animi*).

13. *Nihil profuturo*. V. Rem. 5

narrabit. Carissimum virum[1] amiserat, avunculum nostrum, cui virgo nupserat, in ipsa quidem navigatione; tulit tamen eodem tempore et luctum et metum evictisque tempestatibus corpus ejus naufraga[2] evexit. [11] O quam multarum egregia opera in obscuro jacent! Si huic illa simplex admirandis virtutibus[3] contigisset antiquitas, quanto ingeniorum certamine celebraretur uxor, quæ, oblita imbecillitatis, oblita metuendi etiam firmissimis maris, caput suum periculis pro sepultura[4] objecit et, dum cogitat de viri funere, nihil de suo timuit! Nobilitatur carminibus omnium, quæ se pro conjuge vicariam dedit[5]: hoc amplius est, discrimine vitæ sepulcrum viro quærere; major est amor, qui pari periculo minus redimit. [12] Post hoc nemo miratur, quod per sedecim annos, quibus Ægyptum maritus ejus obtinuit[6], numquam in publico[7] conspecta est, neminem provincialem domum suam admisit, nihil a viro petiit, nihil a se peti passa est. Itaque loquax[8] et in contu-

---

1. *Carissimum virum*, etc. Il s'appelait Vetrasius Pollio.
2. *Naufraga*, exagération : *naufragio propinqua* serait plus exact. Cf. § 13 : *exarmata nave naufragium suum spectantem* (« ayant devant les yeux »).
3. *Admirandis virtutibus*, datif. V. Rem. 55, 2°.
4. *Pro sepultura*, « uniquement pour »....
5. *Quæ se* etc., Alceste, qui consentit à mourir à la place de son époux Admète, roi de Phères. Euripide nous a laissé une tragédie d'*Alceste*.
6. *Ægyptum... obtinuit*, en qualité de *præfectus*. Le préfet d'Égypte, lieutenant de l'empereur ou sorte de vice-roi, était toujours un membre de l'ordre équestre.
7. *Numquam in publico* etc. Sous Tibère, le sénateur Severus Cæcina proposa : *Ne quem magistratum, cui provincia obvenisset, uxor comitaretur* (Tacite, *Ann.*, III, 33), et il disait entre autres choses : *Cogitarent ipsi, quotiens repetundarum aliqui arguerentur, plura uxoribus objectari; his statim adhærescere deterrimum quemque provincialium; ab his negotia suscipi, transigi; duorum egressus coli*, etc. La proposition de Severus Cæcina ne concernait que les provinces sénatoriales, et l'Égypte était province impériale; mais ses observations pouvaient s'appliquer à toutes les provinces en général. Les remarques de Sénèque : *numquam in publico* etc., répondent exactement aux critiques du sénateur.
8. *Loquax* etc. Cela était surtout vrai des habitants d'Alexandrie.

melias præfectorum ingeniosa provincia, in qua etiam qui vitaverunt culpam, non effugerunt infamiam, velut unicum sanctitatis exemplum suspexit et, quod illi difficillimum est, cui etiam periculosi sales placent, omnem verborum licentiam continuit et hodie similem illi, quamvis numquam speret, semper optat. Multum erat, si per sedecim annos illam provincia probasset[1] : plus est, quod ignoravit[2]. [13] Hæc non ideo refero, ut laudes ejus exsequar, quas circumscribere[3] est tam parce transcurrere, sed ut intellegas magni animi esse feminam, quam non ambitio, non avaritia, comites omnis potentiæ et pestes, vicerunt, non metus mortis jam exarmata nave naufragium suum spectantem deterruit, quominus exanimi viro hærens non quæreret, quemadmodum inde exiret, sed quemadmodum efferret. Huic parem virtutem[4] exhibeas oportet et animum a luctu recipias et id agas, ne quis te putet partus tui pœnitere.

(C. 17, § 5; c. 18-19.)

1. *Multum erat, si... probasset.* V. Rem. 42.
2. *Ignoravit* n'est pas en contradiction avec *suspexit* : on l'admirait précisément parce qu'elle ne se montrait pas. La plus grande qualité pour une femme, aux yeux des anciens, était de ne pas faire parler d'elle, fût-ce en bien (*probasset*). Cf. les paroles de Périclès dans Thucydide, II, 45 : ... μεγάλη ἡ δόξα... ἧς ἂν ἐπ' ἐλάχιστον ἀρετῆς πέρι ἢ ψόγου ἐν τοῖς ἄρσεσι κλέος ᾖ.
3. *Circumscribere,* « restreindre », c.-à-d. « faire tort à..., affaiblir ».
4. *Huic parem virtutem,* comparaison abrégée pour : *hujus virtuti parem virtutem.* V. Rem. 134.

DE CLEMENTIA

Le traité de *la Clémence* est dédié à Néron, qui était encore au début de son règne.

Livre I. — Ce traité s'ouvre par un éloge de la douceur de Néron. En parlant de la clémence, l'auteur va faire en quelque sorte les fonctions de miroir et procurer au jeune empereur la plus grande des jouissances en lui montrant sa propre image. — De toutes les vertus, la clémence est celle qui convient le plus à l'homme comme étant la plus humaine. Mais, ainsi que le prouve l'exemple d'Auguste (XXVIII), elle sied surtout aux rois et aux princes (XXIX). Un prince punit soit pour se venger, soit pour venger les autres : il doit se montrer beaucoup plus facile à fléchir quand il s'agit de ses injures personnelles que quand il est question de celles des autres. Dans la répression, il y a tout avantage à être sobre de châtiments. La cruauté est exécrable. Quoi de plus beau, au contraire, que d'être proclamé le sauveur de ses concitoyens?

Livre II. — Après avoir rappelé le mot de Néron, qui s'était écrié au moment de signer une sentence capitale : « Que je voudrais ne pas savoir écrire! » Sénèque examine en quoi consiste la clémence et quelles en sont les limites. La clémence est la modération dans l'application des peines ; elle nous porte à remettre une partie du châtiment encouru et mérité. La clémence est bien distincte de la compassion, qui, d'après les stoïciens, est une disposition vicieuse de l'âme, et du pardon, qui, selon les mêmes philosophes, est un aveu que l'on manque à son devoir. Le sage ne connaît pas la compassion, parce qu'il reste toujours calme et serein ; il ne pardonne pas, parce qu'il n'omet rien de ce qu'il doit faire ; mais il sera humain, secourable, équitable, et par cela même, clément. (Le reste manque.)

XXVIII

La clémence d'Auguste.

[1] Divus Augustus fuit mitis princeps, si quis illum a principatu suo[1] æstimare incipiat; in communi quidem re publica[2] gladium movit[3]. Cum hoc ætatis esset quod[4] tu[5] nunc es, duodevicesimum egressus annum[6], jam pugiones[7] in sinum amicorum absconderat, jam insidiis[8] M. Antonii consulis latus petierat, jam fuerat collega proscriptionis[9]. [2] Sed cum annum sexagesimum transisset et in Gallia moraretur[10], delatum est ad eum indicium L. Cinnam[11], stolidi ingenii[12]

1. *A principatu suo*, quand il fut devenu le seul maitre du monde romain sous le nom de *princeps*. — Suo. V. Rem. 70.

2. *In communi... re publica*, pendant le second triumvirat, lorsqu'il partageait le pouvoir avec Antoine et Lépide. Lucain (I, 35) dit de même en parlant du premier triumvirat : *Facta tribus dominis communis* (Roma). — Quidem. V. Rem. 110.

3. *Gladium movit*, litt. : « il joua du glaive ».

4. *Hoc ætatis... quod*. Sur cet accusatif, v. Riemann, *Syntaxe*, § 41 à la fin.

5. *Tu*. Sénèque s'adresse à Néron.

6. *Duodevicesimum egressus annum*. Octave était né en 63 av. J.-C. Les faits dont parle Sénèque eurent lieu dans les années 44 et 43.

7. *Pugiones etc.* On soupçonna Octave d'avoir fait assassiner les consuls Hirtius et Pansa, qui commandaient avec lui les troupes de la république dans la guerre de Modène.

8. *Insidiis etc.* Antoine accusa Octave d'avoir attenté secrètement à sa vie; mais Velleius Paterculus (II, 60) nous dit qu'il fut convaincu de mensonge.

9. *Collega proscriptionis*. V. Rem. 28. Les proscriptions furent décidées d'un commun accord par les triumvirs.

10. *Et in Gallia moraretur*. Sénèque se trompe : Auguste n'était pas alors en Gaule, mais à Rome; affaibli par l'âge et la maladie, il avait chargé Tibère de conduire la guerre en Germanie.

11. *L. Cinnam, etc.*, proposition infinitive dépendant de l'ensemble de l'expression *delatum est indicium* = *indicatum est*. — L. Cornelius Cinna était petit-fils du grand Pompée par sa mère (cf. § 3); son père était Cornélius Faustus, fils du dictateur Sylla.

12. *Stolidi ingenii* n'est pas en contradiction avec *integrum* (§ 3) : la folle présomption de Cinna ne l'empêchait pas d'être un honnête homme.

virum, insidias ei struere; dictum est et ubi et quando et quemadmodum aggredi vellet; unus ex consciis deferebat. [3] Constituit se ab eo vindicare et consilium amicorum¹ advocari jussit. Nox illi inquieta erat, cum cogitaret adulescentem nobilem, hoc detracto² integrum³, Cn. Pompeii nepotem, damnandum : jam unum hominem occidere non poterat⁴, cui M. Antonius⁵ proscriptionis edictum inter cenam dictarat. [4] Gemens subinde voces varias emittebat et inter se contrarias : « Quid ergo? ego percussorem meum⁶ securum ambulare patiar me sollicito? Ergo non dabit pœnas, qui tot civilibus bellis frustra petitum caput, tot navalibus, tot pedestribus prœliis incolume⁷, postquam terra marique pax parata est, non occidere⁸ constituat, sed immolare⁹? » (nam sacrificantem¹⁰ placuerat adoriri). [5] Rursus silentio interposito majore multo voce sibi quam Cinnæ irascebatur : « Quid vivis, si perire te tam multorum interest? quis finis erit suppliciorum? quis sanguinis¹¹? Ego sum nobilibus adulescentulis expo-

1. *Consilium amicorum etc.* L'empereur jugeait souvent en personne les causes criminelles importantes. Il pouvait juger partout où il se trouvait, sans qu'il y eût eu accusation formelle et sans publicité des débats; mais il se faisait régulièrement assister d'un « conseil d'amis » (*consilium amicorum*).

2. *Hoc detracto*, abstraction faite du complot.

3. *Integrum*, « irréprochable ».

4. *Jam... non poterat*, « il ne pouvait plus se résoudre à... » — *Unum*, « même un seul », tandis que dans les proscriptions il avait fait périr des citoyens en masse.

5. *Cui M. Antonius etc.* « M. Antonio Seneca primas crudelitatis partes dat, dictandi, Augusto relinquit secundas, scribendi. » (Madvig.)

6. *Percussorem meum. Percussor*, comme en fr. « assassin », se dit non seulement de celui qui a commis un assassinat, mais encore de celui qui l'a simplement projeté ou tenté.

7. *Tot prœliis incolume.* V. Rem. 37.

8. *Occidere* ne va pas bien avec *caput*. Sénèque a perdu de vue ce dernier mot et ne pense plus qu'à la personne même.

9. *Immolare*, comme une victime destinée au sacrifice : Auguste prendra la place de la victime qu'il se propose d'offrir aux dieux (*nam sacrificantem etc.*).

10. *Sacrificantem* (Augustum).

11. *Sanguinis.* V. Rem. 132.

situm caput, in quod mucrones acuant; non est tanti vita, si, ut ego non peream, tam multa[1] perdenda sunt. » [6] Interpellavit tandem illum Livia uxor et : « Admittis, » inquit, « muliebre consilium ? Fac quod medici solent, qui ubi usitata remedia non procedunt, tentant contraria. Severitate nihil adhuc profecisti : Salvidienum[2] Lepidus[3] secutus est, Lepidum Murena, Murenam Cæpio[4], Cæpionem Egnatius[5], ut alios taceam, quos tantum ausos pudet[6]. Nunc tenta, quo-

1. *Tam multa (capita)*.
2. *Salvidienum*. Q. Salvidienus Rufus, ami et protégé d'Octave, avait songé à se révolter contre lui. Dénoncé par Antoine, il fut condamné à mort (40 av. J.-C.).
3. *Lepidus*. Velleius Paterculus, II, 88 : *Dum ultimam bello Actiaco Alexandrinoque Cæsar imponit manum* (30 av. J.-C.), *M. Lepidus, juvenis forma quam mente melior, Lepidi ejus qui triumvir fuerat rei publicæ constituendæ filius, Junia Bruti sorore natus, interficiendi, simul in urbem revertisset, Cæsaris consilia inierat. Tunc urbis custodiis præpositus C. Mæcenas.... Hic speculatus est per summam quietem ac dissimulationem præcipitis consilia juvenis et mira celeritate nullaque cum perturbatione aut rerum aut hominum oppresso Lepido immane novi ac resurrecturi belli civilis restinxit initium : et ille quidem male consultorum pœnas exsolvit.*
4. *Murena... Cæpio*. Velleius Paterculus, II, 91 : *L. Murena et Fannius Cæpio diversis moribus* (*nam Murena sine hoc facinore potuit videri bonus, Cæpio et ante hoc erat pessimus*) *cum inissent occidendi Cæsaris consilia, oppressi auctoritate publica, quod vi facere voluerant, jure passi sunt* (22 av. J.-C.). L. Licinius Varro Murena était le beau-frère de Mécène, qui ne put le sauver. — Sénèque, contrairement aux meilleures sources, fait de la conjuration de Cépion et de Murena deux conjurations distinctes.
5. *Egnatius*. Velleius Paterculus, II, 91 : *Neque multo post* (après la conjuration de Cépion et de Murena) *Rufus Egnatius, per omnia gladiatori quam senatori propior, collecto in ædilitate favore populi, quem exstinguendis privata familia* (avec ses esclaves) *incendiis in dies auxerat. in tantum quidem ut præturam ei continuaret, mox etiam consulatum petere ausus, cum esset omni flagitiorum scelerumque conscientia mersus, nec melior illi res familiaris quam mens foret, aggregatis simillimis sibi interimere Cæsarem statuit, ut quo salvo salvus esse non poterat, eo sublato moreretur.... Neque hic prioribus in occultando felicior fuit, abditusque carceri cum consciis facinoris mortem dignissimam vita sua obiit.*
6. *Quos tantum ausos* (esse) *pudet* (me). Cf. Suétone, *Aug.*, 19 : *Nam ne ultimæ quidem sortis*

modo tibi cedat clementia: ignosco L. Cinnæ. Deprehensus est; jam nocere tibi non potest, prodesse famæ tuæ potest. » [7] Gavisus sibi[1], quod advocatum[2] invenerat, uxori quidem gratias egit, renuntiari autem extemplo amicis, quos in consilium rogaverat, imperavit[3] et Cinnam unum ad se accersit dimississque omnibus e cubiculo, cum alteram Cinnæ poni cathedram jussisset : « Hoc, » inquit, « primum a te peto, ne me loquentem interpelles, ne medio sermone meo proclames[4]; dabitur tibi loquendi liberum tempus. Ego te, Cinna, cum in hostium[5] castris invenissem, non factum tantum mihi inimicum, sed natum, servavi, patrimonium tibi omne concessi. Hodie tam felix et tam dives es, ut victo victores invideant. Sacerdotium tibi petenti præteritis compluribus, quorum parentes mecum militaverant, dedi[6]. Cum sic de te meruerim, occidere me constituisti. » [8] Cum ad hanc vocem exclamasset procul hanc ab se abesse dementiam : « Non præstas, » inquit, « fidem[7], Cinna; convenerat, ne interloquereris. Occidere, inquam, me paras. » Adjecit locum, socios, diem, ordinem insidiarum, cui commissum esset ferrum; et cum defixum videret nec ex conventione[8] jam, sed ex conscientia tacentem : « Quo, » inquit, « hoc animo

hominum conspiratione et periculo caruit (Augustus). — Tantum = tantam rem.

1. Gavisus sibi, « se félicitant ».
2. Advocatum, « un conseiller ». L'advocatus est un ami que l'on consulte dans les affaires litigieuses.
3. Renuntiari... imperavit, « il fit donner contre-ordre ».
4. Ne... proclames, « de ne pas te récrier ».
5. Hostium, de Brutus et de Cassius, ou bien de Sextus Pompée.
6. Sacerdotium... dedi. Pour les élections aux quatre grands collèges de prêtres (les pontifes, les XV viri sacris faciundis, les augures et les VII viri epulones), l'empereur avait le droit de « recommander », c'est-à-dire d'imposer des candidats de son choix. De plus, comme Pontifex Maximus, il nommait directement le rex sacrorum, les flamines et plusieurs autres dignitaires religieux.
7. Non præstas fidem. Sénèque n'a pas dit que Cinna avait promis de garder le silence. Corneille est plus explicite : « Je vous obéirai, seigneur ».
8. Ex conventione. Cf. plus haut : Convenerat ne interloquereris.

facis? ut ipse sis princeps? male mehercule cum populo Romano agitur[1], si tibi ad imperandum nihil præter me obstat[2]. Domum tueri tuam[3] non potes, nuper libertini hominis gratia in privato judicio superatus es: adeo[4] nihil facilius potes quam contra Cæsarem advocare[5]! Cedo, si[6] spes tuas solus impedio, Paulusne[7] te et Fabius Maximus et Cossi et Servilii ferent tantumque agmen nobilium non inania nomina præferentium, sed eorum, qui imaginibus suis[8] decori sunt? » [9] Ne totam ejus orationem repetendo magnam partem voluminis occupem[9] (diutius enim quam duabus horis[10]

---

1. *Male... cum populo Romano agitur*, mot à mot : « On en use bien mal avec le peuple romain », c'est-à-dire : « Le peuple romain est bien à plaindre ».

2. *Ad imperandum,... obstat.* V. Rem. 81.

3. *Domum tueri etc.*, « tu es incapable de soutenir ta maison ».

4. *Adeo etc.*, ironie. Le sens est : « Tant il est vrai que ce qu'il y a de plus facile pour toi, c'est de l'attaquer à César », ou, plus librement : « Il est plus commode, n'est-ce pas? de s'attaquer à César ».

5. *Advocare (amicos)*, « appeler ses amis à son aide ». Auguste emploie cette expression dans un double sens : 1° dans le sens usuel, comme terme de procédure, « se faire assister en justice » (allusion au procès que Cinna a perdu); 2° au figuré, « se faire assister de ses amis » (pour conspirer).

6. *Cedo, si etc.*, phrase elliptique pour : *Quid fiet, cedo (= dic), si spes tuas etc.?* « Voyons, admettons que je sois le seul, etc. ». — *Spes tuas*, « la réalisation de tes espérances. ». V. Rem. 132. Quand même Cinna, une fois débarrassé d'Auguste, parviendrait à saisir le pouvoir, il ne pourrait pas le conserver.

7. *Paulusne, etc.*, tous descendants des plus grandes familles romaines.

8. *Imaginibus suis.* Le droit de conserver à perpétuité les *imagines* ou portraits des ancêtres (*jus imaginum*) était réservé aux familles de la *nobilitas*, c'est-à-dire aux familles dont les membres avaient occupé des magistratures curules. Les *imagines* étaient des masques en cire, moulés sur la face des morts, et adaptés à des bustes dont ils pouvaient être détachés. Ces bustes masqués étaient placés dans des armoires (*armaria*) disposées le long des murs de l'*atrium*, reliées par des lignes de peinture (*lineæ, flexuræ*) qui en faisaient comme un arbre généalogique (*stemma*), et au-dessous desquelles une inscription (*titulus* ou *elogium*) rappelait les noms, titres, dignités et hauts faits de la personne représentée.

9. *Ne... occupem*, suppléez une idée intermédiaire : « je me bornerai à rapporter ces paroles. » V. Rem. 131.

10. *Duabus horis*, ablatif exprimant la durée. V. Rem. 35 *bis*.

locutum esse constat, cum hanc pœnam[1], qua sola erat contentus futurus, extenderet) : « Vitam, » inquit, « tibi, Cinna, iterum do, prius hosti, nunc insidiatori ac parricidæ[2]. Ex hodierno die inter nos amicitia incipiat; contendamus, utrum ego meliore fide[3] tibi vitam dederim an tu debeas. » Post hoc detulit[4] ultro consulatum, questus quod non auderet petere. Amicissimum fidelissimumque habuit, heres[5] solus illi fuit. Nullis amplius insidiis ab ullo petitus est.

(L. I, c. 9.)

XXIX
La clémence sied aux princes.

[1] Nemo regi tam vilis sit, ut illum perire non sentiat; qualiscumque est, pars imperii est. In magna imperia[6] ex minoribus petamus exemplum. Non unum est imperandi genus : imperat princeps civibus suis, pater liberis, præceptor discentibus, tribunus vel centurio militibus. Nonne pessimus pater videbitur, qui assiduis plagis liberos etiam ex levissimis causis compescet? Uter autem præceptor liberalibus studiis

---

1. *Hanc pœnam*, l'angoisse de Cinna, qui attendait comme conclusion de ce discours un arrêt de mort.
2. *Parricidæ.* Cf. V, 7, note sur *parricidio*.
3. *Meliore fide.* Auguste a sincèrement pardonné à Cinna; celui-ci se montrera reconnaissant et fidèle.
4. *Detulit... consulatum.* L'expression n'est pas tout à fait exacte : il ne peut être question ici que de l'influence que l'empereur exerçait en fait sur les élections. — Cinna fut consul en l'an 5 ap. J.-C.

5. *Heres... illi fuit.* L'usage de témoigner son attachement à l'empereur en l'instituant héritier ou légataire s'était établi sous Auguste. Cf. Suétone, *Aug.*, 66 : *Exegit et ipse (Augustus) in vicem ab amicis benevolentiam mutuam, tam a defunctis quam a vivis. Nam quamvis minime appeteret hereditates, ut qui numquam ex ignoti testamento capere quicquam sustinuerit, amicorum tamen suprema judicia morosissime pensitavit, etc.*
6. *In magna imperia.* V. *Rem.* 84.

dignior, qui excarnificabit discipulos, si memoria illis non constiterit aut si parum agilis in legendo oculus hæserit, an qui monitionibus et verecundia [1] emendare ac docere malet? Tribunum centurionemve da [2] sævum : desertores faciet, quibus [3] strenuis, qui ignoscit, utitur.

[2] Numquidnam æquum est gravius homini et durius imperari quam imperatur animalibus mutis? Atqui equum non crebris verberibus exterret domandi peritus magister; fiet enim formidolosus et contumax, nisi cum blandiente tactu permulseris. Idem facit ille venator [4], quique instituit catulos vestigia sequi, quique jam exercitatis utitur [5] ad excitandas vel persequendas feras : nec crebro illis minatur (contundet enim animos et quicquid est indolis comminuetur trepidatione degeneri), nec licentiam vagandi errandique passim concedit. Adjicias his licet tardiora agentes jumenta; quæ cum [6] ad contumelias et miserias nata sint, nimia sævitia coguntur jugum detrectare.

[3] Nullum animal morosius [7] est, nullum majore arte tractandum quam homo, nulli magis parcendum. Quid enim est stultius [8] quam in jumentis quidem et canibus erubescere iram exercere, pessima autem con-

---

1. *Verecundia*, « par le sentiment de l'honneur » (en leur faisant honte de leur ignorance). L'*admonitio* est un acte du maître; la *verecundia*, un sentiment de l'élève, mais provoqué par le maître.

2. *Da*, « suppose ».

3. *Desertores faciet, quibus etc.*, « il fera des déserteurs de ceux-là mêmes qui se comportent en braves soldats sous un officier qui sait pardonner ».

4. *Ille venator.* « Pronomen significat rem omnibus notam. » (Gertz.)

5. *Quique instituit..., quique... utitur...*, apposition distributive à *ille venator* : « le chasseur, auss bien s'il..., que s'il.... »

6. *Cum*, « quoique ».

7. *Morosius*, « plus ombrageux, moins traitable ».

8. *Quid enim est stultius etc.* Les deux membres opposés, *erubescere* et *pessima condicione esse*, ont une forme différente : le premier énonce une action, le second un état (sens passif), d'où le changement de sujet (*hominem*). La forme du second membre n'est pas en harmonie avec l'idée exprimée dans la proposition principale : *quid est stultius*, qui porte un jugement sur une action. Cf. § 15.

dicione sub homine hominem esse? [4] Morbis medemur nec irascimur; atqui et hic morbus est animi[1] : mollem medicinam desiderat ipsumque medentem minime infestum ægro. Mali medici est desperare, ne curet[2] : idem[3] in iis quorum animus affectus est, facere debebit is, cui tradita salus omnium est, non cito spem projicere nec mortifera signa pronuntiare : luctetur cum vitiis, resistat, aliis morbum suum exprobret, quosdam molli curatione decipiat citius meliusque sanaturus[4] remediis fallentibus[5] ; agat princeps curam non tantum salutis, sed etiam honestæ cicatricis[6].
[5] Nulla regi gloria est ex sæva animadversione (quis enim dubitat posse[7]?); at contra maxima, si vim suam continet, si multos iræ alienæ eripuit, neminem suæ impendit[8].

[6] Servis imperare moderate laus est : et[9] in mancipio cogitandum est non quantum illud impune[10] possit pati, sed quantum tibi permittat æqui bonique natura[11], quæ parcere etiam captivis et pretio paratis jubet : quanto justius hominibus[12] liberis, ingenuis, honestis, quos gradu[13] antecedas quorumque tibi non

1. *Et hic morbus est animi* = *et hic morbus est, et quidem animi*, « cela aussi (*et*) est une maladie, savoir une maladie de l'âme ». *Hic* pour *hoc* (accord par attraction avec l'attribut) représente le vice, les mauvais instincts qu'il faut réprimer chez l'homme.
2. *Ne curet* n'est pas une proposition complétive indiquant l'objet de *desperare*, mais une proposition finale : « C'est le fait d'un mauvais médecin que de désespérer d'un malade (déclarer que son état est désespéré, le condamner), afin de n'avoir pas à le soigner. »
3. *Idem*, entendez : « la même chose que le bon médecin ». L'idée est précisée par *non cito spem projicere etc.*

4. *Sanaturus*. V. Rem. 53.
5. *Fallentibus*, « déguisés ».
6. *Honestæ cicatricis*, « ut ne infamia quidem appareat. » (J. Lipse.)
7. *Dubitat posse*. V. Rem. 50. — *Posse* (*eum atrociter animadvertere*).
8. *Impendit*, « a sacrifié ».
9. *Et* = *etiam*.
10. *Impune*, sans inconvénient pour le maître.
11. *Æqui bonique natura*, le droit naturel.
12. *Quanto justius* (*est parcere*) *hominibus etc.*
13. *Gradu*, il n'y a qu'une différence de degré. La phrase renferme une idée restrictive.

servitus tradita sit, sed tutela [1]! Servis ad statuam [2] licet confugere : cum in servum omnia liceant, est aliquid, quod in hominem [3] licere commune jus animantium vetet. [7] Quis non Vedium Pollionem [4] pejus oderat quam servi sui, quod muraenas sanguine humano saginabat et eos, qui se aliquid offenderant [5], in vivarium, quid aliud quam serpentium [6], abjici jubebat? O hominem mille mortibus dignum, sive devorandos servos objiciebat muraenis, quas esurus erat [7], sive in hoc tantum illas alebat, ut sic aleret! [8] Quemadmodum domini crudeles tota civitate commonstrantur invisique et detestabiles sunt, ita regum et injuria latius patet et infamia atque odium saeculis traditur [8]. Quanto autem non nasci melius fuit quam numerari inter publico malo [9] natos!

1. *Servitus... tutela.* Ces deux termes ne se correspondent pas exactement : l'un indique un état (*servire = servum esse*) et se rapporte à l'inférieur, l'autre indique une action (*tueri*) et se rapporte au supérieur. Autrement dit, à l'un des termes opposés entre eux Sénèque a substitué son corrélatif.

2. *Ad statuam.* Les esclaves, pour se soustraire aux mauvais traitements de leur maître, pouvaient se réfugier non seulement dans les temples, mais encore auprès des statues de l'empereur (*ad fana deorum vel ad statuas principum*).

3. *In servum... in hominem.* Il ne s'agit pas de deux êtres différents, mais du même homme considéré tour à tour dans sa qualité d'esclave et dans sa qualité d'homme. — *Omnia liceant,* en vertu du *jus civile,* c'est-à-dire du droit positif spécial à une nation, auquel s'oppose le *commune jus animantium.*

4. *Vedium Pollionem,* Vedius Pollio, chevalier romain, ami d'Auguste, fameux par son luxe et par sa cruauté envers ses esclaves. Cf. Sénèque, *De ira,* III, 40, 2 : *Fregerat unus ex servis ejus crystallinum; rapi eum Vedius jussit ne vulgari quidem more periturum : muraenis objici jubebatur, quas ingentis in piscina continebat. Etc.*

5. *Qui se... offenderant.* V. Rem. 70.

6. *Quid aliud (dicam) quam....* — *Serpentium.* Les murènes ressemblent aux serpents par la forme; celles de Vedius Pollio leur ressemblaient en outre par la férocité.

7. *Sive devorandos... esurus erat,* donc par gourmandise, afin que ces poissons, nourris de chair humaine, fussent plus délicats : la proposition *quas esurus erat* renferme l'idée essentielle. — *Sive... ut sic aleret,* donc par pure cruauté.

8. *Et injuria... patet et infamia... traditur.* Les deux *et* se correspondent.

9. *Publico malo,* ablatif de ma-

[9] Excogitare nemo quicquam poterit, quod magis decorum regenti sit quam clementia, quocumque modo is et quocumque jure praepositus ceteris erit. Eo scilicet formosius id[1] esse magnificentiusque fatebimur, quo in majore praestabitur potestate, quam non oportet noxiam esse, si ad naturae legem componitur. [10] Natura enim commenta est regem, quod et ex aliis animalibus licet cognoscere et ex apibus, quarum regi[2] amplissimum cubile est medioque ac tutissimo loco; praeterea opere vacat exactor alienorum operum, et amisso rege totum dilabitur examen, nec umquam plus[3] unum patiuntur melioremque[4] pugna quaerunt; praeterea insignis regi forma est dissimilisque ceteris[5] cum magnitudine, tum nitore. [11] Hoc tamen maxime distinguitur : iracundissimae[6] ac pro corporis captu pugnacissimae sunt apes et aculeos in vulnere relinquunt, rex ipse sine aculeo est. Noluit illum natura nec saevum esse nec ultionem magno constaturam[7] petere, telumque detraxit et iram ejus inermem reliquit. [12] Exemplar hoc magnis regibus ingessit; est enim illi mos exercere se in parvis et ingentium rerum documenta[8] in minimas cogere. Pudeat ab exiguis animalibus non trahere mores, cum tanto hominum moderatior esse animus debeat, quanto vehementius nocet. Utinam quidem eadem homini lex esset et ira cum telo

---

nière; litt. : « avec le malheur public », en fr. : « pour le malheur du peuple ».

1. *Id*, cette vertu : la clémence.
2. *Quarum regi... cubile est.* Est est copule avec *amplissimum* et verbe substantif avec *medio ac tutissimo loco.*
3. *Plus* reste sans influence sur la construction,
4. *Meliorem*, s'il y a deux rivaux. Cf. Virgile, Georg., IV, 67 et suiv.
4. *Forma... dissimilis ceteris,* pour *forma dissimilis formæ ceterarum,* comparaison abrégée. V. Rem. 134.
6. *Iracundissimæ etc.* Cf. Virgile, Georg., IV, 83 : *Ingentes animos angusto in corpore versant.*
7. *Constaturam.* V. Rem. 53, 1°, et 3.
8. *Ingentium rerum documenta,* « les leçons applicables aux grandes choses ». — *In minimas (res) cogere,* « enfermer dans les petites choses ».

suo frangeretur¹, nec sæpius liceret nocere quam semel, nec alienis viribus exercere odia! facile enim lassaretur furor, si per se² sibi satisfaceret et si mortis periculo³ vim suam effunderet. [13] Sed ne nunc⁴ quidem illi cursus tutus est; tantum enim necesse est timeat, quantum timeri voluit, et manus omnium observet et eo quoque tempore, quo non captatur, peti se judicet nullumque momentum immune a metu habeat. Hanc aliquis agere vitam sustinet, cum liceat innoxium aliis, ob hoc securum, salutare potentiæ jus lætis omnibus tractare? Errat enim, si quis existimat tutum esse ibi regem, ubi nihil a rege tutum sit : securitas securitate mutua paciscenda est. [14] Non opus est instruere in altum editas arces nec in adscensum arduos⁵ colles emunire nec latera montium abscidere, multiplicibus se muris turribusque sæpire : salvum regem in aperto⁶ clementia præstabit. Unum est inexpugnabile munimentum amor civium. [15] Quid pulchrius est quam vivere optantibus cunctis et vota non sub custode⁷ nuncupantibus? si paulum valetudo titubavit, non spem⁸ hominum excitari, sed metum? nihil esse cuiquam tam pretiosum, quod non pro salute præsidis sui commutatum velit?...

[16] Quis huic⁹ audeat struere aliquod periculum? quis ab hoc non, si possit, fortunam¹⁰ quoque avertere velit, sub quo justitia, pax, pudicitia, securitas, dignitas

---

1. *Ira cum telo suo frangeretur.* Cf. plus haut (§ 11) : *Aculeos in vulnere relinquunt.*

2. *Per se*, « avec ses seules ressources », par opposition à *alienis viribus.*

3. *Mortis periculo*, « ne... qu'au péril de sa vie ».

4. *Nunc*, « dans l'état actuel des choses », oppose la réalité au souhait *Utinam quidem* etc.

5. *In adscensum arduos.* V. Rem. 84.

6. *In aperto*, « même (s'il se trouve) à découvert ».

7. *Sub custode*, « sous l'œil de la police ».

8. *Non spem.* Sénèque passe de l'actif (*vivere*) au passif (*non spem... excitari*) et au verbe *esse* (*nihil esse cuiquam*), avec changement de sujets. Cf. § 3.

9. *Huic*, au bon prince.

10. *Fortunam*, « les coups du sort ». Cf. *Epist.* 98,7 : *Potest fortunam cavere, qui potest ferre.*

florent, sub quo opulenta ¹ civitas copia bonorum omnium abundat nec alio animo rectorem suum intuetur quam, si di immortales talem potestatem visendi sui faciant, intueamur ² venerantes colentesque? Quid autem ³? non proximum illis locum tenet is, qui se ex deorum natura gerit, beneficus ⁴ ac largus et in melius ⁵ potens? Hoc ⁶ affectare, hoc imitari ⁷ decet, maximum ⁸ ita haberi, ut optimus simul habeare.

(L. I, c. 16-19.)

DE BENEFICIIS

Cet ouvrage est le plus mal composé, le plus décousu, de tous ceux de Sénèque : il serait aussi difficile que peu utile d'en donner une analyse. La valeur du traité *des Bienfaits* est toute dans les beautés de détail, dans la richesse des pensées et la délicatesse des sentiments.

XXX
Comment il faut obliger.

[1] Molestum verbum est, onerosum, demisso vultu dicendum, « rogo ». Hujus facienda est gratia amico et quemcumque amicum sis ⁹ promerendo facturus : pro-

---

1. *Opulenta etc.* V. Rem. 137, 4°.
2. *Intueamur* (eos).
3. *Quid autem?* « Aussi bien ».
4. *Beneficus etc.*, apposition qui explique et précise l'idée *ex deorum natura se gerere*.
5. *In melius*, « pour le mieux », c'est-à-dire « pour le bonheur des hommes ».
6. *Hoc* annonce ce qui suit (*maximum ita haberi etc.*).
7. *Imitari*, « faire à l'exemple des dieux ».
8. *Maximum... optimum*, allusion aux épithètes de Jupiter : *optimus maximus*.
9. *Sis*, subjonctif potentiel. V. Riemann, *Syntaxe*, § 162, Rem.

peret licet, sero beneficium dedit, qui roganti dedit. Ideo divinanda cujusque voluntas et, cum intellecta est, necessitate gravissima rogandi liberanda est ; illud beneficium jucundum victurumque [1] in animo scias, quod obviam venit. [2] Si non contigit prævenire, plura rogantis verba intercidamus [2], ne rogati videamur, sed certiores facti [3]; statim promittamus, facturosque nos, etiam [4] antequam interpellemur, ipsa festinatione [5] approbemus. Quemadmodum in ægris opportunitas cibi salutaris est et aqua [6] tempestive data remedii locum obtinuit [7], ita, quamvis leve et vulgare beneficium sit, si præsto fuit, si proximam quamque horam non perdidit [8], multum sibi adjicit gratiamque pretiosi sed lenti et diu cogitati muneris vincit. Qui tam parato facit, non est dubium quin libenter faciat ; itaque lætus [9] facit et induit sibi animi sui vultum [10].

[3] Ingentia quorumdam beneficia silentium aut loquendi tarditas imitata gravitatem et tristitiam corrupit, cum promitterent vultu negantium : quanto melius adjicere bona verba rebus bonis et prædicatione humana benignaque [11] commendare quæ præstes ! [4] Ut ille [12] se castiget, quod tardior in rogando fuit, adjicias licet

---

1. *Victurum*, de *vivere*.
2. *Plura... verba intercidamus*, « coupons la parole ». — *Plura verba* = les paroles qu'il va ajouter. Cf. Virgile, *Æn.*, VII, 449 : *quærentem dicere plura*.
3. *Sed certiores facti*, « mais simplement informés (de ce qu'il désire) ».
4. *Facturosque nos (esse), etiam etc.*, « et que nous tiendrons notre promesse avant même qu'on en réclame l'accomplissement ». *Interpellare* signifie « sommer un débiteur, le mettre en demeure de s'acquitter ».
5. *Ipsa festinatione (promittendi)*.
6. *Aqua*, « de l'eau et rien de plus, un simple verre d'eau ».
7. *Obtinuit*. V. Rem. 40. De même plus loin (§ 3) : *corrupit*.
8. *Si... non perdidit*. Sénèque attribue au bienfait l'action du bienfaiteur.
9. *Lætus* renchérit sur *libenter*.
10. *Animi sui vultum*, « la physionomie qui correspond à ses sentiments ». V. Rem. 28.
11. *Prædicatione humana benignaque*, « par quelques paroles de politesse et de bienveillance ».
12. *Ille*, l'obligé. Cf. des emplois analogues de *ille*, XXXV, 2, 11, 12, 14, 16.

familiarem querelam : « Irascor tibi, quod, cum aliquid desiderasses, non olim [1] scire me voluisti, quod tam diligenter [2] rogasti, quod quemquam adhibuisti [3]. Ego vero gratulor mihi, quod experiri animum meum tibi libuit; postea [4] quicquid desiderabis, tuo jure [5] exiges; semel [6] rusticitati [7] tuæ ignoscitur. » [5] Sic efficies, ut animum tuum pluris æstimet quam illud, quicquid est, ad quod petendum venerat. Tunc est summa virtus tribuentis, tunc benignitas [8], ubi ille, qui discessit, dicit sibi : « Magnum hodie lucrum feci : malo quod illum talem inveni [9], quam si multiplicatum hoc [10] ad me alia via pervenisset; huic ejus [11] animo numquam parem gratiam referam. »

(L. II, c. 2-3.)

XXXI

Si un esclave peut être le bienfaiteur de son maître.

[1] Quæritur a quibusdam, sicut ab Hecatone [12], an [13] beneficium dare servus domino possit. Sunt enim qui ita distinguant : quædam beneficia esse, quædam officia, quædam ministeria; beneficium esse, quod alienus det :

---

1. *Olim*, « depuis longtemps ». V. *Rem.* 107.

2. *Tam diligenter*, « avec tant de cérémonie, en y mettant tant de façons ».

3. *Quod quemquam adhibuisti*, « d'avoir eu recours à un intermédiaire ». La phrase renferme une idée de blâme; de là, *quemquam*. V. Riemann, *Syntaxe*, § 13, *Rem.*, 4°.

4. *Postea*. V. *Rem.* 108.

5. *Tuo jure*, « en vertu de ton droit », c'est-à-dire « comme ton dû ».

6. *Semel*, « pour cette fois (seulement, mais ne recommence plus) ».

7. *Rusticitati*, « mauvaise honte, fausse honte ». La timidité mal placée est un des caractères de la *rusticitas*. Cf. XXVII, 8, à la fin.

8. *Benignitas*, « la générosité dans toute la force du terme, la véritable générosité ».

9. *Malo quod... inveni*. V. *Rem.* 45.

10. *Hoc*, ce bienfait.

11. *Ejus*, du bienfaiteur.

12. *Hecatone*, Hécaton de Rhodes, philosophe stoïcien, disciple de Panétius (1ᵉʳ siècle av. J.-C.).

13. *An*. V. *Rem.* 95.

alienus est, qui potuit sine reprehensione cessare[1]; officium esse filii, uxoris, earum personarum, quas necessitudo[2] suscitat et ferre opem jubet; ministerium esse servi, quem condicio sua eo loco posuit, ut nihil eorum quæ præstat, imputet[3] superiori.

*** [2] Præterea servum qui negat dare aliquando domino beneficium, ignarus est juris humani[4]. Refert enim, cujus animi sit qui præstat, non cujus status. Nulli præclusa virtus est; omnibus patet, omnes admittit, omnes invitat, et ingenuos, et libertinos, et servos, et reges, et exsules; non eligit domum[5] nec censum[6], nudo homine contenta est. Quid enim erat tuti[7] adversus repentina, quid animus magnus promitteret sibi certum, si virtutem cum fortuna[8] amitteret? [3] Si non dat beneficium servus domino, nec regi quisquam suo nec[9] duci suo miles; quid enim interest, quali quis teneatur imperio, si summo[10] tenetur? Nam si servo, quominus in nomen meriti perveniat, necessitas[11] obest et patiendi ultima timor, idem istuc obstabit et ei qui regem habet et ei qui ducem, quoniam sub dispari titulo paria in illos licent. Atqui dant

1. *Cessare*, « se dispenser de donner, s'abstenir ».
2. *Necessitudo*. Cf. V, 2.
3. *Imputet*, « il ne peut porter en compte ». — *Superiori*. Après ce mot, il y a dans nos manuscrits une lacune. Sénèque examinait la question qu'il vient de poser : *an beneficium dare servus domino possit*; il y répondait affirmativement et en donnait une ou plusieurs raisons. Il apporte un nouvel argument avec *Præterea* etc.
4. *Juris humani*, le droit commun à tous les hommes en tant qu'hommes.
5. *Domum*, « maison », dans le sens de « famille, naissance, extraction ».

6. *Censum*. Le mot *census*, au temps de la république, désignait le capital imposable (τίμημα) du citoyen. Chez les auteurs de l'Empire, il signifie « fortune, richesses », en général. V. Rem. 10.
7. *Quid... erat tuti*, etc. V. Rem. 42.
8. *Cum fortuna*. *Fortuna* = ici « rang, position sociale ».
9. *Nec... nec* se correspondent et introduisent les propositions principales (avec le verbe *dat* sous-entendu).
10. *Summo*, « absolu ». Le maître a le droit de vie et de mort sur ses esclaves, le roi sur ses sujets, le général sur ses soldats.
11. *Necessitas* (parendi).

regibus suis, dant imperatoribus beneficia : ergo et dominis. [4] Potest servus justus esse, potest fortis, potest magni animi : ergo et beneficium dare potest; nam et hoc virtutis est. Adeo quidem dominis servi beneficia possunt dare, ut ipsos sæpe beneficii sui fecerint[1].

[5] Non est dubium, quin servus beneficium dare possit cuilibet : quare ergo non et domino suo possit? « Quia non potest, » inquit, « creditor domini sui fieri, si pecuniam illi dederit. Alioquin[2] quotidie dominum suum obligat : peregrinantem sequitur, ægro ministrat, rus ejus labore summo colit. Omnia tamen ista, quæ alio præstante beneficia dicerentur, præstante servo ministeria sunt. Beneficium enim id est, quod quis dedit, cum illi liceret et non dare; servus autem non habet negandi potestatem : ita non præstat, sed paret, nec id se fecisse jactat, quod non facere non potuit. » [6] Jam sub ista ipsa lege vincam[3] et eo perducam[4] servum, ut in multa[5] liber sit; interim dic mihi : si tibi ostendero aliquem pro salute domini sui sine respectu sui dimicantem et confossum vulneribus, reliquias tamen sanguinis ab ipsis vitalibus fundentem et, ut ille effugiendi tempus habeat, moram sua morte quærentem, hunc tu negabis beneficium dedisse, quia servus est? [7] Si tibi ostendero aliquem, ut secreta domini prodat[6], nulla tyranni pollicitatione corruptum, nullis territum minis, nullis cruciatibus victum, avertisse quantum potuerit suspiciones quærentis et impendisse[7] spiritum fidei, hunc tu negabis beneficium do-

---

1. *Ut ipsos... beneficii sui fecerint.* V. Rem. 32.
2. *Alioquin.* V. Rem. 100.
3. *Jam... vincam,* « j'aurai encore gain de cause ».
4. *Eo perducam etc.* Il ne s'agit pas là d'un fait, mais de la démonstration d'un fait.
5. *In multa,* et non *in multis* :

in = « pour... » (la volonté se porte vers...). V. Rem. 84.
6. *Ut... prodat* dépend des trois participes *corruptum, territum, victum.*
7. *Impendisse,* « avoir sacrifié ». Cf. Juvénal, IV, 91 : *Vitam impendere vero.* — *Spiritum,* « le souffle vital, la vie ». Cf. XIII, 7-8.

mino dedisse, quia servus est? [8] Vide ne eo majus sit quo rarius est exemplum virtutis in servis eoque gratius quod, cum fere invisa imperia sint et omnis necessitas gravis, commune servitutis odium in aliquo domini caritas vicit. Ita non ideo beneficium non est, quia a servo profectum est, sed ideo majus, quia deterrere ab illo ne servitus quidem potuit.

[9] Errat, si quis existimat servitutem in totum hominem descendere. Pars melior ejus excepta est : corpora obnoxia sunt et adscripta[1] dominis, mens quidem[2] sui juris; quæ adeo libera et vaga est, ut ne ab hoc quidem carcere[3], cui inclusa est, teneri queat, quominus impetu suo[4] utatur et ingentia agat et in infinitum[5] comes cælestibus exeat. [10] Corpus itaque est quod domino fortuna tradidit; hoc emit, hoc vendit : interior illa pars mancipio dari non potest. Ab hac quicquid venit liberum est; nec enim aut nos omnia jubere possumus aut in omnia[6] servi parere coguntur : contra rem publicam imperata non facient, nulli sceleri manus commodabunt.

[11] Quædam sunt quæ leges nec jubent nec vetant facere : in his servus materiam beneficii habet. Quamdiu præstatur quod a servo exigi solet, ministerium est; ubi plus quam quod servo necesse est[7], beneficium; ubi in affectum amici transit, desinit vocari minister. [12] Est aliquid, quod dominus præstare servo debeat, ut cibaria, ut vestiarium[8]; nemo hoc dixit[9] beneficium; at indulsit, liberalius educavit, artes[10] quibus erudiuntur ingenui tradidit : beneficium est.

---

1. *Adscripta* = à peu près *addicta*.
2. *Quidem*. V. Rem. 110.
3. *Ab hoc... carcere*. V. Rem. 36.
4. *Suo*, « qui lui est propre, naturel ».
5. *In infinitum etc.*, la pensée, s'élançant dans l'infini, suit les mouvements des corps célestes. Cf. XXVI, 4 et suiv.
6. *In omnia*. Cf. plus haut (§ 6) : *in multa*.
7. *Necesse est* (*præstare*).
8. *Vestiarium*. V. Rem. 7.
9. *Dixit*. V. Rem. 40.
10. *Artes etc.* = *artes liberales*.

Idem e contrario fit in persona servi : quicquid est, quod servilis officii formulam excedit, quod non ex imperio sed ex voluntate præstatur, beneficium est, si modo tantum est, ut hoc vocari potuerit quolibet alio præstante.

[13] Servus, ut placet Chrysippo[1], perpetuus mercennarius est. Quemadmodum ille[2] beneficium dat, ubi plus præstat quam in quod operas locavit, sic servus[3], ubi benevolentiā erga dominum fortunæ suæ modum transiit et altius aliquid ausus, quod etiam felicius natis decori esset, spem domini antecessit, beneficium est intra domum inventum. [14] An æquum tibi videtur, quibus, si minus debito faciant, irascimur, non haberi gratiam, si plus debito solitoque fecerint? Vis scire quando non sit beneficium? ubi dici potest : « Quid, si nollet[4]? » Ubi vero id præstitit, quod nolle licuit, voluisse laudandum est[5]. [15] Inter se contraria sunt beneficium et injuria; potest dare beneficium domino, si a domino injuriam accipere : atqui de injuriis dominorum in servos qui audiat positus est[6], qui et sævitiam et libidinem et in præbendis ad victum necessariis avaritiam compescat. [16] Quid ergo? beneficium dominus a servo accipit? immo homo ab homine[7]. Denique quod in illius potestate fuit, fecit : beneficium domino dedit; ne a servo acceperis, in tua

---

1. *Chrysippo*, Chrysippe de Soli en Cilicie, un des principaux représentants du stoïcisme, grand dialecticien et écrivain fécond (3ᵉ siècle av. J.-C).

2. *Ille* = *mercennarius*.

3. *Sic servus*, etc. On s'attendrait à voir *servus* figurer comme sujet dans la proposition principale; mais, la phrase s'étant allongée, Sénèque change de tournure : *beneficium est... inventum.*

4. *Quid, si nollet?* « Et s'il n'avait pas voulu? » La réponse est : « Il aurait été châtié, contraint de le faire. »

5. *Voluisse laudandum est*, m. à m. : « le fait d'avoir voulu doit être loué ». Tournure impersonnelle au lieu de : *laudandus est, quod voluit.* V. Rem. 48.

6. *Positus est*, « il y a un fonctionnaire chargé de... ». C'était le préfet de la ville (*præfectus urbi*).

7. *Dominus a servo... homo ab homine.* Cf. XXIX, 6 : *in servum... in hominem.*

potestate est. Quis autem tantus est, quem non fortuna indigere etiam infimis cogat?

[17] Multa jam beneficiorum exempla referam et dissimilia et quædam inter se contraria. Dedit aliquis domino suo vitam, dedit mortem, servavit periturum[1], et hoc si parum est, pereundo servavit; alius mortem domini adjuvit, alius decepit[2].

[18] Claudius Quadrigarius[3] in duodevicesimo annalium tradit, cum obsideretur Grumentum[4] et jam ad summam desperationem ventum esset, duos servos ad hostem[5] transfugisse et operæ pretium fecisse[6]. Deinde urbe capta passim discurrente victore illos per nota itinera ad domum, in qua servierant, præcucurrisse et dominam suam ante se egisse. Quærentibus[7] quænam esset, dominam et quidem crudelissimam ad supplicium ab ipsis duci professos esse. Eductam deinde extra muros summa cura celasse, donec hostilis ira consideret; deinde, ut satiatus miles cito ad Romanos mores[8] rediit, illos quoque ad suos redisse et dominam sibi ipsos dedisse[9]. [19] Manumisit utrumque e vestigio illa nec indignata est ab iis se vitam accepisse in quos

---

1. *Periturum.* V. Rem. 53,2°.
2. *Decepit*, c'est-à-dire *decipiendo dominum mori prohibuit*.
3. *Claudius Quadrigarius*, historien romain qui écrivit dans la première moitié du 1ᵉʳ siècle av. J.-C. De ses *Annales* il ne nous est resté que des fragments.
4. *Cum obsideretur Grumentum.* Ce siège eut lieu pendant la guerre des alliés (*bellum sociale*), qui éclata en 91 av. J.-C. — *Grumentum*, ville de Lucanie. Les Lucaniens faisaient cause commune avec les insurgés.
5. *Ad hostem*, les Romains qui ssiégeaient la ville.
6. *Operæ pretium fecisse*, « ils (lui) rendirent d'importants services ». *Operæ pretium facere* = « faire quelque chose qui en vaille la peine ».
7. *Quærentibus*, ablatif absolu V. Rem. 51.
8. *Ad Romanos mores... ad suos.* Le parallélisme n'est pas exact : les soldats romains étaient réellement sortis de leur caractère mais non ces esclaves ; *mores suos* ne peut donc signifier que « leur genre de vie habituel, leurs habitudes », tandis que *Romanos mores* désigne le caractère romain, les qualités morales que montraien ordinairement les Romains.
9. *Dominam sibi ipsos dedisse*, « ils se remirent eux-mêmes sous la puissance de leur maîtresse ». Au

vitæ necisque potestatem habuisset. Potuit sibi hoc[1] vel[2] magis gratulari; aliter[3] enim servata munus notæ et vulgaris clementiæ habuisset : sic servata nobilis fabula[4] et exemplum clarum fuit. [20] In tanta confusione captæ civitatis cum sibi quisque consuleret, omnes ab illa præter transfugas fugerunt[5]; at hi, ut ostenderent, quo animo facta esset prior illa transitio, a victoribus ad captivam transfugerunt personam parricidarum[6] ferentes, quod in illo beneficio maximum fuit : tanti judicaverunt[7], ne domina occideretur, videri dominam occidisse. Non est, mihi crede, non est servilis animi egregium factum fama sceleris emisse.

[21] Vettius, prætor Marsorum[8], ducebatur ad Romanum imperatorem[9]. Servus ejus gladium militi ipsi, a quo trahebatur, eduxit et primum dominum occidit, deinde : « Tempus est, » inquit, « me et mihi consulere : jam dominum manumisi. » Atque ita [10] se trajecit uno ictu. Da mihi quemquam [11], qui magnificentius dominum servaverit.

[22] Corfinium Cæsar obsidebat [12], tenebatur inclusus Domitius [13] : imperavit medico eidemque servo suo [14], ut

lieu de *dedisse*, on attendrait *reddidisse*.

1. *Hoc*, accusatif. Ce pronom représente l'idée *ab iis se vitam accepisse, in quos etc.*

2. *Vel*, « même ».

3. *Aliter... servata*, si l'ennemi lui eût fait grâce.

4. *Fabula*, « sujet d'entretien ».

5. *Præter transfugas fugerunt*, paronomase et pointe d'un goût douteux. V. *Rem.* 137,7°.

6. *Parricidarum*. V. V, 7, note sur *parricidio*.

7. *Tanti (esse) judicaverunt*, etc., « ils jugèrent qu'il valait la peine de..., ils ne craignirent pas de... ».

8. *Vettius, prætor Marsorum*, un des principaux chefs de l'insurrection dans la guerre des alliés.

9. *Ad Romanum imperatorem*, Cn. Pompeius Strabo, père du grand Pompée.

10. *Atque ita*, « là-dessus, et aussitôt après ».

11. *Quemquam*. La phrase a un sens négatif : c'est un défi. V. Riemann, *Syntaxe*, § 13, *Rem.*, 4°.

12. *Corfinium Cæsar obsidebat*, au commencement de la guerre civile (49 av. J.-C.). V. César, *De bello civ.*, I, 16-23.

13. *Domitius*, L. Domitius Ahenobarbus, un des chefs pompéiens.

14. *Medico eidemque servo suo*.

sibi venenum daret. Cum tergiversantem videret :
« Quid cunctaris, » inquit, « tamquam in tua potestate
totum istud[1] sit? mortem rogo armatus. » Tum ille
promisit et medicamentum innoxium bibendum illi[2]
dedit; quo cum sopitus esset, accessit ad filium ejus
et : « Jube, » inquit, « me asservari, dum ex eventu
intellegas an[3] venenum patri tuo dederim. » Vixit
Domitius[4] et servatus a Cæsare est : prior tamen
illum servus servaverat.

[23] Bello civili[5] proscriptum dominum servus abscondit et, cum anulos ejus sibi aptasset ac vestem induisset, speculatoribus[6] occurrit[7] nihilque se deprecari, quominus imperata peragerent, dixit et deinde cervicem porrexit. Quanti viri est pro domino eo tempore mori velle, quo rara erat fides[8] dominum mori nolle! in publica crudelitate mitem inveniri, in publica perfidia fidelem! cum præmia proditionis ingentia[9] ostendantur, præmium fidei mortem concupiscere!...

[24] Sub divo Augusto nondum[10] hominibus verba

Les grandes familles romaines avaient leur médecin particulier, qui était souvent un esclave (*servus medicus*).

1. *Totum istud*, savoir de donner ou non du poison à son maître.
2. *Ille... illi*. Le même pronom est employé pour désigner des personnes différentes. V. *Rem.* 72,3°.
3. *An.* V. *Rem.* 95.
4. *Vixit Domitius.* Cf. Suétone, *Nero*, 2 : (*Domitius*), *vir neque satis constans et ingenio truci, in desperatione rerum mortem timore appetitam ita expavit, ut haustum venenum pœnitentia evomuerit medicumque manumiserit, quod sibi prudens ac sciens minus noxium temperasset*.

5. *Bello civili*, lors des proscriptions ordonnées par les triumvirs.
6. *Speculatoribus*, les soldats chargés de rechercher et de mettre à mort les proscrits.
7. *Occurrit*. D'après les autres sources (Valère-Maxime, VI, 8, 6; Appien, *B. civ.*, IV, 44; Macrobe, *Saturn.*, I, 11), l'esclave se coucha dans le lit de son maître.
8. *Fides*, « preuve de fidélité ».
9. *Præmia proditionis ingentia*. L'esclave qui apportait aux triumvirs la tête d'un proscrit recevait la liberté avec le droit de cité et une somme de 10 000 drachmes (environ 9 200 francs).
10. *Nondum*, comme il arriva sous Tibère et ses successeurs.

sua periculosa erant, jam molesta. Rufus, vir ordinis senatorii, inter cenam optaverat, « ne Cæsar salvus rediret ex ea peregrinatione quam parabat, » et adjecerat « idem omnes et tauros[1] et vitulos optare. » Fuerunt qui illa diligenter audirent. Ut primum diluxit, servus, qui cenanti ad pedes steterat[2], narrat quæ inter cenam ebrius dixisset et hortatur, ut Cæsarem occupet[3] atque ipse se deferat. [25] Usus consilio descendenti[4] Cæsari occurrit et, cum malam mentem habuisse[5] se pridie jurasset, id[6] ut in se et in filios suos recideret, optavit et Cæsarem, ut ignosceret sibi rediretque in gratiam secum, rogavit. [26] Cum dixisset se Cæsar facere : « Nemo, » inquit, « credet te mecum in gratiam redisse, nisi aliquid mihi donaveris, » petiitque non fastidiendam[7] etiam a propitio summam et impetravit. Cæsar ait : « Mea causa[8] dabo operam, ne umquam tibi irascar. » [27] Honeste fecit Cæsar, quod ignovit, quod liberalitatem clementiæ adjecit; quicumque hoc audierit exemplum, necesse est Cæsarem laudet, sed cum servum ante laudaverit. Non exspectas, ut tibi narrem manumissum, qui hoc fecerat; nec tamen gra-

---

1. *Idem omnes et tauros etc.*, parce qu'on promettait des sacrifices aux dieux pour l'heureux retour de l'empereur.
2. *Ad pedes steterat.* Les Romains mangeaient couchés, en s'appuyant sur le bras gauche; l'esclave au service de chaque convive se tenait derrière le *lectus*, aux pieds de son maître, par conséquent du côté droit.
3. *Ut Cæsarem occupet*, « d'aller trouver César avant qu'on le desserve auprès de lui ».
4. *Descendenti* (in ou *ad forum*). Le *Forum Romanum* était situé dans une partie basse de la ville, dans la vallée qui s'étendait entre le Capitole et le Palatin.
Auguste habitait au Palatin.
5. *Malam mentem habuisse*, « qu'il avait perdu l'esprit, la raison ». Cf. Tibulle, II, 5, 104 :
Et se jurabit mente fuisse mala (« qu'il était fou »).
6. *Id*, ce qu'il avait dit dans sa folie.
7. *Non fastidiendam etc.*, « une somme non méprisable, même s'il l'eût demandée à l'empereur bien disposé (pour lui) », c'est-à-dire « une somme qui aurait été déjà considérable pour un courtisan en faveur ».
8. *Mea causa*, « dans mon propre intérêt », car ce genre de réconciliations accompagnées de cadeaux eût été onéreux pour lui.

tis[1] : pecuniam pro libertate ejus Cæsar numeraverat.

[28] Post tot exempla num dubium est, quin beneficium aliquando a servo dominus accipiat? Quare potius persona rem minuat quam personam res ipsa cohonestet? Eadem omnibus principia[2] eademque origo; nemo altero nobilior, nisi cui rectius ingenium et artibus bonis aptius. [29] Qui imagines[3] in atrio exponunt et nomina familiæ suæ longo ordine ac multis stemmatum illigata flexuris in parte prima ædium[4] collocant, non noti magis quam nobiles[5] sunt? Unus omnium parens mundus[6] est : sive per splendidos sive per sordidos gradus ad hunc prima cujusque origo perducitur. Non est quod te isti decipiant, qui, cum majores suos recensent, ubicumque nomen illustre defecit, illo[7] deum infulciunt. [30] Neminem despexeris, etiamsi circa illum obsoleta[8] sunt nomina et parum indulgente adjuta fortuna. Sive libertini ante vos habentur[9] sive servi sive exterarum gentium homines, erigite audacter animos et quicquid in medio[10] sordidi jacet transsilite; exspectat vos in summo magna nobilitas. [31] Quid superbia in tantam vanitatem attollimur, ut beneficia a servis indignemur accipere et sortem

---

1. *Nec tamen gratis.* Généralement l'esclave achetait sa liberté en remettant à son maître son *peculium*, fruit de ses économies. Ici, le présent d'Auguste, dont Rufus était redevable au conseil de son esclave, pouvait être regardé comme le prix de la liberté de celui-ci : Rufus était payé d'avance.

2. *Eadem omnibus principia* etc. Cf. LI.

3. *Imagines* etc. V. XXVIII, 8, note.

4. *In prima parte ædium* = *in atrio*, l'*atrium* étant la première des deux parties principales d'une maison romaine (la seconde comprenait le *peristylium* et ses dépendances : chambres à coucher, salles à manger, etc.).

5. *Noti... nobiles*, jeu de mots difficile à rendre en français.

6. *Mundus* = *cælum*. Cf. XXVI, 5 et suiv.

7. *Illo*, adverbe. — *Deum infulciunt.* Plusieurs nobles familles romaines prétendaient descendre d'une divinité (par exemple, les *Julii*, de Vénus).

8. *Obsoleta*, « vulgaires ».

9. *Ante vos habentur*, « figurent avant vous, vous précèdent », c'est-à-dire « soient vos ascendants ».

10. *In medio*, entre vous et votre origine première. — *In summo*, « in prima origine ». (J. Lipse).

corum spectemus¹ obliti meritorum? Servum tu quemquam² vocas libidinis et gulæ servus, et adulteræ, immo adulterarum commune³ mancipium? Servum vocas quemquam tu? Quo tandem ab istis gerulis⁴ raperis cubile⁵ istud tuum circumferentibus? quo te pænulati⁶ isti in militum quidem non vulgarem cultum⁷ subornati, quo, inquam, te isti efferunt? ad ostium alicujus ostiarii⁸, ad hortos alicujus ne ordinarium quidem⁹ habentis officium : et deinde negas tibi a servo tuo beneficium dari posse, cui osculum¹⁰ alieni servi beneficium est? [32] Quæ est ista tanta animi discordia¹¹? eodem tempore servos despicis et colis, imperiosus intra limen atque impotens, humilis foris et tam contemptus quam contemnens; neque enim ulli magis abjiciunt animos quam qui improbe tollunt, nullique ad calcandos alios paratiores quam qui contumelias facere accipiendo didicerunt.

(L. III, c. 18-25; c. 27-28.)

1. *Sortem eorum spectemus*, « que nous ne songions qu'à leur condition ».
2. *Quemquam*. V. Riemann, *Syntaxe*, § 13, *Rem.*, 4°.
3. *Commune* est amené par le pluriel *adulterarum*.
4. *Gerulis* = *lecticariis*.
5. *Cubile* = *lecticam*. Celui qui occupait la litière était couché sur un matelas ou sur un lit de plume, avec un oreiller pour soutenir la tête.
6. *Pænulati*. La *pænula* était un vêtement de dessus, un manteau sans manches, souvent muni d'un capuchon.
7. *In militum... cultum subornati*. Ces *lecticarii* portaient une espèce de livrée qui rappelait l'uniforme militaire (les soldats portaient une *pænula* de couleur rouge). V. *Rem.* 84.
8. *Ostium... ostiarii*. Ces mots sont rapprochés dans une intention satirique. V. *Rem.* 137,7°.
9. *Alicujus* (*servi*) etc. V. *Rem.* 66. — *Ne ordinarium quidem* etc. Les *ordinarii servi* étaient des esclaves de confiance, de première classe; ils pouvaient avoir des sous-ordres (*vicarii*), qu'ils achetaient avec leur *peculium*.
10. *Osculum*. Cf. VIII, 1.
11. *Discordia*, « contradiction inconséquence ».

XXXII

Le vétéran de César.

[1] Causam dicebat apud divum Julium ex veteranis quidam paulo violentior adversus vicinos suos[1] et causa premebatur. « Meministi, » inquit, « imperator, in Hispania[2] talum extorsisse te circa Sucronem[3]? » Cum Cæsar meminisse se dixisset : « Meministi quidem, » inquit, « sub quadam arbore minimum umbræ spargente cum velles residere ferventissimo sole et esset asperrimus locus, in quo ex rupibus acutis unica illa arbor eruperat, quemdam ex commilitonibus[4] pænulam[5] suam substravisse? » [2] Cum dixisset Cæsar : « Quidni meminerim? et quidem siti confectus, quia pedibus ire ad fontem proximum non poteram, repere manibus volebam, nisi commilito, homo fortis ac strenuus, aquam mihi in galea sua attulisset. » — « Potes ergo, » inquit, « imperator, agnoscere illum hominem aut illam galeam? » [3] Cæsar ait se non posse galeam cognoscere, hominem pulchre posse, et adjecit, puto obiratus, quod se a cognitione media ad veterem fabulam abduceret : « Tu utique ille non es. » — « Merito, » inquit, « Cæsar, me non agnoscis; nam cum hoc factum est, integer eram; postea ad Mundam[6] in acie oculus

---

1. *Adversus vicinos suos.* César avait récompensé ses vétérans en leur donnant des terres. Ces vieux braves, habitués au régime de la force brutale, molestaient souvent leurs voisins.

2. *In Hispania.* César fit deux expéditions en Espagne, l'une contre les lieutenants de Pompée, Petreius, Afranius et Varron (49 av. J.-C.), l'autre contre les fils de Pompée, Gnæus et Sextus (45). C'est vraisemblablement dans la première qu'il faut placer l'incident mentionné ici.

3. *Circa Sucronem*, le Sucro (auj. Xucar), fleuve de la Tarraconnaise.

4. *Commilitonibus* et au § 2 *commilito*. C'est le titre que César aimait à donner à ses soldats.

5. *Pænulam.* V. XXXI, 31, note sur *pænulati*.

6. *Ad Mundam*, dans la bataille où César défit complètement les fils de Pompée (45).

mihi effossus est et in capite lecta ossa[1]. Nec galeam illam, si videris, agnosces; machæra enim Hispana divisa est. » Vetuit illi exhiberi negotium Cæsar et agellos, in quibus vicinalis via causa rixæ ac litium fuerat, militi suo donavit.

(L. V, c. 24.)

XXXIII

Nous ne possédons véritablement que ce que nous avons donné.

[1] Egregie mihi videtur M. Antonius[2] apud Rabirium[3] poetam, cum fortunam suam[4] transeuntem alio videat et sibi nihil relictum præter jus mortis, id quoque[5] si cito occupaverit, exclamare :

Hoc habeo quodcumque dedi.

O quantum habere potuit, si voluisset! Hæ[6] sunt divitiæ certæ, in quacumque sortis humanæ levitate uno loco permansuræ[7]; quæ quo majores fuerint, hoc minorem habebunt invidiam. [2] Quid tamquam tuo parcis? procurator es[8]. Omnia ista, quæ vos tumidos et

---

1. *Lecta ossa. Ossa legere* se disait proprement des os du mort qui étaient recueillis après l'incinération ; par extension cette expression signifie « enlever, extraire les os (des corps vivants). »
2. *M. Antonius*, le triumvir.
3. *Rabirium*, poète épique du siècle d'Auguste, auteur d'un poème sur la guerre entre Octave et Antoine (*Bellum Actiacum*), dont quelques vers retrouvés dans un papyrus d'Herculanum pourraient bien être un fragment.
4. *Cum fortunam suam etc.*, après sa défaite à Actium. — *Alio*, adverbe : du côté d'Auguste.
5. *Id quoque etc.*, « et encore à condition... ». — *Id...occupaverit*, « en user en prévenant l'ennemi, avant que l'ennemi le lui enlève ».
6. *Hæ*, par attraction pour *hoc*, représente l'idée : « ce qu'on a donné ».
7. *Permansuræ*. V. *Rem.* 53. De même, plus bas (§ 2), *cruentaturas*.
8. *Procurator es*, « tu n'en es que l'administrateur ». Pour l'idée restrictive, cf. XXIX, 6.

supra humana elatos oblivisci cogunt vestræ fragilitatis, quæ ferreis claustris custoditis armati, quæ ex alieno sanguine rapta vestro defenditis, propter quæ classes cruentaturas maria deducitis, propter quæ quassatis urbes ignari, quantum telorum in aversos[1] fortuna comparet, propter quæ ruptis toties[2] affinitatis, amicitiæ, collegii fœderibus inter contendentes duos terrarum orbis[3] elisus est, non sunt vestra : in depositi causa[4] sunt jam jamque ad alium dominum spectantia; aut hostis illa aut hostilis animi successor invadet. [3] Quæris quomodo illa tua facias? dona dando. Consule igitur rebus tuis et certam tibi earum atque inexpugnabilem possessionem para, honestiores illas, non solum tutiores facturus[5]. Istud quod suspicis, quo te divitem ac potentem putas, quamdiu possides, sub nomine sordido jacet : domus est, servus est, nummi sunt; cum donasti, beneficium est.

(L. VI, c. 3.)

XXXIV

Une conscience délicate.

[1] Pythagoricus quidam emerat a sutore phæcasia[6], rem magnam[7], non præsentibus nummis. Post aliquot

---

1. *In (vos) aversos.*
2. *Ruptis toties* etc. Ceci se rapporte proprement à Octave et à Antoine, tandis que ce qui précède a un caractère plus général. — *Affinitatis*. Antoine avait épousé, après le traité de Brindes (40 av. J.-C.), Octavie, sœur d'Octave. — *Amicitiæ*. Octave et Antoine se jurèrent plusieurs fois amitié (formation du triumvirat; traités de Brindes et de Tarente). — *Collegii*, « de leur qualité de collègues », comme *triumviri rei publicæ constituendæ*.
3. *Terrarum orbis*, hyperbole qui s'explique par l'importance de la lutte.
4. *Causa*, « titre, caractère juridique ».
5. *Facturus*. V. Rem. 53.
6. *Phæcasia*, souliers grecs de couleur blanche.
7. *Rem magnam*, « grosse emplette (pour un homme comme lui) ». La pauvreté de l'honnête philosophe rend l'histoire plus touchante.

dies venit ad tabernam redditurus[1] et, cum clausam diu pulsaret, fuit qui diceret : « Quid perdis operam? sutor ille quem quæris elatus, combustus est; quod nobis fortasse molestum est, qui in æternum nostros amittimus, tibi minime, qui scis futurum ut renascatur[2], » jocatus in Pythagoricum. [2] At philosophus noster tres aut quattuor denarios[3] non invita manu[4] domum retulit subinde concutiens; deinde, cum reprehendisset hanc suam non reddendi tacitam voluptatem, intellegens arrisisse illud lucellum sibi, rediit ad eamdem tabernam et ait : « Ille tibi[5] vivit; redde quod debes. » Deinde per clostrum[6], qua se commissura laxaverat, quattuor denarios in tabernam inseruit ac misit, pœnas a se exigens improbæ cupiditatis, ne alieno assuesceret.

(L. VII, c. 21.)

XXXV

Comment on doit supporter l'ingratitude.

[1] Quæris rem maxime necessariam et in qua hanc materiam[7] consummari[8] decet, quemadmodum ingrati ferendi sint. Placido animo, mansueto, magno. [2] Numquam te tam inhumanus[9] et immemor et ingratus offendat, ut non tamen dedisse delectet; numquam in

---

1. *Redditurus (pretium)*, « pour payer ». V. *Rem.* 53, 3°. *Reddere* signifie fréquemment « donner ce qui est dû ».
2. *Renascatur*, suivant la doctrine pythagoricienne de la métempsycose.
3. *Denarios*. Le *denarius* valait à peu près 87 centimes.
4. *Non invita manu*. Sénèque localise spirituellement le sentiment qu'éprouve le sujet.
5. *Tibi*. V. *Rem.* 26.
6. *Clostrum = claustrum*. V. *Rem.* 1.
7. *Hanc materiam*, ce qui fait le sujet de ce traité (*De beneficiis*).
8. *Consummari*. Ce sera la fin et comme le couronnement de l'ouvrage.
9. *Numquam... tam inhumanus etc.*, pour *nemo umquam tam inhumanus etc.* V. *Rem.* 65.

has voces injuria impellat : « Vellem non fecisse. » Beneficii tui tibi etiam infelicitas[1] placeat; semper illum[2] pœnitebit, si te ne nunc quidem pœnitet. Non est quod indigneris, tamquam aliquid novi acciderit : magis mirari deberes, si non accidisset. [3] Alium labor[3], alium impensa deterret, alium periculum, alium turpis verecundia, ne, dum reddit, fateatur accepisse[4], alium ignorantia officii, alium pigritia, alium occupatio. Adspice, quemadmodum immensæ hominum cupiditates hient semper et poscant : non miraberis ibi neminem reddere, ubi nemo satis accepit. [4] Quis est istorum tam firmæ mentis ac solidæ, ut tuto apud eum beneficia deponas? Alius libidine insanit, alius abdomini servit, alius lucri totus est[5], cujus summam, non vias spectat, alius invidia laborat, alius cæca ambitione et in gladios irruente. Adjice torporem mentis ac senium[6] et contraria[7] huic inquieti pectoris agitationem tumultusque perpetuos; adjice æstimationem sui nimiam et tumorem, ob quæ contemnendus est, insolentem[8]. Quid contumaciam in perversa nitentium, quid levitatem semper alio[9] transsilientem loquar? [5] Huc accedat temeritas præceps et numquam fidele consilium daturus[10] timor et mille errores quibus volvimur, audacia timidissimorum, discordia familiarissimorum et publicum malum[11], incertissimis[12] fidere, fastidire possessa[13], quæ consequi posse spes non fuit.

---

1. *Infelicitas*, « le mauvais succès, l'insuccès ».
2. *Illum*, l'ingrat.
3. *Labor* (*reddendi*).
4. *Fateatur* (*se*) *accepisse*. V. Rem. 128.
5. *Lucri totus est*. V. Rem. 32.
6. *Senium*, au fig., synonyme de *torporem*.
7. *Contraria huic*, apposition à *agitationem tumultusque*. — *Huic* représente *torporem ac senium* : le pronom est au sing. parce que ces deux termes expriment au fond la même idée.
8. *Insolentem* (*iis* = *ob ea*), *ob quæ contemnendus est*.
9. *Alio*, adverbe.
10. *Daturus*. V. Rem. 53.
11. *Publicum malum*, apposition aux infinitifs qui suivent : *fidere... fastidire.* — *Publicum*, « général, commun, ordinaire ».
12. *Incertissimis*, neutre. V. Rem. 65.
13. *Possessa* n'est pas pris sub-

Inter affectus inquietissimos rem quietissimam, fidem, quæris?

[6] Si tibi vitæ nostræ vera imago succurret, videre videberis tibi captæ cum maxime¹ civitatis faciem, in qua omisso pudoris rectique respectu vires in consilio sunt² velut signo ad permiscenda omnia dato. Non igni, non ferro abstinetur; soluta legibus scelera sunt; ne religio quidem, quæ inter arma hostilia supplices texit³, ullum impedimentum est ruentium in prædam. [7] Hic ex privato, hic ex publico, hic ex profano, hic ex sacro rapit; hic effringit, hic transsilit⁴, hic non contentus angusto itinere ipsa, quibus arcetur, evertit et in lucrum ruina⁵ venit; hic sine cæde populatur, hic spolia cruenta manu gestat; nemo non fert aliquid ex altero⁶. In hac aviditate generis humani o ne⁷ tu nimis fortunæ communis oblitus es, qui quæris inter rapientes referentem⁸! [8] Si indignaris ingratos esse, indignare luxuriosos, indignare avaros, indignare impudicos, indignare ægros, deformes, senes, pallidos! Est istuc⁹ grave vitium, est intolerabile et quod dissociet homines, quod concordiam, qua imbecillitas nostra fulcitur, scindat ac dissipet, sed usque eo vulgare est, ut illud ne qui queritur quidem effugerit. [9] Cogita tecum an¹⁰ quibuscumque debuisti gratiam retuleris, an nullum umquam apud te perierit officium¹¹, an omnium te beneficiorum memoria comitetur. Videbis, quæ puero

---

stantivement, entendez : *fastidire possessa* (ea), *quæ etc.*, « dédaigner, une fois qu'on les a acquises, les choses que... ».

1. *Cum maxime*. V. Rem. 127.
2. *Vires in consilio sunt*, « on ne tient compte que de la force ». Cf. Q. Curce, III, 5, 12 : *Darius ergo cum tam superbas litteras scriberet, fortunam meam in consilio habuit* (« tint compte de ma mauvaise fortune »).
3. *Texit*. V. Rem. 40.

4. *Effringit... transsilit*, absolument; trad. : « vole avec effraction... par escalade ».
5. *Ruina*, ablatif de moyen.
6. *Ex altero*, « venant d'autrui, pris à autrui ».
7. *Ne*, particule confirmative. Cf. XVIII, 5.
8. *Referentem* = qui referat.
9. *Istuc*, l'ingratitude.
10. *An*. V. Rem. 95.
11. *Officium*, un bon office qui t'a été rendu.

data sunt, ante adulescentiam elapsa, quæ in juvenem collata sunt, non perdurasse in senectutem. Quædam perdidimus[1], quædam projecimus, quædam e conspectu nostro paulatim exierunt, a quibusdam oculos avertimus. [10] Ut excusem[2] tibi imbecillitatem tuam, in primis fragile est memoria[3] et rerum turbæ[4] non sufficit; necesse est, quantum recipit, emittat et antiquissima[5] recentissimis obruat. Sic factum est, ut minima apud te nutricis esset auctoritas[6], quia beneficium ejus longius ætas sequens posuit[7]; sic factum est, ut præceptoris tibi non[8] esset[9] ulla veneratio; sic evenit, ut circa[10] consularia occupato[11] comitia aut sacerdotiorum candidato[12] quæsturæ suffragator[13] excideret[14]. [11] Fortasse vitium, de quo quereris, si te diligenter excusseris[15], in sinu invenies. Inique publico crimini[16] irasceris, stulte[17] tuo; ut absolvaris, ignosce. Meliorem

---

1. *Quædam perdidimus, etc.* Les quatre termes *perdidimus, projecimus, e conspectu exierunt, oculos avertimus*, sont groupés deux par deux, et le second groupe reproduit sous une autre forme les idées énoncées dans le premier, c.-à-d. *e conspectu exierunt* correspond à *perdidimus* (= obliti sumus, action involontaire) et *oculos avertimus* à *projecimus* (action volontaire).

2. *Ut excusem etc.*, sous-ent. une idée intermédiaire : « je te dirai ceci ». V. *Rem.* 131. — *Tibi*, « à tes propres yeux ».

3. *Fragile est memoria.* V. *Rem.* 14. Cf. Sénèque le père, *Controv.* I, *præf.*, 2 : *Memoria est res ex omnibus animi partibus maxime delicata et fragilis.*

4. *Turbæ* = *multitudini*.

5. *Antiquissima*, « les plus anciennes impressions ».

6. *Auctoritas*, « considération ».

7. *Longius posuit* = *a te removit*.

8. *Non* = *non amplius*, « ne... plus ».

9. *Non esset*, « ne s'est pas conservée, a cessé d'être ».

10. *Circa.* V. *Rem.* 82.

11. *Occupato* (tibi).

12. *Sacerdotiorum candidato.* Cf. XXVIII, 7.

13. *Quæsturæ suffragator.* Cf. XXVII, 8.

14. *Excideret* (memoria, ex animo).

15. *Si te diligenter excusseris, etc.*, métaphore expressive. Cf. *De ira*, III, 26, 4 : *Quicquid... in alio reprehenditur, id unusquisque in sinu suo inveniet.*

16. *Crimini.* V. *Rem.* 10.

17. *Stulte*, adverbe. S'irriter contre l'ingratitude, c'est à la fois une injustice et une sottise : une injustice, parce que l'ingratitude est un vice commun, inhérent à la nature

illum[1] facies ferendo, utique pejorem exprobrando. Non est quod frontem ejus indures; sine, si quid est pudoris residui, servet. Sæpe dubiam[2] verecundiam vox conviciantis clarior rupit. Nemo id esse quod jam videtur timet; deprenso pudor demitur.

[12] « Perdidi beneficium. » Numquid quæ consecravimus, perdidisse nos dicimus? inter consecrata beneficium est, etiamsi male respondit[3], bene collatum. Non est ille[4], qualem speravimus? simus nos, quales fuimus, ei dissimiles. Damnum non tunc factum est, cum apparuit. Ingratus non sine nostro pudore protrahitur, quoniam quidem querela amissi beneficii non bene dati signum est. [13] Quantum possumus, causam ejus apud nos agamus : « Fortasse non potuit, fortasse ignoravit, fortasse facturus est. » Quædam nomina[5] bona lentus et sapiens creditor fecit, qui sustinuit[6] ac mora fovit. Idem nobis faciendum est : nutriamus fidem languidam.

[14] « Perdidi beneficium. » Stulte, non nosti detrimenti tui tempora : perdidisti, sed cum dares; nunc palam factum est[7]. Etiam in iis, quæ videntur in perdito[8], moderatio plurimum profuit[9] : ut corporum ita animorum molliter vitia tractanda sunt. Sæpe quod explicari[10] pertinacia potuit, violentia trahentis abruptum est. Quid opus est maledictis? quid querelis?

---

humaine (cf. *De ira*, III, 26, 3 : *Iniquus... est, qui commune vitium singulis objicit*); une sottise, parce que celui qui s'en irrite n'en est pas exempt lui-même. Le *publicum crimen* est en même temps *tuum crimen*.

1. *Illum*, l'ingrat.
2. *Dubiam*, « prête à s'évanouir ».
3. *Male respondit*. Cf. VI, 4.
4. *Ille*, comme *illum* (§ 11).
5. *Nomina*, « créances ». *Nomen* = nom (d'un débiteur ou d'un créancier), de là : créance ou dette figurant dans le *codex accepti et expensi*. V. LXII, 5.
6. *Sustinuit = exspectavit*, « a su attendre, a patienté ». Cf. XIII, 4 : *Sustine paulum*.
7. *Nunc palam factum est*, « maintenant la perte n'a fait que se découvrir. »
8. *In perdito (esse)*. V. Rem. 67.
9. *Profuit*. V. Rem. 40.
10. *Quod explicari* etc., métaphore tirée d'un écheveau embrouillé.

quid insectatione? quare illum[1] liberas[2]? quare dimittis? si ingratus est, jam nihil debet[3]. [15] Quæ ratio est exacerbare eum, in quem magna contuleris, ut ex amico dubio fiat non dubius inimicus et patrocinium sibi nostrā infamiā[4] quærat nec desit qui dicat[5] : « Nescio quid est, quod eum, cui tantum debuit, ferre non potuit : subest aliquid »? Nemo non superioris dignitatem querendo, etiamsi non inquinavit, adspersit; nec quisquam fingere contentus est levia, cum magnitudine mendacii[6] fidem quærat.

[16] Quanto illa melior via, qua servatur illi[7] species amicitiæ et, si reverti ad sanitatem velit, etiam amicitia! Vincit malos pertinax bonitas nec quisquam tam duri infestique adversus diligenda animi est, ut etiam in injuria[8] bonos non amet, quibus hoc quoque cœpit debere, quod impune non solvit. [17] Ad illa itaque cogitationes tuas flecte : « Non est relata mihi gratia : quid faciam? quod di, omnium rerum optimi auctores, qui beneficia ignorantibus dare incipiunt, ingratis perseverant. [18] Alius illis objicit neglegentiam nostri, alius iniquitatem; alius illos extra mundum suum projicit[9] et ignavos hebetesque sine luce[10],

1. *Illum*, ton obligé.
2. *Liberas*, tu le rends libre de toute obligation en le proclamant ingrat.
3. *Jam nihil debet*. Sénèque semble vouloir dire que l'obligation résultant d'un bienfait reçu n'existe qu'en tant qu'elle est reconnue.
4. *Nostra infamia*, « aux dépens de notre réputation ».
5. *Nec desit qui dicat, etc.* La malignité publique sera tentée de donner tort au bienfaiteur contre son obligé; elle soupçonnera le premier de s'être rendu insupportable et odieux au second.

6. *Cum magnitudine mendacii etc.* Plus une imputation est grave, plus le public a peine à croire qu'elle soit sans fondement.
7. *Illi*. Cf. § 11 et 12.
8. *Etiam in injuria* se joint à *bonos* : « ceux qui montrent de la bienveillance même quand on leur fait injure ». V. *Rem.* 66.
9. *Alius illos extra mundum suum projicit, etc.* Épicure.
10. *Sine luce*, dans le vide qui, d'après Épicure, sépare les mondes; dans les intermondes (τὰ μεταϰόσμια, *intermundia*). Cf. *De benef.*, IV, 19, 2 : *In medio intervallo hujus et alterius cœli desertus* (le

sine ullo opere destituit; alius[1] solem, cui debemus quod inter laborem quietemque tempus divisimus, quod non tenebris mersi confusionem æternæ noctis effugimus, qui annum cursu suo temperat[2] et corpora alit, sata evocat, percoquit fructus, saxum aliquod aut fortuitorum ignium globum et quidvis potius quam deum[3] appellat. [19] Nihilo minus tamen more optimorum parentum, qui maledictis suorum infantium[4] arrident, non cessant di beneficia congerere de beneficiorum auctore dubitantibus, sed æquali tenore bona sua per gentes populosque distribuunt, unam potentiam, prodesse[5], sortiti : spargunt opportunis imbribus terras, maria flatu movent, siderum cursu notant[6] tempora[7], hiemes æstatesque[8] interventu lenioris spiritus molliunt, errorem labentium animorum placidi ac propitii ferunt. [20] Imitemur illos; demus. etiamsi multa in irritum data sunt; demus nihilo minus aliis, demus ipsis, apud quos[9] facta jactura est. Neminem ad excitandas domos ruina deterruit[10], et cum penates ignis absumpsit, fundamenta tepente adhuc area ponimus et urbes haustas[11] sæpius[12] eidem solo credimus : adeo ad bonas spes pertinax[13] animus est ! Terra mari-

dieu d'Épicure) *sine animali, sine homine, sine re ruinas mundorum supra se circaque se cadentium evitat non exaudiens vota nec nostri curiosus.*

1. *Alius solem... saxum aliquod... appellat*, Anaxagore (500-428 av. J.-C.).

2. *Temperat*, « règle », par la succession des saisons.

3. *Quidvis potius quam deum*. Pour les stoïciens, les astres étaient des êtres divins. Cf. XIX, 5.

4. *Infantium*, et non *liberorum* (cf. XV, 2) : il s'agit des enfants qui n'ont pas encore l'âge de raison.

5. *Prodesse*, apposition à *unam potentiam*.

6. *Notant*, « indiquent ».

7. *Tempora*, « les différentes périodes du temps ».

8. *Hiemes æstatesque etc.*, par des brises rafraîchissantes en été, par des vents tièdes en hiver : *lenior* comprend cette double qualité.

9. *Apud quos*. Cf. § 9 : *Apud te perierit.*

10. *Ad excitandas domos... deterruit*. V. Rem. 81.

11. *Haustas*, « englouties », notamment par des tremblements de terre.

12. *Sæpius* détermine *haustas*.

13. *Ad bonas spes pertinax*. V. Rem. 81.

que humana opera cessarent, nisi male tentata retentare[1] libuisset.

[21] Ingratus est : non mihi fecit injuriam, sed sibi; ego beneficio meo, cum darem, usus sum; nec ideo pigrius dabo, sed diligentius : quod in hoc perdidi, ab aliis recipiam, sed huic ipsi beneficium dabo iterum et tamquam bonus agricola cura cultuque sterilitatem soli vincam. Perit mihi beneficium? isto omnibus[2]. Non est magni animi beneficium dare et perdere; hoc est magni animi, perdere et dare. »

(L. VII, c. 26-32.)

1. *Retentare = iterum tentare.*
2. *Isto omnibus (perit),* « quia bonæ frugis, immo bonæ spei esse desiit : inter desperatos est ». (J. Lipse.) Sénèque veut dire : la perte que j'éprouve n'est rien en comparaison de l'état misérable de l'ingrat endurci.

EPISTULÆ MORALES AD LUCILIUM

XXXVI

Le prix du temps.

[1] Ita fac[1], mi Lucili : vindica te tibi[2], et tempus, quod adhuc aut auferebatur[3], aut subripiebatur, aut excidebat, collige et serva. Persuade tibi hoc sic esse, ut scribo : quædam tempora eripiuntur nobis, quædam subducuntur, quædam effluunt. Turpissima tamen est jactura, quæ per neglegentiam fit; et si volueris attendere[4], magna pars vitæ elabitur male agentibus, maxima nihil agentibus, tota vita aliud[5] agentibus. [2] Quem mihi dabis, qui aliquod pretium tempori ponat, qui diem æstimet[6], qui intellegat se quotidie mori ? In hoc enim fallimur, quod mortem prospicimus[7] : magna pars ejus jam præteriit; quicquid ætatis retro est, mors tenet. Fac ergo, mi Lucili, quod facere te scribis : omnes horas complectere; sic fiet, ut minus ex crastino pendeas, si hodierno manum injeceris. Dum differtur vita, transcurrit. [3] Omnia, Lucili, aliena sunt,

---

1. *Ita fac.* Sénèque approuve la résolution que Lucilius vient de lui communiquer. Cf. § 2 : *Fac ergo, etc.*

2. *Vindica te tibi*, « rends-toi à toi-même ». Cf. *De brevitate vitæ* : 2, 3 : *Nemo se sibi vindicat, alius in alium consumimur.* Lucilius, en sa qualité de procurateur de Sicile, était accablé d'affaires.

3. *Auferebatur... subripiebatur... excidebat.* A ces trois termes correspondent exactement *eripiuntur... subducuntur... effluunt.* O

nous prend notre temps malgré nous (*aufertur, eripitur*), ou à notre insu (*subripitur, subducitur*), ou nous le perdons par notre négligence (*excidit, effluit*).

4. *Si volueris attendere*, sous-ent. une idée intermédiaire : « tu verras... ». V. *Rem.* 131.

5. *Aliud*, autre chose que ce qu'on devrait faire.

6. *Æstimet*, « connaisse la valeur de... ».

7. *Prospicimus*, « nous ne voyons... que devant nous ».

tempus tantum nostrum est. In hujus rei unius fugacis ac lubricæ possessionem natura nos misit, ex qua expellit[1] quicumque vult; et[2] tanta stultitia mortalium est, ut quæ minima et vilissima sunt, certe reparabilia, imputari sibi, cum impetravere, patiantur, nemo se judicet quicquam debere, qui tempus accepit[3], cum interim[4] hoc unum est, quod ne gratus[5] quidem potest reddere. [4] Interrogabis fortasse, quid ego faciam, qui tibi ista[6] præcipio. Fatebor ingenue : quod apud luxuriosum[7] sed diligentem[8] evenit, ratio mihi constat impensæ; non possum dicere nihil perdere[9], sed quid perdam et quare et quemadmodum, dicam; causas paupertatis meæ reddam. Sed evenit mihi, quod plerisque non suo vitio[10] ad inopiam redactis : omnes ignoscunt, nemo succurrit. [5] Quid ergo est[11]? Non puto pauperem, cui quantulumcumque superest, sat est. Tu tamen malo serves tua, et bono tempore incipies[12]; nam ut visum est majoribus nostris, sera[13] parsimonia in fundo est : non enim tantum minimum in imo, sed pessimum remanet. Vale.

(Ep. 1.)

1. *Ex qua expellit etc.*, en abusant de notre faiblesse ou de notre imprévoyance.
2. *Et* = et tamen. V. Rem. 115.
3. *Qui tempus accepit.* Le temps qu'on consacre aux autres est un cadeau qu'on leur fait.
4. *Cum interim.* V. Rem. 106.
5. *Gratus*, « s'il est reconnaissant ».
6. *Ista.* On attendrait hæc. V. Rem. 72, 2°.
7. *Luxuriosum*, « dépensier ».
8. *Diligentem*, « qui a de l'ordre ».
9. *Dicere (me) nihil perdere.* V. Rem. 128.
10. *Vitio* = culpa.
11. *Quid ergo est?* « Qu'est-ce que cela fait? » = « n'importe, après tout ».
12. *Et bono tempore incipies*, phrase concise, pour : *et si jam nunc servare tua incipies, bono adhuc tempore incipies*, « et si tu veux commencer tout de suite, il en est temps encore ».
13. *Sera* etc. Cf. Hésiode, *Travaux et jours*, v. 369 : δειλὴ δ'ἐνὶ πυθμένι φειδώ. Sénèque, *Epist.* 108, 26 : *Quemadmodum ex amphora primum quod est, sincerissimum effluit, gravissimum quodque turbidumque subsidit, sic in ætate nostra quod est optimum, in primo est : id exhauriri aliis potius patimur, ut nobis fæcem reservemus?*

XXXVII

De la lecture

[1] Ex iis quæ mihi scribis et ex iis quæ audio, bonam spem de te concipio. Non discurris nec locorum mutationibus inquietaris. Ægri animi ista jactatio[1] est. Primum argumentum compositæ mentis[2] existimo posse consistere et secum morari.

[2] Illud autem vide, ne ista lectio auctorum[3] multorum et omnis generis voluminum habeat aliquid vagum et instabile : certis ingeniis immorari et innutriri oportet, si velis aliquid trahere, quod in animo fideliter sedeat. Nusquam est, qui ubique est. Vitam in peregrinatione exigentibus hoc evenit, ut multa hospitia habeant, nullas amicitias : idem accidat necesse est iis qui nullius se ingenio familiariter applicant, sed omnia cursim et properantes transmittunt. [3] Non prodest cibus nec corpori accedit, qui statim sumptus emittitur[4]; nihil æque sanitatem[5] impedit quam remediorum crebra mutatio; non venit vulnus ad cicatricem in quo medicamenta tentantur[6]; non convalescit planta quæ sæpe transfertur : nihil tam utile est, ut in transitu prosit[7]. Distringit librorum multitudo; itaque cum legere non possis quantum habueris, satis est habere quantum legas. [4] « Sed[8] modo, » inquis, « hunc librum evolvere volo, modo illum. » Fastidientis stomachi est multa degustare, quæ ubi

---

1. *Jactatio*, « agitation ».
2. *Compositæ mentis*. L'idéal du stoïcisme est le calme intérieur, l'équilibre parfait d'une âme maîtresse de soi et exempte de passions ($\dot{\alpha}\pi\dot{\alpha}\theta\epsilon\iota\alpha$).
3. *Auctorum*, spécialement des philosophes.
4. *Statim sumptus emittitur* = statim, ut sumptus est, emittitur.
5. *Sanitatem*, « le retour à la santé, la guérison ».
6. *Tentantur*, « on ne fait qu'essayer ».
7. *Prosit*, il ne peut produire ses effets salutaires.
8. *Sed*, au lieu de *at*. V. *Rem.* 123.

varia sunt et diversa [1], inquinant [2], non alunt. Probatos [3] itaque semper lege, et si quando ad alios diverti libuerit, ad priores redi. Aliquid quotidie adversus paupertatem, aliquid adversus mortem auxilii compara, nec minus adversus ceteras pestes; et cum multa percurreris, unum [4] excerpe, quod illo die concoquas. [5] Hoc ipse quoque facio : ex pluribus quæ legi aliquid apprehendo [5]. Hodiernum hoc est, quod apud Epicurum [6] nanctus sum (soleo enim et in aliena castra transire, non tamquam transfuga, sed tamquam explorator) : « Honesta, » inquit, « res est læta [7] paupertas. » [6] Illa vero non est paupertas, si læta est : cui cum paupertate bene convenit [8], dives est; non qui parum [9] habet, sed qui plus [10] cupit, pauper est. Quid enim refert quantum illi in arca, quantum in horreis jaceat, quantum pascat aut fœneret, si alieno imminet [11], si non acquisita, sed acquirenda computat? Quis sit divitiarum modus quæris? Primus, habere quod necesse est; proximus [12], quod sat est. Vale.

(Ep. 2.)

1. *Diversa*, « contraires, opposés », ne fait point pléonasme avec *varia*.

2. *Inquinant*, « salissent, encrassent, gâtent (l'estomac) ».

3. *Probatos (auctores)*, « les auteurs les plus estimés, les meilleurs, les grands, les classiques ».

4. *Unum*, « une pensée ».

5. *Apprehendo*, « je m'approprie ».

6. *Apud Epicurum*. Épicure (342-270 av. J.-C.), fondateur d'une des principales sectes philosophiques de la Grèce. Les stoïciens et les épicuriens plaçant le souverain bien, ceux-ci dans le plaisir, ceux-là dans la vertu, étaient continuellement aux prises ; de là, *in aliena castra* etc. Pour la philosophie de Sénèque et son jugement sur Épicure, v. la *Notice*.

7. *Læta*, « contente ».

8. *Cui bene convenit*, « celui qui s'entend bien avec..., qui s'accommode de... ».

9. *Parum*, « peu », et non pas « trop peu ».

10. *Plus*, « plus qu'il n'a ».

11. *Imminet*, proprement : « est prêt à tomber sur... », de là : « convoite ».

12. *Primus... proximus*. On peut s'arrêter au premier degré, on ne doit pas dépasser le second.

XXXVIII

Du choix des amis.

[1] Epistulas ad me perferendas tradidisti, ut scribis[1], amico tuo; deinde admones me, ne omnia cum eo ad te pertinentia communicem, quia non soleas[2] ne ipse quidem id facere : ita in eadem epistula illum et dixisti amicum et negasti, itaque sic priore illo verbo[3] quasi publico[4] usus es et sic illum amicum vocasti, quomodo omnes candidatos[5] bonos viros[6] dicimus, quomodo obvios, si nomen non succurrit, dominos[7] salutamus. Hac abierit[8]! [2] Sed si aliquem amicum existimas[9], cui non tantumdem credis quantum tibi, vehementer erras et non satis nosti vim veræ amicitiæ : tu vero omnia cum amico delibera, sed de ipso prius. Post amicitiam[10] credendum est[11], ante amicitiam judicandum. Isti vero præpostero[12] officia permiscent, qui

---

1. *Ut scribis* porte sur *amico tuo*.
2. *Quia non soleas*, le subjonctif, parce que Sénèque reproduit la pensée de Lucilius.
3. *Priore illo verbo*, le mot (*amicus*) que tu as employé d'abord pour caractériser la nature de tes relations avec la personne en question. Le terme qui devrait correspondre à *priore* n'est pas exprimé, mais l'idée en est contenue dans *deinde admones me, etc.* : cet avis est l'équivalent d'un *posterius verbum*, d'un second trait caractéristique.
4. *Publico*, « général, qui s'applique à tout le monde, banal ».
5. *Candidatos*, les candidats aux charges publiques que nous appuyons, que nous recommandons.
6. *Bonos viros*. Dans les recommandations électorales peintes sur les murailles de Pompéi, le nom du candidat est souvent suivi des mots *virum bonum* ou en abrégé V. B. Ex. : *P. Fur(ium) duumv(irum) v(irum) b(onum) o(ro) v(os) f(aciatis)*.
7. *Dominos*, comme en français « monsieur ».
8. *Hac abierit*, m. à m. : « que la chose passe (s'en aille) par là », c.-à-d. : « si tu l'entends ainsi, passe ».
9. *Si... existimas*, « si tu crois sérieusement ».
10. *Post amicitiam... ante amicitiam*. V. Rem. 132.
11. *Credendum est*, « il faut témoigner de la confiance ».
12. *Præpostero*. V. Rem. 5.

contra præcepta Theophrasti[1], cum amaverunt, judicant, et non amant, cum judicaverunt. Diu cogita, an[2] tibi in amicitiam aliquis recipiendus sit; cum placuerit fieri, toto illum pectore admitte : tam audaciter cum illo loquere quam tecum. [3] Tu quidem ita vive, ut nihil tibi committas, nisi quod committere etiam inimico tuo possis; sed quia[3] interveniunt quædam, quæ consuetudo facit arcana, cum amico omnes curas, omnes cogitationes tuas misce. Fidelem si putaveris, facies; nam quidam fallere docuerunt, dum timent falli, et illi[4] jus[5] peccandi suspicando fecerunt. Quid est, quare ego ulla verba coram amico meo retraham? quid est, quare me coram illo non putem solum? [4] Quidam quæ tantum amicis committenda sunt, obviis narrant et in quaslibet aures, quicquid illos urit[6], exonerant; quidam rursus[7] etiam carissimorum conscientiam[8] reformidant, et si possent, ne sibi quidem credituri[9], interius premunt omne secretum. Neutrum faciendum

---

1. *Theophrasti.* Théophraste, d'Érèse, ville de l'île de Lesbos (mort vers 287, à l'âge de 85 ans), succéda à Aristote, dont il avait été le disciple et l'ami, comme chef de l'école péripatéticienne. Il composa de nombreux ouvrages. Plutarque, dans son traité *Sur l'amour fraternel*, cite le précepte auquel Sénèque fait allusion : Τοὺς μὲν γὰρ ἀλλοτρίους, ὡς ἔλεγε Θεόφραστος, οὐ φιλοῦντα δεῖ κρίνειν, ἀλλὰ κρίναντα φιλεῖν.

2. *An.* V. *Rem.* 93.

3. *Sed quia* etc. explique pourquoi l'ami *seul* doit être le confident de *toutes* nos pensées. L'honnête homme n'a rien à cacher, mais il se conforme à l'usage, qui ne permet pas de prendre tout le monde pour confident.

4. *Illi* = *amico.*

5. *Jus.* « L'expression est bien forte : la défiance ne peut autoriser ni justifier la perfidie, mais elle donne souvent l'envie de tromper ». (R. Aubé.)

6. *Urit,* « pèse ». *Urere* désigne souvent la sensation de brûlure que produit la compression ou le poids d'un objet qui froisse les chairs. Horace, *Epist.*, I, 10,43 : *Si minor (pede calceus erit), uret.* Id., *ibid.*, I, 13,6 : *Si te forte meæ gravis uret sarcina chartæ.* La métaphore *urit... exonerant* n'est donc pas incohérente.

7. *Rursus,* « au contraire ».

8. *Conscientiam,* dans le sens étymologique du mot. Trad. *conscientiam reformidat* par : « craignent de s'ouvrir ».

9. *Si possent... credituri.* V. *Rem.* 53,4°.

est : utrumque enim vitium[1] est, et omnibus credere et nulli; sed alterum honestius dixerim vitium, alterum tutius.

(Ep. 3, §§ 1-4.)

XXXIX
De l'amitié et de l'exemple.

[1] Intellego, Lucili, non emendari me tantum, sed transfigurari. Nec[2] hoc promitto jam aut spero, nihil in me superesse, quod mutandum sit : quidni multa habeam, quæ debeant corrigi, quæ extenuari[3], quæ attolli? Et hoc ipsum argumentum est in melius translati animi[4], quod vitia sua, quæ adhuc ignorabat, videt. Quibusdam ægris[5] gratulatio fit, cum ipsi ægros se esse senserunt. [2] Cuperem itaque tecum communicare[6] tam subitam mutationem mei : tunc amicitiæ nostræ certiorem fiduciam habere cœpissem, illius veræ, quam non spes, non timor, non utilitatis suæ cura divellit, illius, cum qua homines moriuntur, pro qua moriuntur. [3] Multos tibi dabo, qui non amico[7], sed amicitia[8] caruerunt. Hoc non potest accidere, cum

1. *Vitium*, attribut.
2. *Nec = nec tamen.* V. Rem. 120.
3. *Quæ extenuari*, etc. « *Extenuari*, ubi tumidi affectus; *attolli*, ubi viles et depressi ». (J. Lipse.) — *Attolli*, « être relevé », est opposé à *extenuari*; mais l'antithèse eût été plus exacte si Sénèque avait écrit : *deprimi... attolli*, ou *extenuari... confirmari (corroborari)*.
4. *In melius translati animi*, « du perfectionnement moral ».
5. *Quibusdam ægris* etc. Il ne s'agit pas ici des maladies mentales, comme le pensait Juste Lipse, mais de certaines maladies qui engourdissent ou suppriment pour un temps la sensibilité et empêchent ainsi le malade de se rendre compte de la gravité de son état.
6. *Tecum communicare*, « te faire partager, te faire participer à... », c.-à-d. « produire en toi un changement analogue ».
7. *Amico*, dans le sens banal mentionné XXXVIII, 1.
8. *Amicitia*, « de la véritable amitié ». Les noms abstraits en latin ont souvent ce sens prégnant.

animos in societatem honesta cupiendi¹ par voluntas trahit. Quidni non possit²? sciunt enim ipsos³ omnia habere communia, et quidem⁴ magis adversa. [4] Concipere animo non potes, quantum momenti⁵ afferre mihi singulos dies videam. « Mitte, » inquis, « et nobis ista, quæ tam efficacia expertus es. » Ego vero omnia in te cupio transfundere, et in hoc⁶ aliquid gaudeo discere, ut doceam ; nec me ulla res delectabit, licet sit eximia et salutaris, quam mihi uni sciturus sum. Si cum hac exceptione detur sapientia, ut illam inclusam teneam nec enuntiem, rejiciam. Nullius boni sine socio jucunda possessio est. Mittam itaque ipsos tibi libros ; et ne multum operæ impendas, dum passim profutura sectaris, imponam notas⁷, ut ad ipsa protinus, quæ probo et miror, accedas. [5] Plus tamen tibi et viva vox et convictus quam oratio⁸ proderit : in rem præsentem venias⁹ oportet, primum quia homines amplius oculis¹⁰ quam auribus credunt, deinde quia longum iter est per præcepta, breve et efficax¹¹ per

1. *Cupiendi* dépend de *societatem.*

2. *Quidni non possit?* « Comment ce malheur ne serait-il pas impossible ? »

3. *Ipsos,* « eux et leurs amis ». Se se rapporterait au sujet seul. — *Omnia habere communia.* Cf. le proverbe grec : κοινὰ τὰ τῶν φίλων. Térence, *Adelph.*, v. 803-804 :

Nam vetus verbum hoc [quidemst,
Communia esse amicorum inter [se omnia.

4. *Et quidem* etc. Entendez : et quidem adversa magis (quam cetera).

5. *Momenti. Momentum* = « ce qui fait pencher la balance, ce qui s'ajoute comme poids », ici : « progrès ».

6. *In hoc... ut.* V. Rem. 84.

7. *Notas,* non pas « des annotations, des commentaires », mais de simples signes, des marques tracées à l'encre.

8. *Oratio,* « les plus beaux discours (écrits) ».

9. *In rem præsentem venias,* « que tu aies la réalité sous les yeux ».

10. *Oculis* correspond à *viva vox* (et *convictus*), *auribus* à *oratio* (« discours écrits »), ce qui à première vue semble contradictoire ; mais, au fond, *oculis* désigne la perception directe des choses (par la vue ou par l'ouïe) et *auribus* la connaissance par intermédiaire (lecture ou rapport verbal).

11. *Efficax.* La métaphore avec *iter* ne se soutient pas. Trad. *efficax* par « sûr ».

exempla. Zenonem[1] Cleanthes[2] non expressisset[3], si tantummodo audisset : vitae ejus interfuit, secreta perspexit, observavit illum[4], an ex formula sua viveret. Platon et Aristoteles[5] et omnis in diversum itura[6] sapientium turba plus ex moribus quam ex verbis Socratis traxit. Metrodorum[7] et Hermarchum et Polyænum magnos viros non schola Epicuri, sed contubernium[8] fecit. Nec in hoc[9] te accerso tantum, ut proficias, sed ut prosis[10] : plurimum enim alter alteri conferemus.

(Ep. 6, §§ 1-6.)

XL.

Il faut fuir la foule.

[1] Quid tibi vitandum praecipue existimes[11], quaeris :

1. *Zenonem*, Zénon de Citium, ville de l'île de Chypre (342-270 av. J.-C. environ), le fondateur du stoïcisme.
2. *Cleanthes*, Cléanthe d'Assos, ville de la Troade (331-251 av. J.-C.), successeur de Zénon et l'un des plus beaux caractères de l'antiquité.
3. *Non expressisset*, « n'eût pas reproduit l'image de..., n'eût pas fait revivre ».
4. *Observavit illum, an...* V. Riemann, *Syntaxe*, § 174, rem. II. — Pour *an*, v. Rem. 95.
5. *Aristoteles*. Sénèque commet ici une erreur : Socrate mourut en 399 av. J.-C., quinze ans avant la naissance d'Aristote.
6. *Et omnis in diversum itura* etc. Parmi les auditeurs de Socrate figuraient Antisthène, le fondateur de l'école cynique, Aristippe, le fondateur de l'école cyrénaïque, et Euclide, le fondateur de l'école mégarienne. Ces écoles suivaient des voies différentes ou même opposées. — Pour *itura*, v. Rem. 53.
7. *Metrodorum, etc.* Métrodore et Polyen, disciples favoris d'Épicure, moururent avant lui. Hermarque lui succéda comme chef de l'école.
8. *Contubernium*. Épicure vivait avec ses disciples sur le pied de la plus grande intimité.
9. *In hoc... ut.* Cf. plus haut (§ 4).
10. *Ut prosis (mihi)*.
11. *Quid... existimes*, « ce qu'il faut que tu croies ». La proposition interrogative, dans le style direct, serait une proposition indépendante au subjonctif (subjonctif délibératif). Lucilius se pose la question : *quid existimem?* « Que faut-il que je croie ? » Cf. XIV, 6; XLII, 2.

turbam[1] ; nondum illi[2] tuto committeris. Ego certe confitebor imbecillitatem meam : numquam mores, quos extuli[3], refero. Aliquid ex eo quod composui[4] turbatur; aliquid ex his quæ fugavi redit. Quod ægris evenit, quos longa imbecillitas usque eo affecit, ut nusquam sine offensa proferantur, hoc accidit nobis, quorum animi ex longo morbo reficiuntur[5]. [2] Inimica est multorum conversatio[6] : nemo non aliquod nobis vitium aut commendat[7] aut imprimit aut nescientibus allinit. Utique quo major est populus, cui miscemur, hoc periculi plus est. [3] Nihil vero tam damnosum bonis moribus quam in aliquo spectaculo desidere; tunc enim per voluptatem facilius vitia subrepunt. Quid me existimas dicere? avarior redeo, ambitiosior, luxuriosior, immo vero crudelior et inhumanior[8], quia inter homines fui. [4] Casu in meridianum spectaculum[9] incidi lusus exspectans et sales[10] et aliquid laxamenti, quo hominum oculi ab humano cruore acquiescant[11] : contra est. Quicquid ante pugnatum est[12],

1. *Turbam*, « la foule ».
2. *Nondum illi etc.* = *nondum tutum est te illi committi*.
3. *Quos extuli*, entendez : *cum in publicum prodii*.
4. *Composui*. Cf. XXXVII, 1 : *compositæ mentis*.
5. *Reficiuntur*, la guérison morale n'est pas encore complète.
6. *Multorum conversatio*, « le contact ou le commerce avec le grand nombre ».
7. *Commendat*, « donne le goût de... ».
8. *Inhumanior... inter homines*, rapprochement plein d'amertume. V. Rem. 137, 7°.
9. *In meridianum spectaculum*. Les jeux de l'amphithéâtre duraient souvent toute la journée. C'étaient le matin des combats de bêtes et des chasses (*venationes*; cf. I, 4); l'après-midi, des combats de gladiateurs; à midi, il y avait une sorte d'entr'acte : beaucoup de spectateurs se retiraient pour prendre leur repas; afin d'amuser tant bien que mal ceux qui restaient, on forçait à s'entr'égorger des criminels sans expérience de l'art de l'escrime et dépourvus d'armes défensives.
10. *Lusus... et sales*, quelque chose comme les intermèdes exécutés aujourd'hui par les clowns.
11. *Quo... acquiescant*, le présent du subjonctif, parce que l'idée est générale et s'étend à tous les temps : « quelque divertissement fait pour..., un de ces divertissements qui sont faits pour... ».
12. *Quicquid ante pugnatum est*, « tous les combats précédents », par analogie avec la construction

misericordia fuit : nunc omissis nugis mera homicidia sunt. Nihil habent[1] quo tegantur; ad ictum totis corporibus expositi numquam frustra manum mittunt[2]. [5] Hoc plerique ordinariis paribus[3] et postulaticiis præferunt. Quidni præferant? non galea, non scuto repellitur ferrum. Quo munimenta? quo artes? omnia ista[4] mortis moræ sunt. Mane leonibus et ursis homines, meridie spectatoribus suis objiciuntur. Interfectores[5] interfecturis jubent[6] objici et victorem in aliam detinent cædem : exitus[7] pugnantium mors est; ferro et igne[8] res geritur. Hæc fiunt, dum vacat arena. [6] « Sed[9] latrocinium[10] fecit aliquis.» Quid ergo? « Occidit hominem. » Quia occidit ille, meruit ut hoc pateretur : tu quid meruisti miser, ut hoc spectes? « Occide, verbera, ure[11]! quare tam timide incurrit in ferrum? quare parum audacter occidit? quare parum libenter

pugnam pugnare. — *Misericordia fuit* est bien plus énergique que ne le serait par exemple *plenum misericordia fuit*.

1. *Habent*, savoir les combattants.

2. *Manum mittunt*, « ils portent un coup (une botte), ils frappent ».

3. *Ordinariis paribus*, « aux couples ordinaires de gladiateurs », qui figuraient sur le programme des jeux. — *Postulaticiis*, « aux couples extraordinaires », composés de sujets d'élite, qu'on n'accordait qu'à la demande expresse du peuple. — Les *paria ordinaria* et *postulaticia* ne comprenaient naturellement que des gladiateurs de profession.

4. *Omnia ista etc.*, « tout cela n'est bon qu'à... ».

5. *Interfectores*, « ceux qui viennent de tuer ». — *Interfecturis*, « à ceux qui doivent les tuer à leur tour ». V. Rem. 63, 1°.

6. *Jubent*, savoir les spectateurs.

7. *Exitus etc.*, « la seule issue... ».

2. *Ferro et igne*, au figuré : « par tous les moyens de destruction, sans pitié ni merci ». Cf. T.-Live, I, 59, 1 : ... me *L. Tarquinium Superbum... ferro, igni, quacumque dehinc vi possim, exacturum*.

8. *Sed*, au lieu de *at*. V. Rem. 123.

9. *Latrocinium etc.* Les brigands, les assassins, etc., étaient condamnés à descendre dans l'arène. C'était une aggravation de la peine capitale.

10. *Occide*, « donne le coup de grâce (au vaincu) ». — Sénèque rend avec vivacité les sentiments de la foule.

11. *Verbera, ure*. On poussait au combat, avec des fouets et des fers rouges, les gladiateurs hésitants et timides.

moritur? » Plagis agitur in vulnera : « Mutuos ictus nudis et obviis pectoribus excipiant. » Intermissum est spectaculum : « Interim jugulentur homines, ne nihil agatur. » Age, ne hoc quidem intellegitis, mala exempla in eos redundare, qui faciunt? Agite dis immortalibus gratias, quod cum[1] docetis esse crudelem, qui non potest discere. [7] Subducendus populo est tener animus et parum tenax recti : facile transitur ad plures[2]. Socrati et Catoni et Laelio[3] excutere morem suum dissimilis multitudo potuisset : adeo[4] nemo nostrum, qui cum maxime[5] concinnamus ingenium, ferre impetum vitiorum tam magno comitatu venientium potest. [8] Unum exemplum luxuriae aut avaritiae multum mali facit, convictor delicatus paulatim enervat et emollit, vicinus dives cupiditatem irritat, malignus comes quamvis[6] candido et simplici rubiginem suam affricuit[7] : quid tu accidere his moribus credis, in quos publice factus est impetus? [9] Necesse est aut imiteris, aut oderis; utrumque autem devitandum est, neve similis malis fias, quia multi sunt, neve inimicus multis, quia dissimiles sunt. Recede in te ipsum, quantum potes; cum his versare, qui te meliorem facturi

---

1. *Eum etc.* Nous pensons, avec la plupart des commentateurs, que Sénèque fait allusion à Néron. On objecte qu'à l'époque où Sénèque écrivit cette lettre, Néron avait déjà fait périr Britannicus, Agrippine, etc. Mais c'étaient là des drames domestiques. Les mots *agite dis immortalibus gratias* montrent qu'il s'agit de la conduite du prince à l'égard du peuple; celui-ci n'avait pas eu, en somme, à se plaindre de la cruauté de Néron. — *Docetis*, « vous essayez d'enseigner ». — *Qui non potest discere.* La proposition relative renferme l'idée essentielle de la phrase.

2. *Ad plures,* « du côté du plus grand nombre, de la majorité ».

3. *Socrati... Catoni... Laelio,* trois types de vertu et de sagesse. — Pour Socrate, v. XXXIX, 5. — *Catoni,* Caton d'Utique, l'idéal du sage, d'après Sénèque. — *Laelio,* Laelius, surnommé *Sapiens,* l'ami de Scipion Émilien.

4. *Adeo.* V. *Rem.* 98.

5. *Qui cum maxime etc.,* « nous qui sommes précisément en train de former, de régler... », donc : « nous qui sommes encore loin d'être des sages ». Pour *cum maxime,* v. *Rem.* 127.

6. *Quamvis,* « le plus... ».

7. *Affricuit.* V. *Rem.* 40. Pour la métaphore, cf. LXIII, 14.

sunt; illos admitte, quos tu potes facere meliores : mutuo ista fiunt, et homines, dum docent, discunt. [10] Non est quod te gloria[1] publicandi ingenii producat in medium, ut recitare[2] istis velis aut disputare[3], quod facere te vellem, si haberes isti populo idoneam mercem. Nemo est[4], qui intellegere te possit. Aliquis fortasse, unus aut alter incidet, et hic ipse formandus tibi erit instituendusque ad intellectum tui. « Cui ergo ista didici? » Non est quod timeas, ne operam perdideris, si tibi didicisti.

[11] Sed ne soli mihi hodie didicerim, communicabo tecum, quæ occurrerunt mihi egregie dicta circa[5] eumdem fere sensum tria; ex quibus unum hæc epistula in debitum solvet[6], duo in antecessum accipe. Democritus[7] ait : « Unus mihi pro populo est, et populus pro uno. » [12] Bene et ille, quisquis fuit (ambigitur enim de auctore), cum quæreretur ab illo, quo tanta diligentia artis spectaret ad paucissimos perventuræ[8] : « Satis sunt, » inquit, « mihi pauci, satis est unus, satis est nullus. » Egregio hoc tertium Epicurus, cum uni ex consortibus studiorum suorum scriberet : « Hæc, » inquit, « ego non multis, sed tibi; satis enim magnum alter alteri theatrum[9] sumus. » [13]

1. *Gloria*, « la gloriole ».
2. *Recitare*, « lire les ouvrages en public », devant un cercle d'invités. Les *recitationes* ou lectures publiques étaient à la mode depuis Auguste. Cf. Horace, *Sat.*, I, 4, 23, 73 et suiv.; *Epist.*, I, 19, 37 et suiv.
3. *Disputare*, « faire des conférences (philosophiques) » sur des sujets proposés par les auditeurs.
4. *Nemo est*, asyndète adversatif.
5. *Circa*. V. *Rem*. 82.
6. *In debitum solvet*. Dans ses épîtres précédentes, Sénèque avait pris l'habitude d'ajouter au corps de la lettre une maxime tirée de quelque philosophe antérieur, avec un bref commentaire. Il considère ce petit supplément comme une sorte de tribut qu'il s'est engagé à payer à Lucilius.
7. *Democritus*, Démocrite d'Abdère (ve siècle av. J.-C.), un des plus profonds penseurs de l'antiquité.
8. *Ad paucissimos perventuræ*, « que bien peu d'hommes sauraient apprécier ». *Pervenire ad* = « pénétrer dans l'intelligence de... ». — *Perventuræ*. V. *Rem*. 53.
9. *Theatrum*, « public ».

Ista, mi Lucili, condenda in animum sunt, ut contemnas voluptatem ex plurium assensione venientem. Multi te laudant : et quid habes, cur placeas tibi, si is es, quem intellegant multi? introrsus bona tua[1] spectent[2]. Vale.

(Ep. 7.)

XLI

La vieillesse.

[1] Quocumque me verti, argumenta senectutis meæ video. Veneram in suburbanum meum et querebar de impensis[3] ædificii dilabentis. Ait villicus mihi « non esse neglegentiæ suæ vitium[4]; omnia se facere, sed villam veterem esse. » Hæc villa inter manus meas crevit : quid mihi futurum est, si jam putria sunt ætatis meæ saxa? [2] Iratus illi[5] proximam stomachandi occasionem arripio. « Apparet, » inquam, « has platanos neglegi : nullas habent frondes; quam nodosi sunt et retorridi rami, quam tristes et squalidi trunci! Hoc non accideret, si quis has circumfoderet[6], si irrigaret. » Jurat per genium meum[7] se omnia facere, in nulla re cessare curam suam, sed illas vetulas esse. Quod intra nos sit[8], ego illas posueram, ego illarum primum videram folium. [3] Conversus ad januam : « Quis est, » inquam, « iste decrepitus et

---

1. *Bona tua*, « tes mérites ».
2. *Introrsus... spectent*, « soient tournés vers l'intérieur, » c.-à-d. « soient renfermés en toi-même ».
3. *De impensis*, les dépenses qu'entraînaient les réparations.
4. *Vitium* = *culpam*. Cf. XXXVI, 4.
5. *Illi* = *villico*.
6. *Has circumfoderet*, « bêchait à leur pied ».
7. *Per genium meum*. Les esclaves juraient par le *genius* de leur maître. Chaque homme avait son *genius*, esprit qui présidait à sa destinée, personnification de son activité et de sa force vitale.
8. *Quod intra nos sit,* « soit dit entre nous ». Sénèque affecte par badinage une coquetterie qui est loin de sa pensée. — *Intra. V. Rem.* 85.

merito ad ostium admotus[1]? foras enim spectat[2]. Undo istunc nanctus es? quid te delectavit alienum mortuum tollere[3]? » At ille[4] : « Non cognoscis[5] me? » inquit : « ego sum Felicio, cui solebas sigillaria[6] afferre; ego sum Philositi villici[7] filius, deliciolum tuum[8]. » — « Perfecte, » inquam, « iste delirat. Pupulus[9] etiam delicium meum factus est? Prorsus potest fieri : dentes[10] illi cum maxime cadunt. »

[4] Debeo hoc suburbano meo, quod mihi senectus mea, quocumque adverteram, apparuit. Complectamur illam[11] et amemus : plena est voluptatis, si illa scias uti. Gratissima sunt poma, cum fugiunt; pueritiæ maximus in exitu decor est; deditos vino potio extrema delectat, illa, quæ mergit, quæ ebrietati summam manum imponit. Quod in se jucundissimum omnis voluptas habet, in finem sui differt. Jucundissima est ætas devexa jam, non tamen præceps; et illam quoquo in extrema regula stantem[12] judico habere suas voluptates, aut hoc ipsum succedit in locum volupta-

---

1. *Et merito ad ostium admotus.* « Servo janitoris munus mandatum fuerat, idque merito factum esse Seneca dicit, quod ita mox efferendi cadaver non procul ab janua remotum foret. » (J. Vander Vliet.)

2. *Foras spectat,* comme les cadavres, qui étaient exposés à la porte des maisons, les pieds en avant, la face tournée vers l'extérieur.

3. *Alienum mortuum tollere,* « d'enlever (de recueillir, d'amener ici) un mort qui n'est pas de la maison. »

4. *Ille,* le vieux portier.

5. *Cognoscis,* « tu reconnais ».

6. *Sigillaria,* statuettes en terre cuite qu'on donnait aux enfants.

7. *Philositi villici,* un des prédécesseurs du *villicus* actuel.

8. *Deliciolum tuum.* Félicion était un de ces esclaves nés dans la maison (*vernæ*), qu'on gâtait volontiers et qui étaient les camarades de jeux de leurs jeunes maîtres.

9. *Pupulus etc.*, « mon favori est redevenu un petit garçon » ?

10. *Dentes etc.*, les dents lui tombent, comme aux enfants de six ou sept ans; il redevient donc enfant. — *Cum maxime.* V. *Rem.* 127.

11. *Illam = senectutem*, sans *meam.* V. *Rem.* 78.

12. *In extrema regula stantem,* « la période où l'on touche au terme de l'existence ». On n'a pas réussi jusqu'à présent à expliquer cette expression d'une manière satisfaisante.

tium, nullis egero. Quam dulce est cupiditates fatigasse ac reliquisse¹ ! [5] « Molestum est, » inquis, « mortem ante oculos habere. » Primum ista tam seni ante oculos debet esse quam juveni²; non enim citamur ex censu³. Deinde nemo tam senex est, ut improbe unum diem speret⁴; unus autem dies gradus vitæ est. Tota ætas partibus constat et orbes habet circumductos majores minoribus⁵. Est aliquis, qui omnis complectatur et cingat : hic pertinet a natali ad diem extremum. Est alter, qui annos adulescentiæ excludit⁶. Est qui totam pueritiam ambitu suo adstringit. Est deinde per se annus⁷ in se omnia continens tempora⁸, quorum multiplicatione vita componitur. Mensis artiore præcingitur circulo. Angustissimum habet dies gyrum, sed et hic⁹ ab initio ad exitum venit, ab ortu ad occasum. [6] Ideo Heraclitus¹⁰, cui cognomen fecit orationis

1. *Reliquisse*, « d'avoir laissé derrière soi » : métaphore tirée de la course. Cf. XLVIII, 1.

2. *Tam seni... quam juveni.* V. Rem. 92.

3. *Citamur ex censu.* Après avoir procédé au recensement, les censeurs répartissaient les citoyens entre les classes et les centuries; dans chaque classe, il y avait un nombre égal de centuries de *juniores*, appartenant à l'armée active, et de centuries de *seniores*, appartenant à l'armée sédentaire. C'est à cette division fondée sur l'âge que se rapporte l'expression *citare ex censu*.

4. *Ut improbe speret*, « qu'il y ait impertinence de sa part à espérer ». (R. Aubé.)

5. *Orbes habet circumductos majores minoribus*, « a des cercles concentriques, les plus petits enfermés dans les plus grands ». (R. Aubé.)

6. *Excludit.* Entendez : *e majore orbe excludit*. L'espace compris entre le premier cercle (le plus grand) et le second représente la vieillesse; celui qui est compris entre le second et le troisième, l'âge mûr (*adulescentia*). On peut dire dans un certain sens que l'*adulescentia* est ainsi détachée, mise à part du grand cercle; mais il faut avouer que *includit* serait plus naturel.

7. *Per se annus*, « l'année prise en soi », indépendamment des différentes périodes de la vie. V. Rem. 90.

8. *Tempora*, « les divisions du temps ». L'année est l'unité supérieure.

9. *Sed et hic etc.*, « mais le jour aussi a un commencement et une fin », qui, en se rejoignant, forment un tour complet.

10. *Heraclitus*, Héraclite d'Éphèse (535-475 av. J.-C.), penseur original

obscuritas[1] : « Unus dies, » inquit, « par omni est. » Hoc alius aliter accepit. Dixit enim[2] parem esse horis, nec mentitur; nam si dies est tempus viginti et quattuor horarum, necesse est omnes inter se dies pares esse, quia nox habet, quod dies perdidit[3]. Alius ait parem esse unum diem omnibus similitudine[4]; nihil enim habet longissimi temporis spatium, quod non et in uno die invenias, lucem et noctem et alternas mundi vices[5]; plura facit ista[6], non alia, alias contractior, alias productior. [7] Itaque sic ordinandus est dies omnis, tamquam cogat agmen et consummet atque expleat vitam. Pacuvius[7], qui Syriam usu suam fecit, cum vino et illis[8] funebribus epulis sibi parentaverat[9], sic in cubiculum ferebatur a cena, ut inter plausus

et profond. Son style étrange, concis, plein de figures, lui valut le surnom de σκοτεινός, « le ténébreux ».

1. *Cui cognomen fecit orationis obscuritas.* Cf. *De benef.*, IV, 27, 2 : *Aristides, cui justitia nomen dedit.*

2. *Dixit enim* (alius), « l'un a soutenu que (dans la pensée d'Héraclite)... ».

3. *Quia nox habet, quod dies perdidit. Dies* est pris ici dans le sens vulgaire, c'est-à-dire qu'il désigne l'intervalle qui sépare le lever du coucher du soleil, par opposition à *nox*, tandis que plus haut il désigne la réunion du jour et de la nuit, le *nycthémère*, l'intervalle qui sépare deux passages consécutifs du soleil au même méridien.

4. *Similitudine.* Ce n'est plus ici un rapport de quantité (durée, nombre des heures), mais un rapport de qualité (nature des phénomènes qui se produisent dans l'espace d'un jour).

5. *Alternas mundi vices,* « les révolutions du ciel ».

6. *Plura facit ista, etc.*, m. à m. : « le jour (dans le sens vulgaire du mot) tantôt plus court, tantôt plus long, rend ces phénomènes plus nombreux, mais non autres », c'est-à-dire : « une série de jours plus courts ou plus longs, ne fait que multiplier les mêmes phénomènes (que l'on constate dans un jour unique). » L'idée de « série » résulte des mots *alias contractior, alias productior* : l'intervalle entre le lever et le coucher du soleil varie d'un jour à l'autre.

7. *Pacuvius.* En l'an 19 ap. J.-C., il était *legatus legionis* en Syrie (Tac., *Ann.*, II, 79). Il gouverna cette province par intérim pendant plusieurs années; de là : *Qui Syriam usu suam fecit.*

8. *Illis,* « ces fameux... ». Les excentricités de ce Pacuvius avaient fait grand bruit à Rome.

9. *Sibi parentaverat.* Ceci rappelle la fameuse scène de Charles-Quint faisant célébrer ses funérailles au couvent de Saint-Yust.

familiæ hoc ad symphoniam caneretur : βεβίωται! βεβίωται[1]! Nullo non se die extulit. [8] Hoc, quod ille ex mala conscientia[2] faciebat, nos ex bona faciamus et in somnum ituri læti hilaresque dicamus :

Vixi[3] et, quem dederat cursum fortuna, peregi.

Crastinum si adjecerit deus, læti recipiamus. Ille beatissimus est et securus sui possessor, qui crastinum sine sollicitudine exspectat. Quisquis dixit : « Vixi, » quotidie ad lucrum surgit[4].

(Ep. 12, §§ 1-9.)

XLII

Il faut se familiariser avec la pauvreté.

[1] December est mensis[5] : cum maxime[6] civitas sudat[7]. Jus luxuriæ publicæ datum est; ingenti apparatu sonant omnia, tamquam quicquam inter Saturnalia intersit et dies rerum agendarum : adeo nihil interest, ut non videatur mihi errasse, qui dixit « olim mensem Decembrem fuisse, nunc annum[8]. » [2] Si te

---

1. βεβίωται, sous-ent. αὐτῷ : « il a vécu ». Cf. Cicéron, *Epist ad Attic.*, XII, 2 : *...homini non recta sed voluptaria quærenti nonne* βεβίωται? Id., *ibid.*, XIV, 21, 3 : *Sed mihi quidem* βεβίωται, « ma vie est écoulée, j'ai vécu ».

2. *Ex mala conscientia*, « par dépravation. » C'était une imagination de débauché cherchant à exciter ses sens par le contraste, — *Ex bona* (*conscientia*), « dans un bon esprit ».

3. *Vixi etc.*, Virgile, *Æn.*, IV, 653.

4. *Ad lucrum surgit*. V. *Rem.*

81. Cf. Horace, *Epist.*, I, 4, 13-14 :
Omnem crede diem tibi diluxisse
  [*supremum :*
Grata superveniet, quæ non spe-
  [*rabitur hora.*

5. *December est mensis*. Les Saturnales étaient célébrées le 17 décembre et jours suivants. Cf. Pétrone, *Satir.*, 58 : *Io Saturnalia! rogo, mensis december est ?*

6. *Cum maxime.* V. *Rem.* 127.

7. *Sudat*, « est en mouvement, se démène ».

8. *Nunc annum (esse)*, « maintenant décembre est toute l'année »,

hic[1] haberem, libenter tecum conferrem, quid existimares[2] esse faciendum : utrum nihil ex quotidiana consuetudine movendum, an, ne dissidere videremur cum publicis moribus, et hilarius cenandum et exuendam togam[3]. Nam quod fieri nisi in tumultu[4] et tristi tempore civitatis non solebat, voluptatis causa ac festorum dierum vestem mutavimus. [3] Si te bene novi, arbitri partibus functus nec per omnia nos similes esse pileatae turbae[5] voluisses nec per omnia dissimiles; nisi forte[6] his maxime diebus animo imperandum est, ut tunc voluptatibus solus abstineat, cum in illis omnis turba procubuit : certissimum enim argumentum firmitatis suae capit, si ad blanda et in luxuriam trahentia nec it[7] nec abducitur. [4] Hoc multo fortius est, ebrio ac vomitante populo siccum ac sobrium[8] esse[9]; illud temperatius[10], non excerpere se nec insigniri[11] nec misceri[12] omnibus et eadem, sed non eodem modo facere : licet enim sine luxuria agere festum diem. [5] Ceterum adeo mihi placet tentare animi tui firmitatem, ut ex praecepto

---

c'est-à-dire les Saturnales durent toute l'année.

1. *Hic*, à Rome. Lucilius était en Sicile. Cf. XXXVI, 1, note.

2. *Quid existimares*. Cf. XL, 1 : Quid... existimes, quaeris.

3. *Exuendam togam*. Pendant les Saturnales, les Romains, du moins sous l'Empire, déposaient la toge, l'habit de cérémonie, pour prendre un vêtement plus commode, la *synthesis*.

4. *In tumultu*. En cas de *tumultus*, les citoyens échangeaient la toge pour le manteau de guerre (*saga sumere, ad saga ire*). — *Tristi tempore civitatis*. Dans les calamités publiques, la population prenait des vêtements de deuil (*toga pulla*).

5. *Pileatae turbae*. Pendant les Saturnales, le peuple tout entier portait le *pileus* ou bonnet de feutre, symbole de la liberté.

6. *Nisi forte etc.* Cette restriction porte sur le second membre : *nec per omnia dissimiles*.

7. *It*, « il va, il se porte de lui-même ». — *Abducitur*, par l'exemple d'autrui.

8. *Siccum ac sobrium*. Ces deux termes à peu près synonymes sont souvent réunis; de même *sanus* et *siccus*.

9. *Esse*, « rester ».

10. *Illud temperatius*, « c'est agir avec plus de ménagement, de discrétion ».

11. *Insigniri... misceri*, sens réfléchi.

12. *Nec misceri. Nec* = « et d'autre part... ne... pas ».

magnorum virorum[1] tibi quoque præcipiam, interponas[2] aliquot dies, quibus contentus minimo ac vilissimo cibo, dura atque horrida veste, dicas tibi : « Hoc est quod timebatur? » [6] In ipsa securitate animus ad difficilia se præparet et contra injurias fortunæ inter beneficia[3] firmetur. Miles in media pace decurrit[4], sine ullo hoste vallum facit et supervacuo labore lassatur, ut sufficere necessario possit. Quem in ipsa re trepidare nolueris, ante rem exerceas. Hoc secuti sunt, qui omnibus mensibus paupertatem imitati prope ad inopiam accesserunt, ne umquam expavescerent, quod sæpe didicissent. [7] Non est nunc quod existimes me dicere Timoneas cenas[5] et pauperum cellas, et quicquid aliud est, per quod luxuria divitiarum tædio ludit : grabatus ille verus sit et sagum et panis durus ac sordidus. Hoc triduo et quatriduo fer, interdum pluribus diebus[6], ut non lusus sit, sed experimentum : tunc, mihi crede, Lucili, exsultabis dipondio[7] satur et intelleges ad securitatem non opus esse fortuna ; hoc enim, quod necessitati sat est, dabit et irata[8]. [8] Non est tamen, quare tu multum tibi facere videaris ; facies enim, quod multa milia servorum, multa milia paupe-

---

1. *Magnorum virorum*, de grands philosophes.
2. *Præcipiam, interponas.* V. Rem. 47.
3. *Inter beneficia (ejus).*
4. *Decurrit,* « manœuvre ». *Decurrere* se dit spécialement du défilé.
5. *Timoneas cenas,* « les repas à la Timon ». Timon d'Athènes, fameux misanthrope, vivait à l'époque de la guerre du Péloponnèse. Dégoûté de la société des hommes, il se séquestra du monde, menant la vie la plus dure et la plus frugale. V. le dialogue de Lucien intitulé *Timon.* — *Pauperum cellas,* « les cellules du pauvre », que de riches Romains se ménageaient, par un raffinement de blasés, dans leurs somptueux hôtels. — Pour tout ce passage, cf. Sénèque, *Consol. ad Helv.,* 12, 3 : *Sumunt quosdam dies, cum jam illos divitiarum tædium cepit, quibus humi cenent et remoto auro argentoque fictilibus utantur.* — *Ludit,* ce n'est qu'un jeu destiné à piquer, à réveiller la sensualité, *voluptatis causa,* comme dit Sénèque, *loc. cit.*
6. *Triduo... quatriduo... pluribus diebus,* ablatif exprimant la durée. V. Rem. 35 *bis.*
7. *Dipondio,* « pour deux as », environ 10 centimes.
8. *Irata = adversa, iniqua.*

rum faciunt : illo nomine te suspicio, quod facies non coactus, quod tam facile erit tibi illud pati semper quam aliquando experiri. Exerceamur ad palum[1], et ne imparatos fortuna deprehendat, flat nobis paupertas familiaris. Securius divites erimus, si scierimus, quam non sit grave pauperes esse. [9] Certos habebat dies ille magister voluptatis Epicurus, quibus maligne famem exstingueret, visurus[2], an aliquid deesset ex plena et consummata voluptate, vel quantum deesset, et an dignum[3], quod quis magno labore pensaret. Hoc certe in his epistulis ait, quas scripsit Charino magistratu[4] ad Polyænum[5]; et quidem gloriatur[6] non toto asse pasci, Metrodorum, qui nondum tantum profecerit, toto. [10] In hoc tu victu saturitatem putas esse? et voluptas est — voluptas autem non illa levis et fugax et subinde reficienda, sed stabilis et certa. Non enim jucunda res est aqua et polenta aut frustum hordeacei

---

1. *Exerceamur ad palum.* Les tirones (recrues et gladiateurs novices) apprenaient l'escrime en s'exerçant contre un poteau. Cet exercice est décrit en détail par Végèce, *De re militari*, I, 11 : *Antiqui... hoc genere exercuere tirones. Scuta de vimine in modum cratium corrotundata texebant, ita ut duplum pondus cratis haberet quam scutum publicum habere consuevit; iidemque clavas ligneas, dupli æque ponderis, pro gladiis tironibus dabant.... A singulis autem tironibus singuli pali defigebantur in terram, ita ut nutare non possent et sex pedibus eminerent. Contra illum palum, tamquam contra adversarium, tiro cum crate illa et clava velut cum gladio se exercebat et scuto, ut nunc quasi caput aut faciem peteret, nunc lateribus minaretur, interdum contenderet popli-* *tes et crura succidere, accederet, recederet, assultaret, insiliret, et quasi præsentem adversarium, sic palum omni impetu, omni bellandi arte tentaret. In qua meditatione servabatur illa cautela, ut ita tiro ad inferendum vulnus insurgeret, ne qua parte ipse pateret ad plagam.* — L'expression est ici prise au figuré.

2. *Visurus.* V. *Rem.* 53, 3°. — *An.* V. *Rem.* 95.

3. *Et an (quod deesset) dignum (esset).*

4. *Charino magistratu*, sous l'archontat de Charinus (308-307 av. J.-C.). — *Magistratu. Magistratus* = ici « le magistrat » par excellence à Athènes, c.-à-d. l'archonte éponyme.

5. *Polyænum... Metrodorum.* Cf. XXXIX, 5.

6. *Gloriatur... pasci.* V. *Rem.* 128. — *Asse,* environ 5 centimes.

panis, sed summa voluptas est posse capere etiam ex his voluptatem et ad id se deduxisse[1], quod eripere nulla fortunæ iniquitas possit. [11] Liberaliora alimenta sunt carceris; sepositos ad capitale supplicium non tam anguste, qui occisurus est, pascit : quanta est animi magnitudo ad id sua sponte descendere, quod ne ad extrema quidem decretis[2] timendum sit! hoc est præoccupare tela fortunæ. [12] Incipe ergo, mi Lucili, sequi horum[3] consuetudinem et aliquos dies destina, quibus secedas a tuis rebus minimoque[4] te facias familiarem; incipe cum paupertate habere commercium :

> Aude, hospes[5], contemnere opes et te quoque dignum
> Finge deo.

[13] Nemo alius est deo dignus quam qui opes contempsit ; quarum possessionem tibi non interdico, sed efficere volo ut illas intrepide possideas : quod uno consequēris modo, si te etiam sine illis beate victurum persuaseris tibi, si illas tamquam exituras[6] semper adspexeris.

(Ep. 18, §§ 1-13.)

XLIII
La joie du sage.

[1] Putas me tibi scripturum, quam humane nobiscum hiems egerit, quæ et remissa fuit et brevis, quam malignum[7] ver sit, quam præposterum frigus, et alias

---

1. *Se deduxisse*, « s'être restreint », comme plus bas (§ 11) *descendere*, « se réduire ».

2. *Ad extrema... decretis*, les condamnés à mort. La construction *decernere aliquem ad...* paraît exceptionnelle.

3. *Horum*, des sages dont j'ai parlé.

4. *Minimo*, datif : « avec le strict nécessaire ».

5. *Aude, hospes*, etc., Virgile, *Æn.*, VIII, 364-365.

6. *Exituras*, « pouvant sortir de chez toi, t'échapper ». V. *Rem.* 53, 1°.

7. *Malignum*, « avare de beaux jours ».

ineptias verba quærent'um¹ ? Ego vero aliquid, quod et mihi et tibi prodesse possit, scribam. Quid autem id erit, nisi ut te exhorter ad bonam mentem² ? Hujus fundamentum quod sit quæris? ne gaudeas vanis. [2] Fundamentum hoc esse dixi : culmen est. Ad summa pervĕnit, qui scit, quo gaudeat, qui felicitatem suam in aliena potestate non posuit : sollicitus est et incertus sui³, quem spes aliqua proritat, licet ad manum sit⁴, licet non ex difficili⁵ petatur, licet numquam illum sperata deceperint. [3] Hoc ante omnia fac, mi Lucili : disce gaudere. Existimas nunc me detrahere tibi multas voluptates, qui fortuita submoveo, qui spes, dulcissima oblectamenta, devitandas existimo? Immo contra nolo tibi umquam deesse lætitiam; volo illam tibi domi nasci⁶ : nascitur, si modo intra te ipsum sit. Ceteræ hilaritates⁷ non implent pectus; frontem remittunt⁸, leves sunt, nisi forte tu judicas eum gaudere, qui ridet : animus⁹ esse debet alacer et fidens et super omnia erectus. [4] Mihi crede, verum gaudium res severa est. An tu existimas quemquam soluto voltu et, ut isti delicati¹⁰ loquuntur, hilariculo¹¹ mortem contemnere? paupertati domum aperire? voluptates tenere sub freno? meditari dolorum patientiam? Hæc qui apud se versat,

1. *Verba quærentium.* De même, dans Térence, *Eun.*, 516 : *sermonem quærere*, « chercher un sujet de conversation ».

2. *Ad bonam mentem*, « à la sagesse ». V. Rem. 132.

3. *Incertus sui.* V. Rem. 33.

4. *Ad manum sit... petatur.* Entendez : l'objet de l'espérance.

5. *Ex difficili.* V. Rem. 67.

6. *Domi nasci*, expression proverbiale, se dit de ce qu'on a sous la main, sans peine et en abondance. De même, *domi aliquid mihi est*, *domi habeo*, etc. Le contraire est *foris quærere*, « aller chercher au dehors, avoir besoin d'emprunter ».

7. *Hilaritates*, « causes de gaieté, de joie ».

8. *Frontem remittunt.* Ajoutez dans la traduction « seulement » ou une expression équivalente.

9. *Animus* a l'accent oratoire.

10. *Isti delicati*, « nos efféminés, nos épicuriens ». Cf. XXIV, 8; LII, 8 ; LX, 25.

11. *Hilariculo.* Cet adjectif ne se trouve qu'ici : c'était, comme l'indique Sénèque, un terme d'argot. Lævius (poète du commencement du 1ᵉʳ siècle av. J.-C.) et Cicéron, *Epist. ad Att.*, XVI, 11, 8, emploient la forme *hilarulus*.

in magno gaudio est, sed parum blando[1]. In hujus gaudii possessione esse te volo; numquam deficiet, cum semel unde petatur inveneris. [5] Levium metallorum[2] fructus in summo est; illa opulentissima sunt, quorum in alto latet vena assidue plenius responsura[3] fodienti. Hæc, quibus delectatur vulgus, tenuem habent[4] ac perfusoriam voluptatem, et quodcumque invecticium gaudium est, fundamento caret : hoc, de quo loquor, ad quod te conor perducere, solidum est, et quod plus pateat introrsus. [6] Fac, oro te, Lucili carissime, quod unum potest te præstare felicem : disjice et conculca ista, quæ extrinsecus splendent, quæ tibi promittuntur ab alio vel ex alio; ad verum bonum specta et de tuo gaude. Quid est autem hoc « de tuo »? te ipso et tui optima parte. Corpusculum quoque[5], etiam si nihil fieri sine illo potest, magis necessariam rem crede quam magnam; vanas suggerit voluptates, brevi pœnitendas ac, nisi magna moderatione temperentur, in contrarium abituras[6]. Ita dico : in præcipiti voluptas stat; ad dolorem vergit, nisi modum tenuit; modum autem tenere in eo difficile est, quod bonum esse credideris. Veri boni aviditas tuta est. [7] Quid sit istud interrogas, aut unde subeat? Dicam : ex bona conscientia, ex honestis consiliis, ex rectis actionibus, ex contemptu fortuitorum, ex placido vitæ et continuo tenore unam prementis viam; nam illi qui ex aliis propositis in alia transsiliunt aut ne transsiliunt quidem, sed casu quodam transmittuntur, quomodo habere quicquam certum mansurumve possunt suspensi et vagi? [8] Pauci sunt, qui consilio se suaque disponant : ceteri, eorum more quæ fluminibus innatant, non eunt sed feruntur; ex quibus

---

1. *Blando*, « divertissante, qui a le rire sur les lèvres ».

2. *Levium metallorum* etc., « ce sont les mines les plus pauvres que celles dont... ».

3. *Responsura*. V. *Rem.* 53.

4. *Habent*, « ne renferment, ne procurent que... ».

5. *Quoque*, au lieu de *etiam*. V. *Rem.* 111.

6. *Nisi temperentur... abituras*. V. *Rem.* 53, 4°.

alia lenior unda detinuit[1] ac mollius vexit, alia vehementior rapuit, alia proxima ripæ[2] cursu languescente deposuit, alia torrens impetus in mare ejecit. Ideo constituendum est quid velimus, et in eo perseverandum.

(Ep. 23, §§ 1-8.)

XLIV

La vieillesse et l'approche de la mort ne doivent pas troubler notre sérénité.

[1] Modo dicebam tibi[3], in conspectu esse me senectutis : jam vereor, ne senectutem post me reliquerim. Aliud jam his annis, certe huic corpori[4], vocabulum convenit, quoniam quidem senectus lassæ ætatis, non fractæ, nomen est : inter decrepitos me numera et extrema tangentes. [2] Gratias tamen mihi apud te ago : non sentio in animo ætatis injuriam, cum sentiam in corpore; tantum vitia et vitiorum ministeria[5] senuerunt. Viget animus et gaudet non[6] multum sibi esse cum corpore; magnam partem oneris sui[7] posuit[8]; exsultat et mihi facit controversiam de senectute : hunc ait esse florem suum. Credamus illi : bono suo utatur. [3] Ire in cogitationem lubet[9] et dispicere, quid

---

1. *Detinuit... vexit... rapuit... deposuit... ejecit.* V. Rem. 40.
2. *Proxima ripæ (unda)... deposuit (in ripa).* Le courant est plus faible près du bord et les objets qui flottent près de la rive y échouent facilement.
3. *Modo dicebam tibi, etc.* Cf. XLI.
4. *Certe huic corpori.* Sénèque était de complexion maladive.
5. *Ministeria*, au sens concret, « les serviteurs », c.-à-d. les organes. Cf. XVII, 2 : *ministras manus*.
6. *Non*, « ne... plus ».
7. *Oneris sui.* Cf. XVII, 2 : *despoliatus oneribus alienis*.
8. *Posuit = deposuit*.
9. *Lubet... habiturus*, anacoluthe : Sénèque perd de vue dans la suite de la phrase qu'il a employé un verbe unipersonnel et s'exprime comme s'il avait mis un verbe à la 1re personne du singulier.

ex hac tranquillitate ac modestia morum sapientiæ debeam, quid ætati, et diligenter excutere, quæ non possim facere, quæ nolim, pro eo habiturus[1] ac si nolim, quicquid non posse me gaudeo. Quæ enim querela[2] est, quod incommodum, si quicquid debebat desinere, defecit? [4] « Incommodum summum est, » inquis, « minui, et deperire, et ut proprie dicam, liquescere. Non enim subito impulsi ac prostrati sumus : carpimur; singuli dies aliquid subtrahunt viribus. » Et quis exitus est melior quam in finem suum natura solvente dilabi? non quia aliquid mali existimandus sit e vita repentinus excessus, sed quia lenis hæc est via, subduci[3]. Ego certe, velut appropinquet experimentum et ille laturus sententiam[4] de omnibus annis meis dies venerit, ita me observo et alloquor : [5] « Nihil est, » inquam, « adhuc, quod aut rebus aut verbis exhibuimus. Levia sunt ista et fallacia pignora animi multisque involuta lenociniis : quid profecerim, morti crediturus sum. Non timide itaque componar ad ulum diem, quo remotis strophis ac fucis de me judicaturus sum, utrum loquar fortia an sentiam, numquid simulatio fuerit et et mimus, quicquid contra fortunam jactavi verborum contumaciam. [6] Remove existimationem hominum :

1. *Pro eo habiturus etc.* Sénèque assimile aux actions qu'il ne fait pas parce qu'il ne veut pas les faire (alors qu'il pourrait les faire) celles qu'il ne peut pas faire (alors même qu'il le voudrait), mais qu'il se réjouit de ne pouvoir faire. Et en effet il est à présumer que l'homme qui se réjouit d'être dans l'impossibilité de commettre une action blâmable ne la commettrait pas facilement si l'obstacle venait à disparaître; ce sentiment, du moins, témoigne de son perfectionnement moral. — Pour la construction, cf. *Epist.* 102, 12 : *Ita pro eo est ac si omnes idem sentiant, quia aliud sentire non possunt.* — Pour le participe futur actif (*habiturus*), v. *Rem.* 53, 3°.

2. *Querela,* « sujet de plainte ».

3. *Subduci.* Cf. *Epist.* 30, 12 : *Si cui contigit ut illum senectus leniter emitteret non repente avulsum vitæ, sed minutatim subductum.*

4. *Ille laturus sententiam etc.,* parce que Sénèque s'est consacré à la philosophie et que « philosopher, c'est apprendre à bien mourir »; comme il le dit plus loin : *Quid profecerim, morti crediturus sum.*

dubia semper est et in partem utramque dividitur[1] ; remove studia tota vita tractata : mors de te pronuntiatura est. Ita dico : disputationes et litterata colloquia et ex præceptis sapientium verba collecta et eruditus sermo non ostendunt verum robur animi (est enim oratio etiam timidissimis audax) : quid egeris, tunc apparebit, cum animam ages. Accipio condicionem, non reformido judicium. » [7] Hæc mecum loquor, sed tecum quoque me locutum puta. Juvenior[2] es : quid refert? non dinumerantur anni[3]. Incertum est quo loco te mors exspectet ; itaque tu illam omni loco exspecta.

(Ep. 26, §§ 1-7.)

XLV

Le bonheur véritable est dans la vertu, et celle-ci ne peut s'acquérir que par de longs efforts.

[1] « Tu me, » inquis, « mones? jam enim[4] te ipse monuisti, jam correxisti? ideo aliorum emendationi vacas? » Non sum tam improbus, ut curationes æger obeam, sed tamquam in eodem valetudinario jaceam, de communi tecum malo colloquor, et remedia communico. Sic itaque me audi, tamquam mecum loquar : in secretum te meum admitto et te adhibito mecum exigo[5]. [2] Clamo mihi ipse : « Numera annos tuos, et pudebit te eadem velle quæ volueras puer, eadem parare. Hoc denique[6] tibi circa mortis diem præsta : moriantur ante te vitia. Dimitte istas voluptates turbidas, magno

---

1. *In partem utramque dividitur*, les uns louent ce que les autres réprouvent, et réciproquement.
2. *Juvenior.* V. Rem. 4.
3. *Non dinumerantur anni.* Cf. XLI, 3 : *Non enim citamur ex censu.*

4. *Enim*, ironique : « C'est qu'apparemment..... » V. Rem. 124.
5. *Mecum exigo*, « je discute avec moi-même ».
6. *Denique*, au lieu de *demum*. V. Rem. 103.

luendas : non venturæ tantum, sed præteritæ nocent. Quemadmodum scelera etiamsi[1] non sint deprehensa cum fierent, sollicitudo non cum ipsis abiit, ita improbarum voluptatum etiam post ipsas pœnitentia est. Non sunt solidæ, non sunt fideles; etiamsi non nocent, fugiunt. [3] Aliquod potius bonum mansurum circumspice. Nullum autem est nisi quod animus ex se sibi invenit. Sola virtus præstat gaudium perpetuum, securum; etiam si quid obstat, nubium modo intervenit, quæ infra feruntur nec umquam diem vincunt. » [4] Quando ad hoc gaudium pervenire continget[2]? Non quidem cessatur adhuc, sed festinetur : multum restat operis, in quod ipse necesse est vigiliam, ipse laborem tuum impendas, si effici[3] cupis. Delegationem[4] res ista non recipit : aliud litterarum genus adjutorium admittit. [5] Calvisius Sabinus memoria nostra fuit dives; et patrimonium[5] habebat libertini et ingenium : numquam vidi hominem beatum[6] indecentius. Huic memoria tam mala erat, ut illi modo nomen Ulixis excideret[7], modo Achillis, modo Priami, quos tam bene quam pædagogos nostros[8] novimus. Nemo vetulus nomenclator[9], qui nomina non reddit, sed imponit[10], tam perperam tri-

1. *Scelera etiamsi etc.* D'après l'arrangement des mots, on s'attendrait à voir *scelera* figurer comme sujet dans la proposition principale, mais Sénèque change de tournure. Cf. XXXI, 13. — *Abiit.* V. Rem. 40.
2. *Pervenire continget.* V. Rem. 50.
3. *Effici* (opus).
4. *Delegationem.* La *delegatio*, dans le sens large du mot, est l'acte par lequel on charge un autre de payer ou de faire quelque chose pour soi.
5. *Patrimonium libertini et ingenium.* L'opulence des affranchis, dès le commencement de l'Empire, était devenue proverbiale, et le riche affranchi était, à cette époque, le véritable type du parvenu commun, effronté et vantard.
6. *Beatum*, « opulent ».
7. *Excideret* (animo, de memoria). Plus loin (§ 6), *excidere* est dit de la personne qui perd la mémoire.
8. *Pædagogos nostros.* Le *pædagogus* était un esclave qui avait pour tâche de surveiller l'éducation des fils du maître, de les conduire à l'école, de les accompagner à la promenade, etc.
9. *Nomenclator* V. XXIII, 6, note.
10. *Imponit*, il donne des noms de fantaisie.

bus quam[1] ille Trojanos et Achivos persalutabat. Nihilo minus eruditus volebat videri. Hanc itaque compendiariam excogitavit : magna summa emit servos, unum, qui Homerum teneret, alterum, qui Hesiodum ; novem praetera lyricis[2] singulos assignavit. Magno emisse illum non est quod mireris : non invenerat, faciendos locavit. Postquam haec familia illi comparata est, coepit convivas suos inquietare[3]. Habebat ad pedes[4] hos[5], a quibus subinde cum peteret versus, quos referret, saepe in medio verbo excidebat. [7] Suasit illi Satellius Quadratus, stultorum divitum arrosor[6], et quod sequitur, arrisor, et quod duobus his adjunctum est, derisor, ut grammaticos haberet analectas[7]. Cum dixisset Sabinus centenis milibus[8] sibi constare singulos servos : « Minoris, » inquit, « totidem scrinia[9] emisses. » Ille tamen in ea opinione erat, ut putaret se scire, quod quisquam in domo sua sciret. [8] Idem Satellius illum hortari coepit, ut luctaretur, hominem aegrum, pallidum, gracilem. Cum Sabinus respondisset : « Et quomodo possum ? vix vivo, » « Noli, obsecro te, » inquit,

1. *Tam perperam tribus (persalutat) quam...* — *Tribus,* « les tribus, » pour « les membres des tribus » (*tribules*), c'est-à-dire les citoyens. La désignation officielle d'un citoyen romain comprenait, outre ses noms (*praenomen, nomen gentilicium, cognomen*) et le prénom de son père, l'indication de sa tribu : *Servius Sulpicius Quinti filius Lemonia* (sous-ent. *tribu*) *Rufus.*

2. *Novem... lyricis,* les neuf poètes lyriques de la Grèce tenus pour classiques, savoir : Alcman, Alcée, Sapho, Stésichore, Ibycus, Anacréon, Simonide, Bacchylide et Pindare.

3. *Inquietare,* par l'étalage de son érudition d'emprunt.

4. *Ad pedes.* Cf. XXXI, 24.

5. *Hos,* « les esclaves dont j'ai parlé. »

6. *Arrosor... arrisor... derisor,* jeu de mots (allitération, paronomase et assonance). V. Rem. 137, 7°.

7. *Grammaticos analectas,* « des érudits pour ramasser ses restes, » c.-à-d. les bribes, les débris de citations qui lui échappaient, parce que *saepe in medio verbo excidebat.*

8. *Centenis milibus (sestertium),* 100 000 sesterces, environ 21 000 francs.

9. *Scrinia,* boîtes cylindriques, munies d'un couvercle, dans lesquelles on conservait les volumes en rouleaux, sorte de bibliothèque portative.

« istuc dicere : non vides, quam multos servos valentissimos habeas? » Bona mens[1] nec commodatur nec emitur; et, puto, si venalis esset, non haberet emptorem : at mala quotidie emitur.

(Ep. 27, §§ 1-8.)

XLVI

Les voyages ne peuvent guérir les maux de l'âme.

[1] Hoc tibi soli putas accidisse et admiraris quasi rem novam, quod peregrinatione tam longa et tot locorum varietatibus non discussisti tristitiam gravitatemque mentis[2]? animum[3] debes mutare, non cælum. Licet vastum trajeceris mare, licet, ut ait Vergilius noster[4],

    Terræque urbesque recedant,

sequentur te[5], quocumque perveneris, vitia. [2] Hoc idem querenti cuidam Socrates ait : « Quid miraris nihil tibi peregrinationes prodesse, cum te circumferas? premit te eadem causa, quæ expulit. » Quid terrarum juvare novitas potest? quid cognitio urbium aut locorum? in irritum cedit ista jactatio[6]. Quæris quare te

---

1. *Bona mens.* Cf. XLIII, 1. — *Mala (mens)*, « la folie ». Cf. XXXI, 25.

2. *Tristitiam gravitatemque mentis*, ce que nous appelons aujourd'hui le spleen.

3. *Animum* etc. Cf. Horace, *Epist.*, I, 11, 27 :

  Cælum, non animum, mutant,
    [qui trans mare currunt.

4. *Ut ait Vergilius noster*, *En.*, III, 72.

5. *Sequentur te*, etc. Cf. Horace, *Od.*, II, 16, 21 et suivants :

  Scandit æratas vitiosa naves
  Cura nec turmas equitum relin-
    [quit,
  Ocior cervis et agente nimbos
    Ocior Euro

Id., *Od.*, III, 1, 37 et suivants :

  ... sed Timor et Minæ
  Scandunt eodem, quo dominus,
    [neque
  Decedit ærata triremi et
  Post equitem sedet atra Cura.

6. *Jactatio.* Cf. XXXVII, 1.

fuga ista non adjuvet? tecum fugis[1]. Onus animi deponendum est : non ante tibi ullus placebit locus. [3] Talem nunc esse habitum tuum cogita, qualem Vergilius noster[2] vatis inducit jam concitatæ et instigatæ multumque habentis in se spiritus non sui :

> Bacchatur vates, magnum si pectore possit
> Excussisse deum.

Vadis huc illuc, ut excutias insidens pondus, quod ipsa jactatione incommodius fit, sicut in navi onera immota minus urgent, inæqualiter convoluta[3] citius eam partem, in quam incubuere, demergunt. Quicquid facis, contra te facis et motu ipso noces tibi; ægrum enim concutis. [4] At cum istud exemeris malum, omnis mutatio loci jucunda fiet : in ultimas expellaris terras licebit, in quolibet barbariæ angulo colloceris, hospitalis tibi illa qualiscumque[4] sedes erit. Magis quis[5] veneris quam quo, interest, et ideo nulli loco addicere debemus animum. Cum hac persuasione vivendum est : « Non sum uni angulo natus, patria mea[6] totus hic mundus est. » [5] Quod[7] si liqueret tibi, non admirareris nil adjuvari te regionum varietatibus, in quas subinde priorum tædio migras; prima enim quæque placuisset, si omnem tuam crederes. Non peregrinaris, sed erras et ageris ac locum ex loco mutas, cum illud, quod quæris[8], bene vivere, omni loco positum sit.

(Ep. 28, §§ 1-5.)

1. *Tecum fugis.* Cf. Horace, Od., II, 16, 19-20 :

> ... patriæ quis exsul
> Se quoque fugit?

2. *Vergilius noster*, Æn., VI, 78-79. — *Vatis*, de la Sibylle.
3. *Inæqualiter convoluta*, « roulés inégalement (par le mouvement du navire), roulés pêle-mêle. »
4. *Qualiscumque.* V. Rem. 75.
5. *Quis*, attribut.
6. *Patria mea* etc. Cf. X, 2 et la note.
7. *Quod*, sujet de *liqueret.*
8. *Cum illud, quod quæris, etc.* Cf. Horace, Epist., 1, 11, 28-30 :

> ... naribus atque
> Quadrigis petimus bene vivere :
> [quod petis, hic est;
> Est Ulubris, animus si te non
> [deficit æquus.

XLVII

N'attends le bonheur que de la vertu.

[1] Agnosco Lucilium meum : incipit, quem promiserat[1], exhibere[2]. Sequere illum impetum animi, quo ad optima quaeque calcatis popularibus[3] bonis ibas : non desidero majorem melioremque te fieri quam moliebaris. Fundamenta tua[4] multum loci occupaverunt; tantum effice, quantum conatus es, et illa, quae tecum[5] in animo tulisti, tracta. [2] Ad summam sapiens eris, si cluseris aures, quibus ceram parum est obdere : firmiore spissamento opus est quam[6] in sociis usum Ulixem[7] ferunt. Illa vox[8], quae timebatur, erat blanda, non tamen publica[9]; at haec, quae timenda est, non ex uno scopulo, sed ex omni terrarum parte circumsonat. Praetervehere itaque non unum locum insidiosa voluptate suspectum, sed omnes urbes; surdum te amantissimis tui praesta : bono animo mala precantur[10]; et si esse vis felix, deos ora, ne quid tibi ex his, quae optantur, eveniat. [3] Non sunt ista bona, quae in te isti volunt congeri : unum bonum est, quod beatae vitae causa[11] et firmamentum est, sibi fidere[12]. Hoc autem

---

1. *Quem promiserat*, expression concise pour *quem se futurum esse promiserat*. V. *Rem.* 133. Cf. *Epist.* 37, 1 : *Promisisti virum bonum.* — *Quem*, c.-à-d. *sapientem*.

2. *Exhibere = praestare.*

3. *Popularibus*, « vulgaires ».

4. *Fundamenta tua* etc. C'est par une métaphore analogue que la langue ecclésiastique a employé *aedificare* dans le sens moral.

5. *Illa, quae tecum* etc., « mets en pratique les principes que tu t'es tracés ».

6. *Quam (quo)... usum.*

7. *Ulixem.* V. Homère, *Odyss.*, XII, 47-48, 173-177.

8. *Illa vox*, la voix des Sirènes.

9. *Publica*, « celle de tout un peuple ».

10. *Mala precantur*, en nous souhaitant de faux biens, les biens extérieurs : richesses, honneurs, etc. V. la Xe satire de Juvénal.

11. *Causa*, « source ».

12. *Sibi fidere*, « ne compter que sur soi », car il n'y a de bonheur que dans la vertu, et nous ne devons attendre la vertu que de nous-mêmes. Cf. *Epist.* 92, 2 : *Is est... beatus, quem nulla res minorem*

contingere non potest, nisi contemptus est labor et in eorum numero habitus, quæ neque bona sunt neque mala; fieri enim non potest, ut una res modo mala sit, modo bona, modo levis et perferenda, modo expavescenda. [4] Labor bonum non est: quid ergo est bonum? laboris contemptio. Itaque in vanum operosos culpaverim; rursus[1] ad honesta nitentes, quanto magis incubuerint minusque sibi vinci ac strigare[2] permiserint, approbabo et clamabo : « Tanto melior[3] ! surge et inspira[4] et clivum istum uno, si potes, spiritu exsupera. » Generosos animos labor nutrit. [5] Non est ergo, quod ex illo vetere voto parentum tuorum[5] eligas, quid contingere tibi velis, quid optes; et in totum[6] jam per maxima acto[7] viro turpe est etiamnunc deos fatigare[8]. Quid votis opus est? fac te ipse felicem. Facies

---

facit. Tenet summa et ne ulli quidem nisi sibi est innixus; nam qui aliquo auxilio sustinetur, potest cadere.

1. *Rursus*, « au contraire ».

2. *Strigare*, « s'arrêter (en chemin) pour souffler, » se dit spécialement des bœufs de labour.

3. *Tanto melior* (es), m. à m. : « tu es dans une situation d'autant meilleure, » de là : « fort bien ! courage ! » formule d'approbation et d'encouragement. Comparez le fr. : « tant mieux ! » Le latin présente la construction personnelle.

4. *Inspira*, « remplis tes poumons d'air ».

5. *Ex illo vetere voto parentum tuorum*, les vœux qu'ils avaient formés à la naissance de leur fils. On souhaitait aux nouveau-nés longue vie, beauté, fortune, etc., toutes choses que le philosophe ne regarde pas comme des biens véritables. Cf. *Epist.* 32, 4 : *Optaverunt itaque tibi alia (aliena?) parentes tui; sed hæc contra omnium tibi eorum contemptum opto, quorum illi copiam. Vota illorum multos compilant, ut te locupletent ; quicquid ad te transferunt, alicui detrahendum est.* 60, 1 : *Etiamnunc optas, quod tibi optavit nutrix tua aut pædagogus aut mater? Nondum intellegis, quantum mali optaverint? O quam inimica nobis sunt vota nostrorum!* etc. 94, 53 : *...illorum amor male docet bene optando; mittit enim nos ad longinqua bona et incerta et errantia,* etc.

6. *In totum* = *omnino*, porte sur *turpe est*. V. Rem. 67, 1°.

7. *Jam per maxima acto*, « qui est parvenu à une haute position ». Lucilius, né dans une condition des plus modestes, s'était élevé, par son mérite, au rang de chevalier romain et exerçait les fonctions de procurateur ou intendant impérial en Sicile. Cf. LI, 2.

8. *Deos fatigare (precibus)*

autem, si intellexeris bona esse, quibus admixta est virtus, turpia, quibus malitia conjuncta est. Quemadmodum sine mixtura lucis nihil splendidum est, nihil atrum, nisi quod tenebras habet aut aliquid in se traxit obscuri, quemadmodum sine adjutorio ignis nihil calidum est, nihil sine aëre frigidum[1], ita honesta et turpia virtutis ac malitiæ societas efficit. [6] Quid ergo est bonum? rerum scientia. Quid malum est? rerum imperitia. Ille prudens atque artifex[2] pro tempore quæque repellet aut eliget, sed nec quæ repellit timet, nec miratur quæ elegit, si modo magnus illi et invictus animus est. Submitti te ac deprimi[3] veto; laborem si non recuses, parum est : posce. [7] « Quid ergo? » inquis, « labor frivolus et supervacuus, quem humiles causæ evocaverunt, non est malus? » Non magis quam ille, qui pulchris rebus impenditur, quoniam magni animi est ipsa[4] tolerantia, quæ se ad dura et aspera hortatur ac dicit : « Quid cessas? non est viri timere sudorem. » [8] Huc et illud[5] accedat, ut perfecta virtus sit, æqualitas ac tenor vitæ[6] per omnia consonans sibi; quod non potest esse, nisi rerum scientia contingit et ars, per quam humana ac divina noscantur. Hoc est summum bonum; quod si occupas, incipis deorum socius esse, non supplex. [9] « Quomodo, » inquis, « isto pervenitur? » Non per Penninum Graiumve montem[7] nec per deserta Candaviæ[8], nec Syrtes tibi

---

1. *Nihil sine aëre frigidum*, d'après la physique stoïcienne. Cf. Sénèque, *Natur. quæst.*, II, 10, 1 : *aër...frigidus per se et obscurus*, et ibid., § 4 : *natura...aëris gelida est.*

2. *Ille prudens atque artifex*, le philosophe, le sage. — *Artifex* est à peu près synonyme de *peritus*.

3. *Submitti... deprimi*, sens réfléchi : « se laisser.... »

4. *Ipsa*, « prise en soi », indépendamment de ce qui en est l'objet.

5. *Illud* est expliqué par *æqualitas ac tenor vitæ*.

6. *Æqualitas ac tenor vitæ* etc. Cf. XLIII, 7; XLVIII, 4.

7. *Penninum Graiumve montem* = *Penninas Graiasve Alpes*.

8. *Candavia*, région montagneuse de l'Illyrie, traversée par la route qui conduisait en Macédoine.

nec Scylla aut Charybdis adeundæ sunt, quæ tamen omnia transisti procuratiunculæ pretio[1] : tutum iter est, jucundum est, ad quod natura te instruxit. [10] Dedit tibi illa, quæ si non deserueris, par deo surges. Parem autem te deo pecunia non faciet : deus nihil habet; prætexta non faciet : deus nudus est; fama non faciet nec ostentatio tui et in populos nominis dimissa notitia : nemo novit deum, multi de illo male existimant, et impune; non turba servorum lecticam tuam per itinera urbana ac peregrina portantium : deus ille maximus potentissimusque ipse vehit[2] omnia; ne forma quidem et vires beatum te facere possunt : nihil horum patitur[3] vetustatem. [11] Quærendum est quod non fiat in dies pejus, cui non possit obstari[4]. Quid hoc est? animus, sed hic rectus, bonus, magnus. Quid aliud voces hunc quam deum in corpore humano hospitantem[5]? Hic animus[6] tam in equitem Romanum quam in libertinum, quam in servum potest cadere. Quid est enim eques Romanus aut libertinus aut servus? Nomina ex ambitione aut ex injuria[7] nata. Subsilire in cælum ex angulo[8] licet : exsurge modo

                   ... et te quoque dignum
Finge deo[9].

Finges autem non auro vel argento : non potest ex

---

1. *Procuratiunculæ pretio*, « pour un chétif emploi de procurateur ». Cf. XXXVI, 1, note.

2. *Vehit*. Il est l'âme et le soutien de l'univers.

3. *Patitur* = *fert* ou *perfert*.

4. *Cui non possit obstari*, « auquel rien ne puisse faire obstacle ».

5. *Deum in corpore humano hospitantem*. Cf. XLIX.

6. *Hic animus* etc. Cf. XXXI, 28-30; LI, 5-6. — *Tam in equitem Romanum* etc. V. Rem. 92.

7. *Ex injuria*. L'esclavage, d'après Sénèque, est contraire au droit naturel.

8. *Ex angulo* = *vel ex angulo*.

9. *Et te quoque dignum* etc., paroles d'Évandre dans Virgile, Én., VIII, 364-365.

hac materia imago dei exprimi similis; cogita illos[1], cum propitii essent[2], fictiles[3] fuisse. Vale.

(Ep. 31.)

XLVIII

Encouragements.

[1] Cresco[4] et exsulto et discussa senectute recalesco, quotiens ex iis, quæ agis et scribis, intellego, quantum te ipse (nam turbam olim[5] reliqueras[6]) superjeceris[7]. Si agricolam arbor ad fructum perducta delectat, si pastor ex fetu gregis sui capit voluptatem, si alumnum suum nemo aliter intuetur quam ut adulescentiam illius suam judicet, quid evenire credis iis, qui ingenia educaverunt et, quæ tenera formaverunt, adulta subito vident? [2] Assero te mihi[8] : meum opus es. Ego cum vidissem indolem tuam, injeci manum, exhortatus sum, addidi stimulos nec lente ire passus sum, sed subinde incitavi; et nunc idem facio, sed jam currentem hortor[9] et invicem hortantem. [3] « Quid aliud, » inquis, « quam

---

1. *Illos.* V. Rem. 77.
2. *Cum propitii essent.* « Vetere imperio et paupertate, cum Roma moribus armisque floreret. Nunc irati dii videntur, et nos pessimi pessum paulatim imus. » (J. Lipse.)
3. *Fictiles.* Les statues des dieux étaient primitivement d'argile. Cf. Pline, *Hist. nat.*, XXXIV, 16, 34 : *Mirumque mihi videtur, cum statuarum origo tam vetus in Italia sit, lignea potius aut fictilia deorum simulacra in delubris dicata usque ad devictam Asiam, unde luxuria.* Telle était l'antique statue de Jupiter Capitolin qui, d'après la tradition, avait été faite sous le règne de Tarquin l'Ancien.
4. *Cresco*, au fig., « je me sens grandir ».
5. *Olim*, « depuis longtemps ». V. Rem. 107.
6. *Reliqueras*, « tu avais laissé derrière toi, tu avais dépassé ». Cf. XLI, 4.
7. *Superjeceris*, « tu as surpassé », sens rare.
8. *Assero te mihi*, « je te revendique ».
9. *Currentem hortor.* Cf. l'expression homérique σπεύδοντα ὀτρύνειν.

adhuc volo¹?» In hoc² plurimum est, non sic³ quomodo principia⁴ totius operis dimidium occupare dicuntur : ista res⁵ animo constat⁶ ; itaque pars magna bonitatis est velle fieri bonum. Scis quem bonum dicam? perfectum, absolutum, quem malum facere nulla vis, nulla necessitas possit. [4] Hunc⁷ te prospicio, si perseveraris et incubueris et id egeris, ut omnia facta dictaque tua inter se congruant ac respondeant sibi et una forma⁸ percussa sint. Non est hujus animus in recto⁹, cujus acta discordant. Vale.

(Ep. 34.)

XLIX

Dieu réside dans l'homme de bien.

[1] Facis rem optimam et tibi salutarem, si, ut scribis, perseveras ire ad bonam mentem¹⁰, quam stultum est optare, cum possis a te impetrare. Non sunt ad cælum elevandæ manus nec exorandus ædituus, ut nos ad aurem simulacri, quasi magis exaudiri possimus, admittat : prope est a te deus, tecum est, intus est. [2] Ita dico, Lucili : sacer intra nos spiritus sedet, malorum bonorumque nostrorum¹¹ observator et custos.

1. *Quid aliud... (ago) quam adhuc volo ?* « Que fais-je autre chose qu'en être encore à vouloir (le bien)? » c'est-à-dire : « Mais je ne fais encore que montrer de la bonne volonté ».
2. *In hoc*, dans la bonne volonté.
3. *Non sic etc.*, « ce n'est pas simplement dans le sens où l'on dit... ».
4. *Principia totius operis etc.* Cf. Horace, *Epist.*, 1, 2, 40 : *Dimidium facti, qui cœpit, habet*, traduction du proverbe grec : ἀρχὴ δέ τοι ἥμισυ παντός.
5. *Ista res*, la vertu, la sagesse, à laquelle tu t'élèves (valeur de *iste*).
6. *Animo constat.* Ajoutez dans la traduction « essentiellement ».
7. *Hunc = talem.* Cf. Virgile, *Én.*, IX, 480 : *Hunc ego te, Euryale, prospicio?*
8. *Una forma etc.*, métaphore tirée du monnayage.
9. *In recto.* Cf. VI, 1.
10. *Ad bonam mentem.* Cf. XLIII, 1.
11. *Malorum bonorumque nos-*

Hic prout a nobis tractatus est, ita nos ipse tractat. Bonus vero vir sine deo nemo est. An potest aliquis [1] supra fortunam nisi ab illo adjutus exsurgere? Ille dat consilia magnifica et erecta. In unoquoque virorum bonorum

Quis deus [2] incertum est, habitat deus.

[3] Si tibi occurrerit vetustis arboribus et solitam altitudinem egressis frequens lucus et conspectum cæli ramorum aliorum alios protegentium umbra submovens, illa proceritas silvæ et secretum loci et admiratio umbræ in aperto [3] tam densæ atque continuæ fidem tibi numinis faciet. Si quis specus saxis penitus exesis montem suspenderit [4], non manu factus, sed naturalibus causis in tantam laxitatem excavatus, animum tuum quadam religionis suspicione percutiet. Magnorum fluminum capita veneramur; subita ex abdito vasti amnis eruptio aras habet; coluntur aquarum calentium fontes, et stagna quædam vel opacitas [5] vel immensa altitudo sacravit. [4] Si hominem videris interritum periculis, intactum cupiditatibus, inter adversa felicem, in mediis tempestatibus placidum, ex superiore loco homines videntem, ex æquo deos, non subibit te ejus veneratio? non dices : « Ista res major est altiorque quam ut credi similis huic, in quo est, corpusculo possit : vis istuc [6] divina descendit » ? [5] Animum excellentem, moderatum, omnia tamquam minora transeuntem, quicquid timemus optamusque ridentem, cælestis potentia agitat. Non potest res tanta sine adminiculo

borum, « de nos bonnes et de nos mauvaises actions ».

1. *Aliquis.* V. Rem. 73.
2. *Quis deus etc.* Virgile, Æn., VIII, 352.
3. *In aperto,* « en plein air », par opposition aux grottes, aux cavernes, aux souterrains et autres lieux couverts où règne l'obscurité.
4. *Suspenderit,* « tient suspendu, soutient (en formant une voûte) ».
5. *Opacitas,* « la sombre épaisseur (des eaux) ».
6. *Ista... istuc.* V. Rem. 72, 2°.

numinis stare; itaque majore sui parte illic est, unde descendit[1]. Quemadmodum radii solis contingunt quidem terram, sed ibi sunt, unde mittuntur, sic animus magnus ac sacer et in hoc[2] demissus, ut propius divina nossemus[3], conversatur quidem nobiscum, sed hæret origini suæ; illinc pendet, illuc spectat ac nititur; nostris[4] tamquam melior interest. [6] Quis est ergo hic animus? qui nullo bono nisi suo nitet. Quid enim est stultius quam in homine aliena laudare? quid eo dementius, qui ea miratur, quæ ad alium transferri protinus possunt? Non faciunt meliorem equum aurei freni. Aliter leo aurata juba[5] mittitur[6], dum contractatur[7] et ad patientiam recipiendi ornamenti cogitur fatigatus, aliter incultus, integri spiritus : hic scilicet impetu acer, qualem illum natura esse voluit, speciosus ex horrido[8], cujus hic decor est, non sine timore adspici, præfertur illi languido et bracteato. [7] Nemo gloriari nisi suo debet. Vitem laudamus, si fructu palmites onerat, si ipsa[9] ad terram pondere eorum, quæ tulit, adminicula deducit : num quis huic illam præferret vitem, cui aureæ uvæ, aurea folia dependent? Propria virtus est in vite fertilitas : in homine quoque id laudandum est, quod ipsius est. [8] Familiam formosam habet et domum pulchram, multum serit[10],

1. *Illic... unde descendit*, « au lieu de son origine », c'est-à-dire au ciel, au sein de la divinité. Cf. XXXI, 28-30 et LI, 1.
2. *In hoc... ut.* V. *Rem.* 84.
3. *Nossemus*, nous autres hommes ordinaires.
4. *Nostris (animis).*
5. *Leo aurata juba.* Souvent, aux spectacles de l'amphithéâtre, on voyait figurer des animaux couverts de plaques en métal, de feuilles d'or et d'autres oripeaux.
6. *Mittitur*, « est lâché (dans l'arène) ».

7. *Dum contractatur etc.*, dépend de *fatigatus*.
8. *Speciosus ex horrido*, « avec sa beauté sauvage ». Cf. *Epist.* 100, 6 : *Quidam illam (compositionem) volunt esse ex horrido comptam*, « quelques-uns veulent que la construction des phrases ait une grâce négligée ». V. *Rem.* 67.
9. *Ipsa* s'accorde avec *adminicula*.
10. *Multum serit, etc.* Cf. XXXVII, 6 et *Epist.* 76, 15 : *Ergo in homine quoque nihil ad rem pertinet, quantum aret, quantum fœneret, etc.*

multum fœnerat : nihil horum in ipso est, sed circa
psum. Lauda in illo, quod nec eripi potest nec dari,
quod proprium hominis est. Quæris quid sit? animus et
ratio in animo perfecta. Rationale enim animal est
homo; consummatur itaque ejus bonum, si id implevit,
cui nascitur. [9] Quid est autem, quod ab illo ratio
hæc exigat? rem facillimam, secundum naturam suam
vivere[1]. Sed hanc difficilem facit communis insania ;
in vitia alter alterum trudimus. Quomodo autem revo-
cari ad salutem possunt, quos nemo retinet, populus
impellit? Vale.

(Ep. 41.)

L.

Vivons de façon que nous n'ayons rien à cacher.

[1] Quomodo hoc[2] ad me pervenerit quæris, quis
mihi id te cogitare narraverit, quod tu nulli narrave-
ras? Is qui scit plurimum, rumor. « Quid ergo? »
inquis, « tantus sum, ut possim excitare rumorem? »
Non est quod te ad hunc locum[3] respiciens metiaris :
ad istum[4] respice, in quo moraris. [2] Quicquid inter
vicina eminet, magnum est illic, ubi eminet; nam
magnitudo habet modum incertum[5] : comparatio illam
aut tollit[6] aut deprimit. Navis quæ in flumine magna
est, in mari parvula est; gubernaculum, quod alteri
navi magnum est, alteri exiguum est. [3] Tu nunc in
provincia, licet contemnas ipse te, magnus es. Quid

---

1. *Secundum naturam suam vivere.* Cf. XIX, 1.

2. *Hoc*, « la chose dont j'ai parlé (dans ma lettre précédente) ». Nous ignorons de quoi il s'agit; la phrase suivante (*quis mihi etc.*) sert de commentaire.

3. *Hunc locum*, « l'endroit où je suis », Rome.

4. *Istum.* Lucilius résidait en Sicile. Cf. XXXVI, 1, note.

5. *Habet modum incertum*, « est relative ».

6. *Tollit = attollit.*

agas, quemadmodum cenes, quemadmodum dormias, quæritur, scitur : eo tibi diligentius vivendum est. Tunc autem felicem esse te judica, cum poteris vivere in publico, cum te parietes tui tegent, non abscondent, quos plerumque circumdatos nobis judicamus non ut tutius vivamus, sed ut peccemus occultius. [4] Rem dicam, ex qua mores æstimes nostros : vix quemquam invenies qui possit aperto ostio vivere ; janitores conscientia nostra, non superbia opposuit ; sic vivimus, ut deprehendi sit subito adspici. [5] Quid autem prodest recondere se et oculos hominum auresque vitare ? Bona conscientia turbam[1] advocat, mala etiam in solitudine anxia atque sollicita est. Si honesta sunt quæ facis, omnes sciant ; si turpia, quid refert neminem scire, cum tu scias ? O te miserum, si contemnis hunc testem ! Vale.

(Ep. 43.)

LI

La vraie noblesse[2].

[1] Iterum[3] tu mihi[4] te pusillum facis[5] et dicis malignius tecum egisse[6] naturam prius, deinde fortunam, cum possis eximere te vulgo et ad felicitatem hominum maximam emergere. Si quid est aliud[7] in philosophia boni, hoc est, quod stemma[8] non inspicit : omnes, si ad originem primam revocantur, a dis sunt[9]. [2] Eques

---

1. *Turbam*, « la foule », c'est-à-dire « les témoins ».
2. Comparez la VIII° satire de Juvénal.
3. *Iterum*. Il n'y a aucune allusion à un fait de ce genre dans les épîtres précédentes.
4. *Mihi*, datif de sentiment.
5. *Te pusillum facis*, « tu te rabaisses ».
6. *Malignius tecum egisse*, « t'a traité en marâtre ».
7. *Si quid... aliud*. L'emploi de *aliud* n'est pas logique. Il provient sans doute, par une fausse analogie, de la locution *si nihil aliud*.
8. *Stemma*. Cf. XXVIII, 8, note sur *imaginibus suis*; XXXI, 2.
9. *Omnes... a dis sunt*. Cf. XXXI, 28-30.

Romanus[1] es et ad hunc ordinem tua te perduxit industria. At mehercules multis quattuordecim[2] clausa sunt; non omnes curia[3] admittit; castra quoque, quos ad laborem et periculum recipiant, fastidiose legunt[4]. Bona mens[5] omnibus patet, omnes ad hoc sumus nobiles. Nec rejicit quemquam philosophia nec eligit : omnibus lucet. [3] Patricius Socrates[6] non fuit; Cleanthes[7] aquam traxit et rigando horto[8] locavit manus; Platonem[9] non accepit nobilem philosophia, sed fecit. Quid est quare desperes his te posse fieri parem? Omnes hi majores tui sunt[10], si te illis geris dignum; geres autem, si hoc protinus tibi persuaseris, a nullo te nobilitate superari. [4] Omnibus nobis totidem ante nos[11] sunt : nullius non origo ultra memoriam jacet. Plato ait[12] « neminem regem non ex servis esse oriun-

---

1. *Eques Romanus.* L'ordre équestre était le second ordre de l'État. Lucilius était chevalier romain et procurateur (intendant impérial) de Sicile.

2. *Quattuordecim*, sous-entendu *subsellia* (on dit aussi *quattuordecim ordines* ou *gradus*). La loi réservait aux chevaliers, dans les théâtres, les quatorze premiers rangs de sièges derrière l'orchestre, qui était assigné aux sénateurs.

3. *Curia*, le palais du Sénat.

4. *Castra... fastidiose legunt*, « la milice se montre difficile sur le choix de... ». Pour être admis dans l'armée, il fallait avoir l'âge et la taille réglementaires, posséder certaines qualités physiques, etc.

5. *Bona mens.* Cf. XLIII, 1; XLV, 8.

6. *Socrates.* Il était fils d'un sculpteur et d'une sage-femme.

7. *Cleanthes.* V. XXXIX, 5. — *Aquam traxit.* De là, il fut surnommé φρεάντλος.

8. *Rigando horto*, datif. V. Rem. 55, 3°.

9. *Platonem etc.* Il appartenait toutefois à une famille d'eupatrides.

10. *Majores tui sunt.* Cf. XXV, 7.

11. *Ante nos.* Cf. XXXI, 30 : *Sive libertini ante vos habentur,* etc.

12. *Plato ait.* Sénèque pense sans doute à ce passsage du *Théétète*. p. 174 E — p. 175 A : Τὰ δὲ δὴ γένη ὑμνούντων, ὡς γενναῖός τις ἑπτὰ πάππους πλουσίους ἔχων ἀποφῆναι, παντάπασιν ἀμβλὺ καὶ ἐπὶ σμικρὸν ὁρώντων ἡγεῖται τὸν ἔπαινον, ὑπὸ ἀπαιδευσίας οὐ δυναμένων εἰς τὸ πᾶν ἀεὶ βλέπειν οὐδὲ λογίζεσθαι ὅτι πάππων καὶ προγόνων μυριάδες ἑκάστῳ γεγόνασιν ἀναρίθμητοι, ἐν αἷς πλούσιοι καὶ πτωχοὶ καὶ βασιλεῖς καὶ δοῦλοι βάρβαροί τε καὶ Ἕλληνες πολλάκις μυρίοι γεγόνασιν ὁτῳοῦν, etc.

dum, neminem non servum ex regibus. » Omnia ista¹ longa varietas miscuit et sursum deorsum fortuna versavit. [5] Quis est generosus²? ad virtutem bene a natura compositus. Hoc unum intuendum est; alioquin³ si ad vetera⁴ revocas, nemo non inde est⁵, ante quod nihil est : a primo mundi ortu usque in hoc tempus perduxit nos ex splendidis sordidisque⁶ alternata series. Non facit nobilem atrium ⁷ plenum fumosis imaginibus — nemo in nostram gloriam⁸ vixit nec quod ante nos fuit, nostrum est ; — animus facit nobilem, cui ex quacumque⁹ condicione supra fortunam licet surgere. [6] Puta itaque te non esse equitem Romanum, sed libertinum : potes hoc consequi, ut solus sis liber inter ingenuos. « Quomodo? » inquis. Si mala bonaque non populo auctore distinxeris. Intuendum est non unde veniant, sed quo eant. Si quid est, quod vitam beatam potest facere, id bonum est suo jure¹⁰; depravari enim in malum non potest. [7] Quid est ergo, in quo erratur, cum omnes beatam vitam optent? quod instrumenta ejus pro ipsa habent et illam, dum petunt, fugiunt. Nam cum summa vitæ beatæ sit solida securitas et inconcussa fiducia¹¹, sollicitudinis colligunt causas et per insidiosum iter vitæ non tantum ferunt sarcinas, sed trahunt. Ita longius ab effectu ejus, quod petunt, semper abscedunt et quo plus operæ impenderunt, hoc se magis impediunt et

1. *Omnia ista*, tous les titres et tous les rangs.
2. *Quis est generosus?* etc. Cf. Juvénal, Sat. VIII, 20 : *Nobilitas sola est atque unica virtus.*
3. *Alioquin.* V. Rem. 100.
4. *Ad vetera*, « à l'antiquité des races ».
5. *Inde est*, etc., il date de l'origine du monde.
6. *Ex splendidis sordidisque.* Cf. XXXI, 29 : *Sive per splen-didos sive per sordidos gradus*, etc.
7. *Atrium* etc. Cf. XXVIII, 8 et XXXI, 29.
8. *In nostram gloriam.* V. Rem. 84.
9. *Quacumque.* V. Rem. 75.
10. *Suo jure*, proprement : « de plein droit, en toute justice ».
11. *Fiducia (sui).* Cf. XLVII, 3 : *Unum bonum est.... sibi fidere*, et la note.

feruntur retro. Quod evenit in labyrintho properantibus, ipsa illos velocitas implicat. Vale.

(Ep. 44.)

LII

Il faut traiter avec bonté ses esclaves.

[1] Libenter ex his, qui a te veniunt, cognovi familiariter te cum servis tuis vivere. Hoc prudentiam tuam, hoc eruditionem[1] decet. « Servi sunt. » Immo homines. « Servi sunt. » Immo contubernales. « Servi sunt[2]. » Immo humiles amici. « Servi sunt. » Immo conservi, si cogitaveris tantumdem in utrosque licere fortunæ. [2] Itaque rideo istos, qui turpe existimant cum servo suo cenare. Quare? nisi quia superbissima consuetudo cenanti domino stantium servorum turbam circumdedit. Est[3] ille plus quam capit, et ingenti aviditate onerat distentum ventrem ac desuetum jam ventris officio, ut majore opera omnia egerat[4] quam ingessit : at infelicibus servis movere labra ne in hoc quidem, ut loquantur[5], licet; virga murmur omne compescitur, et ne fortuita quidem verberibus excepta sunt, tussis, sternumenta, singultus; magno malo[6]

---

1. *Eruditionem*, « tes lumières ». Dans la langue des stoïciens, l'*eruditus* (πεπαιδευμένος) est l'homme formé par la philosophie; le contraire est *imperitus* (ἀπαίδευτος, ἀμαθής, ἰδιώτης).
2. *Servi sunt*, « ce ne sont que des esclaves », dira un partisan des préjugés vulgaires.
3. *Est* = edit.
4. *Ut... egerat*. Cf. Sénèque, *Consol. ad Helv.*, 10, 3 : *Vomunt ut edant, edunt ut vomant.* —

Majore opera, « avec plus de peine encore ».

5. *Ne in hoc quidem, ut loquantur*, à plus forte raison pour manger. Cf. plus loin : *Jejuni mutique perstant.*
6. *Magno malo*, « par un rude châtiment ». *Malum* signifie fréquemment « châtiment » (des inférieurs et notamment des esclaves), « coups » (de verges, de fouet, d'étrivières, etc.) C'est un terme du langage familier.

ulla[1] voce interpellatum silentium luitur: nocte tota[2] jejuni mutique perstant. [3] Sic fit, ut isti de domino loquantur[3], quibus coram domino loqui non licet; at illi, quibus non tantum coram dominis, sed cum ipsis erat sermo, quorum os non consuebatur, parati erant pro domino porrigere cervicem, periculum imminens in caput suum avertere : in conviviis loquebantur, sed in tormentis tacebant. [4] Deinde ejusdem arrogantiæ proverbium jactatur : « totidem hostes esse quot servos. » Non habemus illos hostes, sed facimus. Alia interim crudelia, inhumana prætereo, quod[4] ne tamquam hominibus quidem, sed tamquam jumentis abutimur, quod, cum ad cenandum discubuimus, alius sputa deterget, alius reliquias temulentorum subditus[5] colligit. Alius pretiosas aves scindit[6] : per pectus et clunes certis ductibus circumferens eruditam manum frusta excutit[7], infelix, qui huic uni rei vivit, ut altilia decenter[8] secet! nisi quod miserior est, qui hoc voluptatis causa docet quam qui necessitatis discit.... Alius, cui convivarum censura permissa est[9], perstat infelix et exspectat, quos adulatio et intemperantia aut gulæ aut linguæ[10] revocet in crastinum. Adjico obsonatores, quibus dominici palati notitia subtilis est, qui sciunt, cujus illum rei sapor excitet, cujus delectet adspectus, cujus novitate nauseabundus[11] erigi possit, quid jam ipsa satietate fastidiat, quid illo die esuriat[12].

---

1. *Ulla*, « la moindre ». V. *Rem.* 74.
2. *Nocte tota*. V. *Rem.* 35 bis.
3. *De domino loquantur*, et naturellement ce n'est pas pour en dire du bien.
4. *Quod* etc., développement de *alia... crudelia*.
5. *Subditus*. V. *Rem.* 79.
6. *Scindit*. Cf. XXIV, 6.
7. *Excutit*, « il détache » (il fait tomber par une légère secousse imprimée au couteau).

8. *Decenter*, « proprement ».
9. *Alius, cui convivarum censura permissa est*. Il est chargé de distinguer parmi les convives ceux qui méritent d'être réinvités.
10. *Intemperantia aut gulæ aut linguæ*. L'amphitryon s'en amuse.
11. *Nauseabundus*, « blasé ».
12. *Esuriat*, dans le sens propre: « a envie de manger ».

[5] Cum his cenare non sustinet¹ et majestatis suæ deminutionem putat ad eamdem mensam cum servo suo accedere : di melius² ! quot ex istis³ dominos habet! Stare⁴ ante limen Callisti⁵ dominum suum⁶ vidi et cum, qui illi impegerat titulum⁷, qui inter reicula⁸ mancipia produxerat, aliis intrantibus excludi. Retulit illi gratiam⁹ servus ille in primam decuriam conjectus¹⁰, in qua vocem præco experitur : et ipse illum invicem apologavit¹¹, et ipse non judicavit domo sua dignum. Dominus Callistum vendidit : sed domino quam multa¹² Callistus! [6] Vis tu¹³ cogitare istum, quem servum tuum vocas, ex iisdem seminibus ortum, eodem frui cælo, æque spirare, æque vivere, æque mori? Tam tu illum videre ingenuum¹⁴ potes quam

---

1. *Sustinet.* V. Rem. 49.
2. *Di melius (dent)!* « que les dieux nous en préservent ! » c'est-à-dire « qu'ils rabattent cet orgueil ! » Et comme ils le font en effet, on peut traduire : « Mais, grâce aux dieux... ».
3. *Ex istis,* « de ces êtres méprisés ».
4. *Stare ante limen... excludi,* comme un vulgaire client. Cf. XXIII, 4 et 6; XXV, 3.
5. *Callisti.* Callistus, affranchi de l'empereur Claude, devint l'un des personnages les plus influents de l'empire.
6. *Dominum suum,* son ancien maître, qui l'avait vendu parce qu'il ne faisait aucun cas de lui.
7. *Impegerat titulum.* On suspendait au cou des esclaves à vendre un écriteau (*titulus*) qui indiquait leur nom, leur origine, leurs qualités et leurs défauts corporels et autres. — *Impingere,* « mettre, appliquer », avec une idée de brutalité, de mépris.
8. *Reicula,* « de rebut ».

9. *Retulit illi gratiam,* ironique : « il lui rendit la pareille, il le paya de la même monnaie ».
10. *In primam decuriam conjectus.* Les esclaves étaient divisés en décuries. Ceux qui avaient le moins de valeur étaient mis en vente les premiers : ils servaient à exercer la voix du crieur public (*in qua vocem præco experitur*) en attendant les enchères sérieuses.
11. *Apologavit,* « il rebuta ». Le verbe *apologare* (= *recusare, rejicere, repudiare*), formé sur le grec ἀπολέγειν avec changement de flexion, paraît appartenir à la langue vulgaire.
12. *Quam multa,* les faveurs de l'empereur, obtenues par l'intermédiaire de Callistus, qui se faisait grassement payer.
13. *Vis tu cogitare.* V. Rem. 44.
14. *Ingenuum.* A parler rigoureusement, cela n'est pas possible, car, comme le dit le jurisconsulte Gaius (I, 11), *ingenui sunt, qui liberi nati sunt.* Mais l'Empire introduisit une fiction juridique en vertu

ille te servum. Variana clade¹ multos splendidissimo natos, senatorium per militiam² auspicantes gradum, fortuna depressit : alium ex illis pastorem, alium custodem casæ fecit. Contemne nunc ejus fortunæ hominem, in quam transire, dum contemnis, potes! [7] Nolo in ingentem me locum³ immittere et de usu⁴ servorum disputare, in quos superbissimi, crudelissimi, contumeliosissimi sumus. Hæc tamen præcepti mei summa est : sic cum inferiore vivas, quemadmodum tecum superiorem velis vivere. Quotiens in mentem venerit, quantum tibi in servum liceat, veniat in mentem tantumdem in te domino tuo licere. « At ego, » inquis, « nullum habeo dominum. » Bona ætas est⁵ : forsitan habebis⁶. Nescis, qua ætate Hecuba servire cœperit, qua Crœsus⁷, qua Darei mater⁸, qua Platon⁹, qua Diogenes¹⁰ ? [8] Vive cum servo clementer, comiter

de laquelle l'*ingenuitas* pouvait être conférée à un affranchi, par un bienfait de l'empereur, de deux manières : 1° par la concession du *jus anuli aurei*, qui correspondait à l'élévation de l'affranchi à l'ordre équestre, mais ne lui accordait pas l'exemption des devoirs de patronat ; 2° par la *natalium restitutio*, qui d'ordinaire n'était accordée qu'avec le consentement du patron, et qui effaçait toute trace de naissance servile, déliant par conséquent l'affranchi de ses obligations envers son patron.

1. *Variana clade*, le désastre de Varus en Germanie (9 ap. J.-C.).

2. *Senatorium per militiam* etc. Sous l'Empire, le jeune Romain qui se destinait à la carrière sénatoriale devait commencer par être tribun militaire (*tribunus militum laticlavius*).

3. *In ingentem locum*, « dans un vaste sujet ».

4. *Usu*, « la manière dont il faut traiter ».

5. *Bona ætas est*, « tu es encore jeune », donc tu peux éprouver encore bien des vicissitudes. *Bona ætas* = « la jeunesse », l'âge où l'homme est dans toute sa force ; *mala ætas* = « la vieillesse ».

6. *Forsitan habebis*. V. Rem. 43.

7. *Crœsus*. V. Hérodote, I, 83 et suiv.

8. *Darei mater*. V. Q. Curce, III, 11 et 12.

9. *Platon*. Platon étant tombé en disgrâce auprès de Denys l'Ancien, fut livré par lui au Spartiate Pollis, qui le vendit comme esclave. Il fut racheté et mis en liberté par Annicéris de Cyrène.

10. *Diogenes*, Diogène le Cynique. Il fut pris par des pirates qui le conduisirent en Crète, où il fut vendu au Corinthien Xéniade.

quoque[1] : et in sermonem illum admitto et in consilium et in convictum. Hoc loco acclamabit mihi tota manus delicatorum[2] : « Nihil hac re humilius, nihil turpius. » Illos ego eosdem deprehendam alienorum servorum osculantes manum[3]. Ne illud quidem videtis, quam[4] omnem invidiam majores nostri dominis, omnem contumeliam servis detraxerint? Dominum « patrem familiæ » appellaverunt, servos, quod etiam in mimis[5] adhuc durat, « familiares ». Instituerunt diem festum[6], non quo solo[7] cum servis domini vescerentur, sed quo utique[8] honores illis in domo gerere, jus dicere permiserunt et domum pusillam rem publicam esse judicaverunt. [9] Quid ergo? omnes servos admovebo mensæ meæ? Non magis quam omnes liberos. Erras, si existimas me quosdam quasi[9] sordidioris operæ rejecturum, ut puta[10] illum[11] mulionem et illum bubulcum : non ministeriis illos æstimabo, sed moribus. Sibi quisque dat mores : ministeria casus assignat. Quidam cenent tecum, quia digni sunt, quidam, ut sint; si quid enim in illis ex sordida conversatione[12] servile est, honestiorum convictus excutiet. [10] Non est, mi Lucili, quod amicum tantum in foro et in curia quæras : si diligenter attenderis, et domi invenies. Sæpe bona materia cessat[13] sine[14] artifice : tenta et experiere. Quemadmo-

---

1. *Quoque*, au lieu de *etiam*. V. *Rem.* 111.

2. *Delicatorum*, « de nos gens du beau monde ».

3. *Osculantes manum*, pour se faire bien venir du maître de ces esclaves. Baiser la main de quelqu'un était un acte servile.

4. *Quam*, « avec quel soin ».

5. *In mimis*. Cf. XV, 5, note.

6. *Diem festum*, les Saturnales. Cf. XLII, 1.

7. *Non quo solo = non ut eo solo* (die). Dans le bon vieux temps, ce n'était pas seulement pendant les Saturnales que les esclaves étaient admis à la table du maître.

8. *Utique* porte sur *permiserunt* et *judicaverunt*.

9. *Quasi*, « parce qu'ils seraient... ». V. *Rem.* 109.

10. *Ut puta*. V. *Rem.* 9.

11. *Illum*. Cf. IV, 1.

12. *Ex sordida conversatione = ex conversatione cum sordidis*, par opposition à *honestiorum convictus*.

13. *Cessat*, « reste inutile, reste sans emploi ».

14. *Sine*, « faute de... ».

dum stultus est, qui equum empturus non ipsum inspicit, sed stratum ejus ac frenos, sic stultissimus est, qui hominem aut ex veste aut ex condicione, quæ vestis modo nobis circumdata est, æstimat. [11] « Servus est. » Sed fortasse liber animo. « Servus est. » Hoc illi nocebit? ostende, quis non sit : alius libidini servit, alius avaritiæ, alius ambitioni, omnes timori. Dabo consularem aniculæ[1] servientem, dabo ancillulæ[2] divitem : nulla servitus turpior est quam voluntaria. Quare non est quod fastidiosi isti te deterreant, quo minus servis tuis hilarem te præstes et non superbe superiorem : colant potius te quam timeant. [12] Dicet aliquis nunc me vocare ad pileum[3] servos et dominos de fastigio suo dejicere, quod dixi : « Colant potius dominum quam timeant. » « Ita, » inquit[4], « prorsus colant tamquam clientes, tamquam salutatores? » Hoc qui dixerit, obliviscetur id dominis parum non esse, quod deo sat est, qui colitur et amatur. Non potest amor cum timore misceri. [13] Rectissime ergo facere te judico, quod timeri a servis tuis non vis, quod verborum castigatione[5] uteris : verberibus muta admonentur. Non quicquid nos offendit[6], et lædit; sed ad rabiem[7] nos cogunt pervenire deliciæ, ut[8] quicquid

---

1. *Aniculæ servientem*, afin de capter son héritage. Pour la chasse aux testaments à Rome, cf. Horace, *Sat.*, II, 5.

2. *Ancillulæ*, « une misérable esclave », dont il est amoureux.

3. *Ad pileum = ad libertatem*. L'esclave affranchi recevait un *pileus*, ou bonnet de feutre, symbole de la liberté. Cf. XLII, 3.

4. *Ita, inquit, etc.* « Ainsi, dira-t-il, tu veux que nos esclaves nous honorent absolument de la même façon que le font nos clients (et rien de plus) ? »

5. *Verborum castigatione*. Ajoutez dans la traduction « ne... que... » ou une expression équivalente. — *Verborum... verberibus*, jeu de mots. Cf. Térence, *Heaut.*, v. 356 : *Tibi erunt parata verba, huic homini* (= *mihi* : c'est un esclave qui parle) *verbera*.

6. *Offendit*, « choque, déplaît », par exemple, la négligence ou la maladresse d'un esclave, ou encore *tussis, sternumenta, singultus* (§ 2). — *Lædit*, « cause un tort réel ».

7. *Sed ad rabiem etc.* Cf. VIII, 3-5.

8. *Ut* marque la conséquence.

non ex voluntate respondet, iram evocet. Regum nobis induimus animos : nam illi quoque obliti et suarum virium et imbecillitatis alienæ sic excandescunt, sic sæviunt, quasi injuriam acceperint; a cujus rei periculo illos fortunæ suæ magnitudo tutissimos præstat. Nec hoc ignorant, sed occasionem nocendi captant querendo : acceperunt[1] injuriam ut facerent. [14] Diutius te morari nolo; non est enim tibi exhortatione opus. Hoc habent inter cetera boni mores : placent sibi, permanent; levis est malitia, sæpe mutatur, non in melius, sed in aliud. Vale.

(Ep. 47.)

LIII

Contre les vaines subtilités de la dialectique.

[1] « Mus syllaba est; mus autem caseum rodit; syllaba ergo caseum rodit. » Puta nunc me istuc non posse solvere : quod mihi ex ista inscientia periculum imminet? quod incommodum? Sine dubio verendum est, ne quando in muscipulo syllabas capiam aut ne quando, si neglegentior fuero, caseum liber comedat! Nisi forte illa acutior est collectio[2] : « Mus syllaba est; syllaba autem caseum non rodit; mus ergo caseum non rodit. » [2] O pueriles ineptias! in hoc[3] supercilia subduximus? in hoc barbam demisimus[4]? hoc est quod tristes docemus et pallidi? Vis scire, quid philosophia promittat generi humano? Consilium. Alium mors

---

1. *Acceperunt*, c'est-à-dire *accepisse se fingunt*.
2. *Collectio*. V. *Rem.* 10.
3. *In hoc*, « c'est pour ce beau résultat ». V. *Rem.* 84.
4. *Supercilia subduximus... barbam demisimus*. Les philosophes, notamment les stoïciens, affectaient volontiers un extérieur austère; ils laissaient croître leur barbe, etc., ce qui leur attirait mainte raillerie. Cf. Horace, *Sat.*, I, 3, 133; II, 3, 16-17, 35 (*sapientem pascere barbam*).

vocal, alium paupertas urit, alium divitiæ vel alienæ torquent[1] vel suæ; illo malam fortunam horret, hic se felicitati suæ subducere cupit; hunc homines male habent, illum di. [3] Quid mihi lusoria ista componis? non est jocandi locus. Ad miseros advocatus es; opem laturum te naufragis, captis, ægris, egentibus, intentæ securi subjectum præstantibus caput pollicitus es : quo diverteris? quid agis? Hic, cum quo ludis, timet : succurro... Omnes undique ad te manus tendunt, perditæ vitæ perituræque auxilium aliquod implorant; in te spes opesque sunt; rogant, ut ex tanta illos[2] volutatione extrahas, ut disjectis et errantibus clarum veritatis lumen ostendas. [4] Dic, quid natura necessarium fecerit, quid supervacuum, quam faciles leges posuerit, quam jucunda sit vita, quam expedita illam sequentibus, quam acerba et implicita eorum, qui opinioni plus quam naturæ crediderunt... Quid istorum[3] cupiditates demit? quid temperat? Utinam tantum non prodessent! nocent. Hoc tibi, cum voles, manifestissimum faciam, et comminui et debilitari generosam indolem in istas argutias conjectam. [5] Pudet dicere, contra fortunam militaturis quæ porrigant tela, quemadmodum illos subornent[4]. Hac ad summum bonum itur? per istud philophiæ SIVE NIVE[5] et turpes infamesque etiam ad album

---

1. *Divitiæ... alienæ torquent.* C'est le cas pour l'envieux. — *Suæ.* C'est le cas pour l'avare. Cf. *Epist.* 115, 16 : *Nulla... avaritia sine pœna est, quamvis satis sit ipsa pœnarum... Majore tormento pecunia possidetur quam quæritur.*

2. *Illos,* au lieu de *se.* V. *Rem.* 70.

3. *Istorum,* neutre : « de ces sophismes ».

4. *Porrigant... subornent,* savoir les philosophes qui se livrent à ces vaines discussions.

5. *Istud philosophiæ* SIVE NIVE. A cause de l'emploi fréquent des termes *si* (*sive*)... *ni* (*nive*), « si..., si ne... pas », dans les formules juridiques, on a désigné ironiquement les formes de la chicane par la locution SIVE NIVE. Cf. Cicéron, *Pro Cæcina,* 23, 65 : *Tum illud, quod dicitur,* SIVE NIVE *irrident; tum aucupia verborum et litterarum tendiculas in invidiam vocant; tum vociferantur ex æquo et bono, non ex callido versutoque jure rem judicari oportere, etc.*

sedentibus[1] exceptiones[2]? Quid enim aliud agitis, cum eum, quem interrogatis, scientes in fraudem inducitis, quam ut formulā cecidisse[3] videatur? Sed quemadmodum illos[4] prætor[5], sic hos philosophia in integrum restituit[6]. [6] Quid disceditis ab ingentibus promissis et grandia locuti, effecturos vos[7], ut non magis auri fulgor quam gladii præstringat oculos meos, ut ingenti constantia et quod omnes optant et quod omnes timent, calcem, ad grammaticorum elementa[8] descenditis? Quid dicitis :

... sic itur ad astra[9]?

Hoc enim est, quod philosophia mihi promittit, ut parem deo faciat; ad hoc invitatus sum, ad hoc vēni : fidem præsta. [7] Quantum potes ergo, mi Lucili, reduc te ab istis exceptionibus[10] et præscriptionibus[11] philoso-

---

1. *Etiam ad album sedentibus*, « même pour ceux qui passent leur vie auprès du tableau où est inscrit l'édit du préteur », c'est-à-dire « même pour les procéduriers, pour les gens qui vivent de procès ».

2. *Exceptiones*, moyens de droit que le défendeur oppose au demandeur à l'effet de paralyser son action. Les *exceptions* ne servaient que trop souvent à protéger la mauvaise foi (de là *turpes infamesque...*).

3. *Formula cecidisse = causa cecidisse*. Le demandeur énonçait ses conclusions d'après une formule qu'il présentait au préteur. Une formule mal conçue pouvait entraîner la perte du procès entier.

4. *Illos*, les plaideurs victimes d'une mauvaise chicane. — *Hos*, syllepse, puisque ce pronom se rapporte à *eum quem interrogatis*; le pluriel est amené par *illos*. V. *Rem.* 77.

5. *Prætor*. Le préteur jugeait *ex æquo et bono* et tempérait par l'équité la rigueur du droit.

6. *In integrum restituit*. En vertu de son *imperium*, le préteur annulait les actes qui lui paraissaient contraires à l'équité et replaçait les parties dans l'état où elles se seraient trouvées si ces actes n'avaient pas eu lieu. Cela s'appelait *in integrum restituere*.

7. *Effecturos vos, etc.*, développement de *grandia locuti*.

8. *Ad grammaticorum elementa*. Ces subtilités de logique se ramènent à des querelles de mots, à des questions de grammaire.

9. *Sic itur ad astra*. Virgile, Æn., IX, 641.

10. *Exceptionibus*. Cf. pl. h'(§ 5).

11. *Præscriptionibus*. On appelait *præscriptiones* les réserves et moyens de défense que les parties faisaient écrire en tête (*præ-scribere*) de la formule renfermant leurs conclusions. C'étaient une variété des *exceptiones*.

phorum : aperta decent et simplicia bonitatem. Etiamsi multum superesset ætatis, parce dispensandum erat, ut sufficeret necessariis : nunc quæ dementia est supervacua discere in tanta temporis egestate? Vale.

(Ep. 48, §§ 6-12.)

LIV

Le plus grand obstacle à notre progrès moral, c'est que nous ne connaissons pas nos défauts.

[1] Epistulam tuam accepi post multos menses quam miseras. Supervacuum itaque putavi ab eo, qui afferebat, quid ageres quærere : valde enim bonæ memoriæ est, si meminit; et tamen spero sic te jam vivere, ut, ubicumque eris, sciam quid agas. Quid enim aliud agas quam ut meliorem te ipse quotidie facias, ut aliquid ex erroribus ponas[1], ut intellegas tua vitia esse[2], quæ putas rerum? Quædam enim locis et temporibus adscribimus : at illa, quocumque transierimus, secutura sunt.

[2] Harpasten[3], uxoris meæ[4] fatuam[5], scis hereditarium onus[6] in domo mea remansisse. Ipse enim aversissimus ab istis prodigiis sum; si quando fatuo delectari volo, non est mihi longe quærendus : me rideo. Hæc fatua subito desiit videre. Incredibilem rem tibi narro, sed veram : nescit esse se cæcam; subinde

---

1. *Ponas* = *deponas*.
2. *Tua vitia esse*, etc. Cf. XLVI.
3. *Harpasten*, nom propre ('Ἁρπαστή).
4. *Uxoris meæ*, de la première femme de Sénèque. V. la *Notice*, p. 5, note 1.
5. *Fatuam*. Les riches Romains aimaient à entretenir chez eux des fous, des idiots des deux sexes (*fatui, fatuæ*), qui leur servaient de bouffons.
6. *Hereditarium onus*, « hereditate cum reliquis famulis transmissam ». (J. Lipse.) — *Onus*. Sénèque ne la garde que par pitié.

pædagogum suum[1] rogat ut migret : ait domum tenebricosam esse.

[3] Hoc quod in illa ridemus, omnibus nobis accidere liqueat tibi : nemo se avarum esse intellegit, nemo cupidum. Cæci tamen[2] ducem quærunt : nos sine duce erramus et dicimus : « Non ego ambitiosus sum, sed nemo aliter Romæ potest vivere. Non ego sumptuosus sum, sed urbs ipsa[3] magnas impensas exigit. Non est meum vitium, quod iracundus sum, quod nondum constitui certum genus vitæ : adulescentia hæc facit. » [4] Quid nos decipimus? non est extrinsecus malum nostrum : intra nos est, in visceribus ipsis sedet, et ideo difficulter ad sanitatem pervenimus, quia nos ægrotare nescimus. Si curari[4] cœperimus, quando tot morbos tam veteres discutiemus? Nunc vero ne quærimus quidem medicum, qui minus negotii haberet, si adhiberetur ad recens vitium : sequerentur teneri et rudes animi recta monstrantem. [5] Nemo difficulter ad naturam reducitur, nisi qui ab illa defecit. Erubescimus discere bonam mentem[5] : at mehercules, si turpe est magistrum hujus rei quærere, illud desperandum est, posse nobis casu tantum bonum influere : laborandum est. Et, ut verum dicam, ne labor quidem magnus est, si modo, ut dixi, ante animum nostrum formare incipimus et recorrigere, quam induresceat pravitas ejus. Sed nec indurata[6] despero : nihil est, quod non expugnet pertinax opera et intenta ac diligens cura.

(Ep. 50, §§ 1-6.)

---

1. *Pædagogum suum*, l'esclave chargé de l'accompagner, de la soigner, de la surveiller.

2. *Tamen*, « du moins ».

3. *Urbs ipsa* etc. Cf. Juvénal, III, 183-184 : *Omnia Romæ cum pretio*.

4. *Curari*, « nous soigner » ou « nous faire soigner ». V. *Rem.* 79.

5. *Bonam mentem.* Cf. XLIII, 1; XLV, 8; LI, 2.

6. *Indurata (pravitate ejus)*, ablatif absolu.

I. V

La villa de Servilius Vatia.

[1] A gestatione[1] cum maxime[2] venio, non minus fatigatus quam si tantum ambulassem quantum sedi; labor est enim et diu ferri, ac nescio an eo major, quia contra naturam est, quæ pedes dedit, ut per nos ambularemus, sicut oculos, ut per nos videremus. Debilitatem nobis indixere deliciæ, et quod diu noluimus, posse desiimus. [2] Mihi tamen necessarium erat concutere corpus, ut, sive bilis[3] insederat faucibus, discuteretur, sive ipse ex aliqua causa spiritus[4] densior erat, extenuaret[5] illum jactatio, quam profuisse mihi sensi. Ideo diutius vehi perseveravi invitante ipso littore, quod inter Cumas et Servilii Vatiæ[6] villam curvatur et hinc mari, illinc lacu[7] velut angustum iter cluditur. Erat enim a[8] recenti tempestate spissum; fluctus enim[9] illud[10], ut scis, frequens et concitatus exæquat, longior tranquillitas solvit, cum arenis, quæ humore alligantur, succus abscessit. [3] Ex consuetu-

---

1. *Gestatione*, promenade en chaise à porteurs (*sella gestatoria*), comme le prouve le mot *sedi* : dans la litière (*lectica*), on était couché.

2. *Cum maxime.* V. Rem. 127.

3. *Sive bilis etc.* Sénèque souffrait d'un asthme humide ou catarrhal. — *Bilis.* Les anciens comprenaient sous ce nom toute espèce d'humeurs, comme la pituite, etc.

4. *Ipse... spiritus*, l'air des poumons lui-même, par opposition aux matières qui peuvent obstruer les bronches. Cette hypothèse médicale n'a évidemment aucune valeur scientifique.

5. *Extenuaret*, « pour raréfier ».

6. *Servilii Vatiæ.* Ce personnage ne nous est connu que par ce qu'en dit Sénèque.

7. *Lacu*, le *lacus Acherusius* ou *Acherusia palus.* Cf. § 6.

8. *A*, « par suite de... ».

9. *Fluctus enim etc.* Cf. Pline le J., *Epist.*, II, 17, 27 : *Quod (littus) nonnumquam longa tranquillitas mollit, sæpius frequens et contrarius fluctus indurat.* Servius (Virgile, *Én.*, X, 303) : *Quæ (arena) remeantibus fluctibus et euntibus plerumque densetur et in modum saxi indurescit.*

10. *Illud.* V. Rem. 78.

dine tamen[1] mea circumspicere cœpi, an[2] aliquid illic invenirem, quod mihi posset bono esse[3], et direxi oculos in villam, quæ aliquando Vatiæ fuit. In hac ille prætorius dives, nulla alia re quam otio notus, consenuit et ob hoc unum felix habebatur. Nam quotiens aliquos amicitiæ[4] Asinii Galli[5], quotiens Sejani[6] odium, deinde amor merserat (æque enim[7] offendisse illum quam amasse periculosum fuit), exclamabant homines : « O Vatia, solus scis vivere. » [4] At ille latere sciebat, non vivere. Multum autem interest, utrum vita tua otiosa sit an ignava. Numquam aliter hanc villam Vatia vivo præteribam, quam ut dicerem : « Vatia hic situs est[8]. » Sed adeo, mi Lucili, philosophia sacrum quiddam est et venerabile, ut etiam, si quid illi simile est, mendacio[9] placeat. Otiosum[10] enim hominem seductum[11] existimat vulgus et securum et se contentum, sibi viventem ; quorum nihil ulli contingere nisi sapienti potest. Ille solus scit sibi vivere ; ille enim, quod est primum, scit vivere. [5] Nam qui res et homines fūgit, quem cupiditatum suarum infelicitas relegavit, qui alios feliciores videre non potuit, qui velut timidum atque iners animal metu oblituit, ille sibi non vivit, sed, quod est tur-

1. *Tamen*, malgré le plaisir tout physique de la promenade (ce plaisir ne m'a pas empêché cependant...).

2. *An*. V. Rem. 95.

3. *Bono esse*, au point de vue moral.

4. *Amicitiæ*. Le pluriel indique des relations d'amitié avec plusieurs personnes.

5. *Asinii Galli*, Asinius Gallus, fils du célèbre orateur Asinius Pollio et l'un des principaux personnages du Sénat. Arrêté par l'ordre de Tibère, qui l'avait pris en haine, il resta longtemps détenu et mourut de faim avant qu'on lui eût fait son procès. Syriacus fut mis à mort uniquement parce qu'il était l'ami d'Asinius Gallus.

6. *Sejani*, le fameux préfet du prétoire et favori de Tibère. — *Odium*, du temps de sa puissance : il faisait périr ceux qui lui déplaisaient. — *Amor*, après sa chute : ses amis furent poursuivis et enveloppés dans sa ruine.

7. *Aeque enim* etc. V. Rem. 92.

8. *Hic situs est*, formule d'épitaphe.

9. *Mendacio* = *falsa specie*.

10. *Otiosum*, complément attributif coordonné à *securum* etc.

11. *Seductum*. Cf. XIV, 3 ; XXVII, 8.

pissimum, ventri, somno, libidini. Non continuo sibi vivit, qui nemini. Adeo tamen magna res est constantia et in proposito suo perseverantia, ut habeat auctoritatem[1] inertia quoque pertinax.

[6] De ipsa villa nihil tibi possum certi scribere; frontem enim ejus tantum novi et exposita, quæ ostendit etiam transeuntibus. Speluncæ sunt duæ magni operis, cuivis laxo atrio pares, manu factæ, quarum altera solem non recipit, altera usque in occidentem tenet[2]. Platanona medius rivus et a mari et ab Acherusio lacu receptus[3] euripi[4] modo dividit, alendis piscibus, etiamsi assidue exhauriatur, sufficiens. Sed illi, cum mare patet, parcitur: cum tempestas piscatoribus dedit ferias, manus ad parata porrigitur[5]. [7] Hoc tamen est commodissimum in villa, quod Baias trans parietem[6] habet: incommodis illarum caret, voluptatibus fruitur. Has laudes ejus ipse novi; esse illam totius anni credo : occurrit enim Favonio et illum adeo excipit, ut Baiis neget. Non stulte videtur elegisse hunc locum Valia, in quem otium suum pigrum jam et senile conferret.

[8] Sed non multum ad tranquillitatem locus confert : animus est, qui sibi commendet omnia. Vidi ego in villa hilari et amœna mæstos, vidi in media solitudine occupatis similes. Quare non est quod existimes

---

1. *Habeat auctoritatem*, « a du prestige, en impose ».

2. *Usque in occidentem tenet* (*solem*), « garde le soleil jusqu'à son coucher, jusqu'au soir ». Cf. Pline le J., *Epist.*, II, 17 : (*Cubiculum*) *quod altera fenestra admittit orientem, occidentem altera retinet*

3. *Receptus*, il communique d'un côté avec la mer, de l'autre avec le lac.

4. *Euripi*, cours d'eau artificiel pratiqué pour décorer une villa. Ce nom est emprunté au détroit qui sépare l'Eubée de la Béotie. Cf. Cicéron, *De leg.*, II, 1, 2 : *Ductus vero aquarum, quos isti* (les propriétaires de grandes villas) *Nilos et Euripos vocant, quis non, cum hæc videat, irriserit?*

5. *Manus... porrigitur*, « on n'a qu'à étendre la main ».

6. *Trans parietem*, « à deux pas » (proprement : elle n'en est séparée que par l'épaisseur du mur).

ideo parum bene compositum esse te[1], quod in Campania[2] non es. Quare autem non es? Hucusque cogitationes tuas mitte. [9] Conversari cum amicis absentibus licet, et quidem quotiens velis, quamdiu velis. Magis hac voluptate[3], quæ maxima est, fruimur, dum absumus. Præsentia enim nos delicatos facit[4], et quia aliquando una loquimur, ambulamus, consedimus, cum diducti sumus, nihil de iis quos modo vidimus, cogitamus. [10] Et ideo æquo animo ferre debemus absentiam, quia nemo non multum etiam præsentibus abest. Pone hic primum noctes separatas, deinde occupationes utrique diversas, deinde studia secreta[5], suburbanas profectiones[6] : videbis non multum esse quod nobis peregrinatio eripiat. [11] Amicus animo possidendus est : hic[7] autem numquam abest; quemcumque vult, quotidie videt. Itaque mecum stude, mecum cena, mecum ambula. In angusto vivebamus[8], si quicquam esset cogitationibus clusum. Video te, mi Lucili, cum maxime[9] audio; adeo tecum sum, ut dubitem, an incipiam[10] non epistulas, sed codicillos[11] tibi scribere. Vale.

(Ep. 55.)

1. *Parum bene compositum esse te*, « que tu éprouves un certain malaise ». Cf. XXXVII, 1.

2. *In Campania*, auprès de Sénèque.

3. *Hac voluptate*, le plaisir de penser à nos amis.

4. *Nos delicatos facit*, « nous gâte ».

5. *Studia secreta*, « les études solitaires ».

6. *Suburbanas profectiones*, « les départs pour la campagne, les villégiatures ».

7. *Hic = animus*.

8. *Vivebamus, si... esset*. V. Rem. 42.

9. *Cum maxime*. V. Rem. 127.

10. *An incipiam*, « si je ne dois pas commencer... ». Dans l'interrogation directe, on aurait le subjonctif délibératif (*incipiam...* ?). Cf. XL, 1.

11. *Codicillos*, « de simples billets ». Les *codicilli* étaient de petites tablettes enduites de cire sur lesquelles on écrivait avec un *stilus* ou poinçon. Les lettres proprement dites (*epistulæ*) étaient écrites sur papier.

LVI

C'est en nous-mêmes que nous trouverons la véritable tranquillité

[1] Peream, si est tam necessarium quam videtur silentium in studia seposito[1] ! Ecce undique me varius clamor circumsonat : supra ipsum balneum[2] habito. Propone nunc tibi omnia genera vocum, quæ in odium possunt aures adducere[3]. Cum fortiores exerceentur et manus plumbo[4] graves jactant, cum aut laborant aut laborantem imitantur, gemitus audio ; quotiens retentum spiritum remiserunt, sibilos et acerbissimas respirationes. Cum in aliquem inertem[5] et hac plebeia unctione[6] contentum incidi, audio crepitum illisæ manus[7] humeris, quæ prout plana pervēnit aut concava, ita sonum mutat. Si vero pilicrepus[8] supervēnit et numerare cœpit pilas[9], actum est. Adjice nunc scordalum[10] et furem deprehensum[11] et illum, cui vox sua in balneo placet[12]. Adjice nunc eos, qui in piscinam

---

1. *In studia seposito.* V. Rem. 84 et 66. — *Seposito,* « à celui qui s'est retiré, isolé ». V. Rem. 79.
2. *Supra ipsum balneum,* « juste au-dessus d'un établissement de bains ». Sénèque se trouvait alors à Baïes et y avait loué un appartement.
3. *In odium... adducere,* « irriter, offenser, faire souffrir ».
4. *Plumbo,* des masses de plomb, des haltères.
5. *Inertem,* « passif », par opposition à *cum... exercentur..., cum... laborant.*
6. *Hac plebeia unctione,* « de la friction vulgaire ».
7. *Manus,* la main de l'*unctor* ou *aliptes.*
8. *Pilicrepus,* joueur de balle (spécialement de « balle au mur »).
9. *Pilas = pilarum jactus,* « les coups ». Il s'agissait de faire la plus longue série possible de coups sans laisser la balle tomber à terre.
10. *Scordalum,* mot vulgaire.
11. *Furem deprehensum.* Les vols d'habits, de linge, etc., étaient fréquents dans les bains publics. Un titre du *Digeste* (XLVII, 17) traite *De furibus balneariis.* Cf. Catulle, XXXIII, 1 : *O furum optime balneariorum.*
12. *Placet,* à cause de la sonorité de la salle. Cf. Horace, Sat., I, 4, 74-76 :

   *In medio qui
   Scripta foro recitent, sunt multi,
   [quique lavantes*

cum ingenti impulsæ aquæ sono saliunt. Præter istos, quorum, si nihil aliud[1], rectæ[2] voces sunt, alipilum cogita tenuem[3] et stridulam vocem, quo sit notabilior, subinde exprimentem nec unquam tacentem, nisi dum vellit alas et alium pro se clamare cogit[4]; jam[5] libarii varias exclamationes et botularium et crustularium et omnes popinarum institores[6] mercem sua quadam et insignita modulatione vendentes. [2] « O te, » inquis, « ferreum aut surdum, cui mens inter tot clamores tam varios, tam dissonos, constat[7], cum Crispum[8] nostrum assidua salutatio[9] perducat ad mortem[10]. » At, mehercules, ego istum fremitum non magis curo quam fluctum aut dejectum aquæ[11], quamvis audiam cuidam genti[12] hanc unam fuisse causam urbem suam transferendi, quod fragorem Nili cadentis ferre non potuit. [3] Magis mihi vox avocare videtur quam crepitus : illa enim animum adducit, hic tantum aures implet ac verberat. In his, quæ me sine avocatione circumstrepunt, essedas transcurrentes pono et fabrum[13] inquilinum et ferrarium

Suave locus voci resonat conclusus.

Pétrone, Sat., 73 : *Invitatus balnei sono... cœpit Menecratis cantica lacerare* (« massacrer »)

1. *Si nihil aliud*, « à défaut d'autre mérite, du moins ».
2. *Rectæ*, « simples, naturelles, non modulées ». Cf. XXIV, 5.
3. *Tenuem*, « de fausset ».
4. *Clamare cogit*, l'opération étant douloureuse.
5. *Jam*, « puis encore ».
6. *Popinarum institores*, les garçons de taverne chargés d'aller vendre par la ville boissons et victuailles. — *Vendentes*, « offrant en vente ».
7. *Cui mens... constat*, « pour ne pas perdre la tête ».
8. *Crispum*, un ami de Sénèque.
9. *Assidua salutatio*, les visites journalières de ses clients. Cf. XXIII, 4 ; XXIV, 1, etc.
10. *Perducat ad mortem*, « suffit pour faire mourir ».
11. *Dejectum aquæ*. V. Rem. 10.
12. *Cuidam genti* etc. Cf. Sénèque, Quæst. nat., IV, 2, 5 : *Quem (Nili strepitum) perferre gens ibi a Persis collocata non potuit obtusis assiduo fragore auribus et ob hoc mutatis sedibus ad quietiora translati sunt.*
13. *Fabrum*, sans doute un menuisier. — *Inquilinum*, « mon locataire » (à Rome). On sait qu'à Rome une foule de boutiques et d'ateliers étaient installés dans des échoppes accolées aux maisons.

vicinum, aut hunc, qui ad Metam Sudantem [1] tubulas experitur[2] et tibias, nec cantat, sed exclamat[3]. Etiamnunc[4] molestior est mihi sonus, qui intermittitur subinde quam qui continuatur. [4] Sed jam me sic ad omnia ista duravi, ut audire vel pausarium[5] possim voce acerbissima remigibus modos dantem. Animum enim cogo sibi intentum esse nec avocari ad externa. Omnia licet foris resonent, dum intus nihil tumultus sit, dum inter se non rixentur cupiditas et timor, dum avaritia luxuriaque non dissideant nec altera alteram vexet. Nam quid prodest totius regionis silentium, si affectus fremunt?

[5] Omnia noctis erant placida composta quiete [6].

Falsum est : nulla placida est quies, nisi quam ratio composuit. Nox exhibet molestiam, non tollit, et sollicitudines mutat[7]; nam dormientium quoque insomnia tam turbulenta sunt quam dies. Illa tranquillitas vera est, in quam bona mens explicatur[8]. [6] Adspice illum, cui somnus laxæ domus silentio quæritur, cujus aures ne quis agitet sonus, omnis servorum turba conticuit et suspensum accedentium propius vestigium ponitur : huc nempe versatur atque illuc, somnum inter ægritudines levem captans; quæ non audit, audisse se queritur. [7] Quid in causa putas esse? animus illi obstrepit. Hic placandus est, hujus compescenda seditio

---

1. *Ad Metam Sudantem*. La *Meta Sudans* était une fontaine de forme conique située à Rome, dans la IVe région.

2. *Experitur*, il les essaie pour les vendre.

3. *Cantat* et *exclamat* doivent s'entendre du jeu des instruments. *Exclamat* désigne ici une succession de notes qui ne forme pas une mélodie, un air, par opposition à *cantat*.

4. *Etiamnunc*. V. Rem. 104.

5. *Pausarium*. Le *pausarius* ou *hortator* présidait à la manœuvre des rameurs et leur donnait la cadence (*modos dantem*) en chantant et en battant la mesure avec un bâton.

6. *Omnia noctis erant* etc., vers des *Argonautiques* (ouvrage perdu) de Varron de l'Atax (82-37 av. J.-C.).

7. *Mutat*, « ne fait que changer.... »

8. *Explicatur*, « s'étend à l'aise ».

est, quem non est quod existimes placidum, si jacet corpus. Interdum quies inquieta est; et ideo ad rerum actus excitandi ac tractatione bonarum artium occupandi sumus, quotiens nos male habet inertia sui impatiens. [8] Magni imperatores, cum male parere militem vident, aliquo labore compescunt et expeditionibus detinent. Numquam vacat lascivire districtis nihilque tam certum est quam otii vitia negotio discuti. Sæpe videmur tædio rerum civilium et infelicis atque ingratæ stationis[1] pœnitentia secessisse : tamen in illa latebra, in quam nos timor ac lassitudo conjecit, interdum recrudescit ambitio; non enim excisa desiit, sed fatigata aut etiam obirata rebus parum sibi cedentibus. [9] Idem de luxuria dico, quæ videtur aliquando cessisse, deinde frugalitatem professos sollicitat atque in media parsimonia voluptates non damnatas, sed relictas petit, et quidem eo vehementius, quo occultius. Omnia enim vitia in aperto leviora sunt; morbi quoque tunc ad sanitatem inclinant, cum ex abdito erumpunt ac vim suam proferunt. Et avaritiam itaque et ambitionem et cetera mala mentis humanæ tunc perniciosissima scias esse, cum simulata sanitate subsidunt. [10] Otiosi videmur et non sumus. Nam si bona fide sumus[2], si receptui cecinimus, si speciosa contemnimus, ut paulo ante dicebam, nulla res nos avocabit, nullus hominum aviumque concentus interrumpet cogitationes bonas, solidasque jam et certas[3]. Leve illud ingenium est nec sese adhuc reduxit introrsus, quod ad vocem et accidentia erigitur[4]. Habet intus aliquid sollicitudinis, habet

---

1. *Stationis = officii et muneris.* V. Rem. 10.

2. *Si bona fide sumus (otiosi).* — *Bona fide,* « sérieusement, véritablement, tout de bon ».

3. *Solidasque... et certas.* Les deux termes *solidas* et *certas* sont coordonnés entre eux par *que... et; que* ne coordonne pas *solidas* à *bonas* (*cogitationes bonas* ne forme qu'une expression, qui est déterminée par *solidas et certas*). V. Rem. 118.

4. *Erigitur = commovetur.*

aliquid concepti[1] pavoris, quod illum[2] curiosum facit, ut ait Vergilius noster :

> Et me, quem dudum non ulla injecta movebant
> Tela neque adverso glomerati ex agmine Graii,
> Nunc omnes terrent auræ, sonus excitat omnis
> Suspensum et pariter comitique onerique timentem[3].

[11] Prior ille[4] sapiens est, quem non tela vibrantia, non arietata inter se arma agminis densi, non urbis impulsæ[5] fragor territat; hic alter imperitus[6] est, ad omnem crepitum expavescens, quem unaquælibet vox pro fremitu accepta dejicit, quem motus levissimi exanimant : timidum illum sarcinæ[7] faciunt. Quemcumque ex istis felicibus elegeris, multa trahentibus, multa portantibus, videbis illum

> ... comitique onerique timentem.

[12] Tunc ergo te scito esse compositum[8], cum ad te nullus clamor pertinebit, cum te nulla vox tibi excutiet, non si blandietur, non si minabitur, non si inani sono vana[9] circumstrepet. « Quid ergo? non aliquanto commodius est et carere[10] convicio[11]? » Fateor. Itaque ego

---

1. *Concepti*, « conçue antérieurement ».
2. *Illum*. Sénèque passe de l'idée de *ingenium* à celle de l'homme lui-même.
3. *Et me* etc. Virgile, *Æn.*, II, 725-728.
4. *Prior ille* etc. Le personnage d'Énée est dédoublé : *prior ille* représente l'homme intrépide décrit dans les deux premiers vers; *hic alter*, l'homme timide, décrit dans les deux derniers.
5. *Impulsæ*, « battue en brèche ».
6. *Imperitus*. Cf. LII, 1, note sur *eruditionem*.
7. *Sarcinæ*. Cf. Juvénal, X, 19-22 :

> Pauca licet portes argenti vas-
>   [cula puri,
> Nocte iter ingressus gladium
>   [contumque timebis
> Et motæ ad lunam trepidabis
>   [arundinis umbras :
> Cantabit vacuus coram latrone
>   [viator.

8. *Compositum*. Cf. XXXVII, 1.
9. *Inani sono vana*, redondance. V. *Rem.* 137, 4°.
10. *Et carere*. *Et* = *etiam*, « en outre », c'est-à-dire non seulement d'avoir la paix du cœur, mais encore...
11. *Convicio*, « du vacarme, du tapage ».

ex hoc loco migrabo : experiri et exercere me volui. Quid necesse est diutius torqueri, cum tam facile remedium Ulixes [1] sociis etiam adversus Sirenas invenerit? Vale.

(Ep. 56.)

LVII

Sénèque déclare qu'il est préparé à la mort.

[1] Desinamus, quod voluimus, velle. Ego certe id ago ne senex [2] eadem velim, quæ puer volui. In hoc unum eunt dies, in hoc noctes, hoc opus meum est, hæc cogitatio : imponere veteribus malis [3] finem. Id ago, ut mihi [4] instar totius vitæ dies sit; nec, mehercules, tamquam ultimum rapio [5], sed sic illum adspicio, tamquam esse vel ultimus possit. [2] Hoc animo tibi hanc epistulam scribo, tamquam me cum maxime [6] scribentem mors evocatura sit. Paratus exire sum et ideo fruar vita, quia, quam diu futurum hoc sit, non nimis pendeo. Ante senectutem curavi, ut bene viverem, in senectute [7], ut bene moriar : bene autem mori est libenter mori. [3] Da operam, ne quid umquam invitus facias : quicquid necesse futurum est repugnanti, id volenti necessitas non est. Ita dico : qui imperia libens excipit, partem acerbissimam servitutis effugit, facere quod nolit. Non qui jussus aliquid facit, miser est, sed qui invitus facit. Itaque sic animum componamus, ut quicquid res exiget, id velimus et in primis ut finem nostri sine

---

1. *Ulixes.* Cf. XLVII, 2.
2. *Ne senex eadem velim* etc. Cf. XLV, 2.
3. *Veteribus malis*, les vices, les passions.
4. *Ut mihi* etc., « que chaque jour représente pour moi la vie entière, la contienne et a résume ».

Cf. XLI, 7 : *Itaque sic ordinandus est dies omnis* etc.

5. *Rapio*, « je le saisis », c'est-à-dire « je m'empresse d'en profiter, d'épuiser les plaisirs qu'il peut m'apporter ».

6. *Cum maxime.* V. Rem. 127.

7. *In senectute* (curo).

tristitia cogitemus. [4] Ante ad mortem quam ad vitam præparandi sumus. Satis instructa vita est, sed nos in instrumenta ejus avidi sumus : deesse aliquid nobis videtur et semper videbitur. Ut satis vixerimus, nec anni nec dies faciunt, sed animus. Vixi, Lucili carissime, quantum satis erat : mortem plenus[1] exspecto. Vale.

(Ep. 61.)

LVIII

L'art d'employer son temps.

[1] Mentiuntur, qui sibi obstare ad studia liberalia[2] turbam negotiorum videri volunt : simulant occupationes et augent et ipsi se occupant. Vaco, Lucili, vaco et ubicumque sum, ibi meus sum. Rebus enim me non trado, sed commodo, nec consector perdendi temporis causas ; et quocumque constiti loco, ibi cogitationes meas tracto et aliquid in animo salutare converso[3]. [2] Cum me amicis dedi, non tamen mihi abduco, nec cum illis moror, quibus me tempus aliquod congregavit aut causa ex officio nata civis[4], sed cum optimo quoque[5] sum : ad illos, in quocumque loco, in quocumque sæculo fuerunt, animum meum mitto. [3] Demetrium[6],

---

1. *Plenus*. Cf. Lucrèce, III, 936 :
Cur non ut plenus vitæ conviva
[*recedis?*
Horace, *Sat.*, I, 1, 118-119 :
... *et exacto contentus*
[*tempore vita*
Cedat, uti conviva satur....
2. *Obstare ad studia liberalia*. V. *Rem.* 81.
3. *Converso*. Le simple *verso* est plus usité.
4. *Ex officio... civis*, par exemple, les visites (la *salutatio* du ma-

tin), l'obligation d'assister aux fiançailles, aux mariages, aux funérailles, à la prise de la toge virile, à la signature d'un testament, l'*advocatio* (cf. XXIII, 4 et 6 ; XXIV, 1 ; etc.).
5. *Cum optimo quoque*, « les hommes les plus vertueux », notamment les philosophes.
6. *Demetrium*, Démétrius de Sunium, philosophe cynique, contemporain de Sénèque, qui parle plusieurs fois de lui avec la plus vive admiration.

virorum optimum, mecum circumfero¹ et relictis conchyliatis² cum illo seminudo³ loquor, illum admiror. Quidni admirer? vidi nihil ei deesse. Contemnere aliquis omnia potest, omnia habere nemo potest; brevissima ad divitias per contemptum divitiarum via est. Demetrius autem noster sic vivit non tamquam⁴ contempserit omnia, sed tamquam aliis habenda permiserit. Vale.

(Ep. 62.)

LIX

L'étude de la philosophie convient à tout âge.

[1] Inimicitias⁵ mihi denuntias, si quicquam ex iis, quæ quotidie facio, ignoraveris⁶. Vide, quam simpliciter tecum vivam : hoc⁷ quoque tibi committam. Philosophum⁸ audio⁹ et quidem quintum¹⁰ jam diem habeo, ex quo in scholam eo et ab octava¹¹ disputantem audio. « Bona, » inquis, « ætate¹². » Quidni bona? quid autem stultius est quam, quia diu non didiceris¹³, non discere? [2] Quid ergo? idem faciam¹⁴, quod trossuli et juvenes?

---

1. *Mecum circumfero,* « je conduis partout avec moi ». Sénèque fréquentait et écoutait assidûment Démétrius.

2. *Conchyliatis,* les grands personnages vêtus de pourpre.

3. *Seminudo,* à la manière des cyniques.

4. *Non tamquam* etc. Sénèque (*De benef.*, VII, 10, 6) cite de lui ce mot : *Ego sic omnia habeo, ut omnium sint.* Les stoïciens soutenaient que tout appartient au sage (*omnia sapientis esse*); v. *De benef.*, VII. 3-12.

5. *Inimicitias mihi denuntias.* Chez les Romains, lorsqu'on voulait rompre avec quelqu'un, on lui déclarait solennellement qu'on renonçait à son amitié.

6. *Si... ignoraveris,* « si je te laisse ignorer ».

7. *Hoc* annonce ce qui suit.

8. *Philosophum,* Metronax (§ 3).

9. *Audio,* « je suis les leçons de.... »

10. *Quintum... diem habeo, ex quo,* locution rare pour *quintus dies est, ex quo....*

11. *Ab octava* (*hora*).

12. *Bona... ætate,* ironique. « Juvenis scilicet discis. » (J. Lipse.) Cf. LII, 7.

13. *Diu non didiceris,* « tu es resté longtemps sans apprendre ».

14. *Faciam* et plus loin *senesca-*

Bene mecum agitur[1], si hoc unum[2] senectutem meam dedecet; omnis ætatis homines hæc schola admittit. In hoc senescamus, ut[3] juvenes sequamur? In theatrum senex ibo et in circum deferar[4] et nullum par[5] sine me depugnabit : ad philosophum ire erubescam? Tamdiu discendum est, quamdiu nescias; si proverbio[6] credimus, « quamdiu vivas ». Nec ulli hoc[7] rei magis convenit quam huic[8] : tamdiu discendum est, quemadmodum vivas, quamdiu vivis. Ego tamen illic aliquid et doceo. Quæris, quid doceam? etiam seni esse discendum. [3] Pudet autem me generis humani, quotiens scholam intravi. Præter ipsum theatrum Neapolitanorum[9], ut scis, transeundum est Metronactis[10] petentibus domum. Illud quidem fartum est et ingenti studio, quis sit pythaules[11] bonus, judicatur; habet tubicen quoque Græcus et præco[12] concursum[13]. At in illo loco, in quo vir bonus quæritur[14], in quo vir bonus discitur,

---

mus, subjonctif délibératif qui n'est qu'une forme oratoire. V. Riemann, *Syntaxe*, § 166, rem. II.

1. *Bene mecum agitur*, m. à m. « on en use bien avec moi », c'est-à-dire « je ne suis pas à plaindre, j'ai de la chance ». Cf. XXVIII, 8

2. *Si hoc unum* etc., « si c'est là le seul travers de ma vieillesse ». — *Hoc unum*, le fait de retourner à l'école.

3. *In hoc... ut.* V. Rem. 84.

4. *Deferar*, « je me ferai porter en litière ou en chaise) ».

5. *Par (gladiatorum)*. Cf. I, 4.

6. *Proverbio*. Solon avait dit : Γηράσκω δ'αἰεὶ πολλὰ διδασκόμενος.

7. *Hoc*, ce proverbe.

8. *Huic*, à la nécessité d'apprendre à vivre.

9. *Neapolitanorum*. Sénèque se trouvait alors à Naples.

10. *Metronactis*. Ce philosophe ne nous est connu que par Sénèque, qui parle de sa mort dans la lettre 93, 1. Il appartenait vraisemblablement à l'école stoïcienne.

11. *Pythaules*. Dans son sens primitif et propre, ce mot désignait un musicien qui jouait sur la flûte (αὐλός) une sorte de concerto décrivant les diverses phases de la lutte d'Apollon et du serpent Python (νόμος Πυθικός). Plus tard on donna ce nom à tout joueur de flûte qui exécutait des solos.

12. *Tubicen.... Græcus et præco*. Les concours pour les joueurs de trompette et pour les hérauts avaient été introduits aux jeux olympiques en 396 av. J.-C.

13. *Habet concursum*, « attire la foule ». Cicéron dit *concursum facere*.

14. *Vir bonus quæritur... vir bonus discitur*, « on recherche ce que c'est qu'être homme de bien, on

paucissimi sedent, et hi plerisque videntur nihil boni negotii habere, quod agant : inepti[1] et inertes vocantur. Mihi contingat iste derisus : æquo animo audienda sunt imperitorum convicia et ad honesta vadenti contemnendus est ipse contemptus. [4] Perge, Lucili, et propera, ne tibi accidat, quod mihi, ut senex discas[2]; immo ideo magis propera, quoniam id nunc aggressus es, quod perdiscere vix senex possis. « Quantum, » inquis, « proficiam? » Quantum tentaveris. Quid exspectas? nulli sapere casu obtigit[3]. Pecunia veniet ultro, honor offeretur, gratia ac dignitas fortasse ingerentur tibi : virtus in te non incidet. Ne levi quidem[4] opera aut parvo labore cognoscitur; sed est tanti[5] laborare omnia bona semel[6] occupaturo. Unum est enim bonum, quod honestum : in illis nihil invenies veri, nihil certi, quæcumque famæ placent.

(Ep. 76, §§ 1-6.)

apprend à le devenir ». Tournure concise pour : *quid sit vir bonus quæritur... viri boni esse discunt.* V. *Rem.* 133.

1. *Inepti*, « des pédants ». Cf. Cicéron, *De oratore*, II, 4, 17-18, et particulièrement ce passage : *Omnium autem ineptiarum, quæ sunt innumerabiles, haud scio an nulla sit major quam... quocumque in loco, quoscumque inter homines visum est, de rebus aut difficillimis aut non necessariis argutissime disputare.*

2. *Ut senex discas*, « d'être obligé d'apprendre quand tu seras vieux ».

3. *Nulli sapere casu obtigit.* Cf. LIV, 5 : *Illud desperandum est, posse nobis casu tantum bonum influere.*

4. *Ne levi quidem etc.*, « il ne suffit même pas... ».

5. *Est tanti*, « il vaut la peine de... ». La récompense des efforts (*laborare*) est exprimée par *omnia semel occupaturo*.

6. *Semel*, « tout d'un coup, en une fois ». — *Occupaturo.* V. *Rem* 53.

LX

Ce qui peut nous consoler dans les maladies.

[1] Vexari te destillationibus crebris[1] ac febriculis, quæ longas destillationes et in consuetudinem adductas sequuntur, eo molestius mihi est, quia expertus sum hoc genus valetudinis, quod inter initia contempsi : poterat adhuc[2] adulescentia injurias ferre et se adversus morbos contumaciter gerere; deinde succubui et eo perductus sum, ut ipse[3] destillarem[4] ad summam maciem deductus. [2] Sæpe impetum cepi abrumpendæ vitæ : patris me indulgentissimi[5] senectus retinuit. Cogitavi enim non quam fortiter ego mori possem, sed quam ille fortiter desiderare[6] non posset. Itaque imperavi mihi, ut viverem : aliquando enim et vivere fortiter facere est. [3] Quæ mihi tunc fuerint solatio, dicam, si prius hoc dixero, hæc ipsa, quibus acquiescebam, medicinæ vim habuisse. In remedium cedunt honesta solatia, et quicquid animum erexit, etiam corpori prodest. Studia mihi nostra saluti fuerunt; philosophiæ acceptum fero, quod surrexi, quod convalui; illi vitam debeo et nihil illi minus debeo[7]. [4] Multum mihi contulerunt ad bonam valetudinem amici, quorum adhortationibus, vigiliis, sermonibus allevabar. Nihil æque, Lucili, virorum optime, ægrum reficit atque adjuvat quam amicorum affectus; nihil æque exspectationem mortis ac metum subripit. Non judicabam me, cum illos superstites relinquerem, mori; putabam, inquam, me

---

1. *Destillationibus crebris*, « un catarrhe chronique ».
2. *Adhuc.* V. *Rem.* 99.
3. *Ipse*, « toute ma personne ».
4. *Destillarem... deductus.* Les deux actions sont contemporaines. V. *Rem.* 52.
5. *Indulgentissimi.* Cf. I, 1.
6. *Desiderare*, « supporter ma perte ».
7. *Et nihil illi minus debeo.* « Quasi dicat hoc inter minima ejus esse beneficia. Corpus enim spectat, reliqua animum. » (J. Lipse.)

victurum non cum illis, sed per illos; non effundere mihi spiritum videbar, sed tradere. Hæc mihi dederunt voluntatem adjuvandi me et patiendi omne tormentum : alioquin miserrimum est, cum animum moriendi projeceris, non habere vivendi. [5] Ad hæc ergo remedia te confer. Medicus tibi quantum ambules, quantum exercearis, monstrabit; ne indulgeas otio, ad quod vergit iners valetudo; ut legas clarius et spiritum, cujus iter ac receptaculum[1] laborat, exerceas; ut naviges et viscera molli jactatione concutias; quibus cibis utaris; vinum quando virium causa advoces, quando intermittas, ne irritet et exasperet tussim. Ego tibi illud præcipio, quod non tantum hujus morbi, sed totius vitæ remedium est : contemne mortem; nihil triste est, cum hujus metum effugimus. [6] Tria hæc in omni morbo gravia sunt : metus mortis, dolor corporis, intermissio voluptatum. De morte satis dictum est : hoc unum dicam, non morbi hunc esse, sed naturæ metum[2]. Multorum mortem distulit morbus et saluti illis fuit videri perire. Morieris, non quia ægrotas, sed quia vivis. Ista te res[3] et sanatum manet : cum convalueris, non mortem, sed valetudinem effugies[4]. [7] Ad illud nunc proprium[5] incommodum revertamur : magnos cruciatus habet morbus. Sed hos tolerabiles intervalla faciunt; nam summi doloris intentio invenit finem : nemo potest valde dolere et diu; sic nos amantissima nostri natura disposuit, ut dolorem aut tolerabilem aut brevem faceret. [8] Maximi dolores in macerrimis[6] consistunt corporis partibus : nervi articulique

---

1. *Iter ac receptaculum*, la trachée-artère, les bronches et les poumons.

2. *Non morbi etc.*, « que ce n'est pas de la maladie, mais de la nature, que nous avons à attendre la mort ». La mort est une loi de la nature. — *Morbi... naturæ*. Le génitif indique ici l'objet dont on a à craindre quelque chose (*hunc metum = hujus rei metum = mortis metum*).

3. *Ista res = mors*.

4. *Effugies*. On attendrait plutôt *effugeris*.

5. *Proprium*, propre à la maladie.

6. *Macerrimis*, « les plus sèches ».

et quidquid aliud exile est, acerrime sævit[1], cum in arto vitia concepit[2]. Sed cito hæ partes obstupescunt[3] et ipso dolore sensum doloris amittunt, sive quia spiritus[4] naturali prohibitus cursu et mutatus in pejus vim suam, qua viget admonetque nos, perdit, sive quia corruptus humor[5], cum desiit habere, quo confluat, ipse se elidit[6] et iis, quæ nimis implevit, excutit sensum. [9] Sic podagra et chiragra et omnis vertebrarum dolor et nervorum interquiescit, cum illa, quæ torquebat, hebetavit : omnium istorum prima verminatio[7] vexat, impetus mora[8] exstinguitur et finis dolendi est obtorpuisse. Dentium, oculorum, aurium dolor ob hoc ipsum acutissimus est, quod inter angusta corporis nascitur, non minus, mehercules, quam capitis ipsius; sed si incitatior est, in alienationem[9] soporemque convertitur. Hoc itaque solatium vasti doloris est, quod necesse est desinas illum sentire, si nimis senseris. [10] Illud autem est, quod imperitos in vexatione corporis male habet : non assueverunt animo esse contenti; multum illis[10] cum corpore fuit. Ideo vir magnus ac prudens animum diducit a corpore et multum cum meliore ac divina parte versatur; cum hac querula et fragili, quantum[11] necesse est. [11] « Sed molestum est, » inquit[12], « carere assuetis voluptatibus, abstinere cibo,

---

1. *Acerrime sævit*, « cause les plus vives douleurs ».
2. *Cum in arto etc.*, « quand il a contracté une affection dans son étroit domaine ».
3. *Obstupescunt*, « s'engourdissent ».
4. *Spiritus*, « la force vitale, les esprits vitaux ».
5. *Corruptus humor*, « l'humeur viciée ».
6. *Ipse se elidit*, « reflue sur elle-même ».
7. *Verminatio*, « élancements ».
8. *Mora = tempore, diuturnitate.*
9. *Alienationem*, « perte du sentiment, stupeur ».
10. *Multum illis etc.*, « ils étaient trop occupés du corps ».
11. *Quantum*, « seulement autant que... ».
12. *Inquit*, « dit-on ». Le verbe *inquit* se met quelquefois sans sujet déterminé, quand l'auteur cite lui-même une objection qu'une personne quelconque pourrait lui faire, qu'il prête à un interlocuteur fictif. Sénèque fournit plusieurs exemples de cet emploi.

sitire, esurire. » Hæc prima abstinentia[1] gravia sunt. Deinde cupiditas relanguescit ipsis, per quæ cupimus[2], fatigatis ac deficientibus. Inde morosus[3] est stomachus; inde cujus fuit aviditas, odium[4] est; desideria ipsa moriuntur; non est autem acerbum carere eo, quod cupere desieris. [12] Adjice, quod nullus non intermittitur dolor aut certe remittitur; adjice, quod licet et cavere venturum et obsistere imminenti remediis : nullus enim non signa præmittit, utique qui ex solito[5] revertitur. Tolerabilis est morbi patientia[6], si contempseris id, quod extremum minatur[7].]13] Noli mala tua facere tibi ipso graviora et te querelis onerare. Levis est dolor, si nihil illi opinio[8] adjecerit. Contra, si exhortari te cœperis ac dicere : « Nihil est » aut certe « exiguum est; duremus : jam desinet », levem illum, dum putas, facies. Omnia ex opinione suspensa sunt; non ambitio tantum ad illam respicit et luxuria et avaritia : ad opinionem dolemus. Tam miser est quisque quam credidit. [14] Detrahendas præteritorum dolorum conquestiones puto et illa verba : « Nulli umquam fuit pejus. Quos cruciatus, quanta mala pertuli! Nemo me surrecturum putavit. Quotiens deploratus sum a meis, quotiens a medicis relictus! In equuleum impositi[9] non sic distrahuntur. » Etiamsi sunt vera ista, transierunt. Quid juvat præteritos dolores retractare et miserum esse, quia fueris? Quid, quod nemo non multum malis suis adjicit et sibi ipse mentitur?

---

1. *Prima abstinentia*, ablatif : « au commencement de... ».
2. *Ipsis, per quæ cupimus*, les organes des sens.
3. *Morosus*, « dégoûté ».
4. *Odium*, « aversion, répulsion ».
5. *Ex solito*. V. Rem. 67.
6. *Patientia = perpessio*. Cf. II, 13.
7. *Id, quod extremum minatur*, la mort.
8. *Opinio*, « l'idée, l'opinion qu'on se fait des choses, l'imagination ».
9. *In equuleum impositi*. On faisait asseoir le supplicié sur une poutre taillée en biseau et on attachait des poids à ses membres pour augmenter la pression naturelle du corps (*equuleo longior factus*, dit Sénèque, *Epist.* 67, 3).

(Deinde quod acerbum fuit, retulisse jucundum est : naturale est mali sui fine gaudere[1].) Circumcidenda ergo duo sunt, et futuri timor et veteris incommodi memoria : hoc ad me jam non pertinet, illud nondum. [15] In ipsis positus difficultatibus dicat :

Forsan et hæc olim meminisse juvabit[2].

Toto contra illum[3] pugnet animo : vincetur, si cesserit; vincet, si se contra dolorem suum intenderit. Nunc hoc plerique faciunt : attrahunt in se ruinam, cui obstandum est. Istud quod premit, quod impendet, quod urget, si subducere te cœperis, sequetur et gravius incumbet : si contra steteris et obniti volueris, repelletur. [16] Athletæ quantum plagarum ore, quantum toto corpore excipiunt! Ferunt tamen omne tormentum gloriæ cupiditate nec tantum, quia pugnant, ista patiuntur, sed ut pugnent : exercitatio ipsa tormentum est. Nos quoque evincamus omnia, quorum[4] præmium non corona nec palma est nec tubicen prædicationi[5] nominis nostri silentium faciens, sed virtus et firmitas animi et pax in ceterum[6] parta, si semel in aliquo certamine debellata fortuna est. [17] « Dolorem gravem sentio. » Quid ergo? non sentis, si illum muliebriter tuleris? Quemadmodum perniciosior est hostis fugientibus, sic omne fortuitum incommodum magis instat cedenti et averso. « Sed grave est. » Quid? nos ad hoc fortes sumus, ut levia portemus? Utrum vis longum esse morbum an concitatum et brevem? Si longus est, habet intercapedinem, dat refectioni locum, multum

---

1. *Deinde... gaudere.* Ces deux phrases ne se relient pas bien à ce qui précède.
2. *Forsan etc.* Virgile, Æn., I, 203.
3. *Illum* = *dolorem*, dont l'idée n'est que vaguement indiquée plus haut.

4. *Quorum* a pour antécédent *nos.*
5. *Prædicationi*, « pour proclamer... ». V. Rem. 27.
6. *In ceterum*, « pour le reste de la vie, pour l'avenir, pour toujours ».

temporis donat, necesse est et exsurgat et desinat[1]. Brevis morbus ac præceps alterutrum faciet : aut exstinguetur aut exstinguet; quid autem interest, non sit[2] an non sim? in utroque finis dolendi est. [18] Illud quoque proderit, ad alias cogitationes avertere animum et a dolore discedere. Cogita quid honeste, quid fortiter feceris; bonas artes tecum ipse tracta; memoriam in ea, quæ maxime miratus es, sparge. Tunc tibi fortissimus quisque et victor doloris occurrat : ille, qui cum varices exsecandas præberet, legere librum perseveravit; ille, qui non desiit ridere, cum ob hoc ipsum irati tortores omnia instrumenta crudelitatis suæ experirentur : non vincetur dolor ratione, qui victus est risu? [19] Quicquid vis nunc licet dicas, destillationes et vim continuæ tussis egerentem viscerum[3] partes et febrem præcordia ipsa torrentem et sitim et artus in diversum[4] articulis exeuntibus tortos, plus est flamma et equuleus et lamina et vulneribus ipsis intumescentibus, quod illa renovaret[5] et altius urgeret, ferrum impressum. Inter hæc tamen aliquis non gemuit — parum est : non rogavit[6] — parum est : non respondit — parum est : risit et quidem ex animo. Vis tu[7] post hæc dolorem deridere? [20] « Sed nihil, » inquit[8], « agere sinit morbus, qui me omnibus abduxit officiis. » Corpus tuum valetudo tenet, non et animum. Itaque cursoris morabitur pedes, sutoris aut fabri manus impediet : si animus[9] tibi esse in

---

1. *Et exsurgat et desinat.* Le second terme est le plus important : *et... et...* équivaut à peu près à *ut... ita...* (opposition).

2. *Non sit,* « qu'il ne soit plus, qu'il cesse d'être, qu'il finisse ».

3. *Viscerum,* des poumons.

4. *Artus in diversum etc.,* « les membres tordus par la déviation des articulations », dans la goutte. — *In diversum* va avec *exeuntibus.*

5. *Renovaret,* « raviver ». — *Altius urgeret,* « rendre plus profondes ».

6. *Non rogavit,* « il n'a pas demandé grâce ».

7. *Vis tu.* V. *Rem.* 44.

8. *Inquit.* Cf. § 11.

9. *Si animus etc.,* « si tu as coutume de faire usage de ton âme », c'est-à-dire d'exercer tes facultés.

usu solet, suadebis, docebis, audies, disces, quæres, recordaberis. Quid porro? nihil agere te credis, si temperans[1] æger sis? ostendes morbum posse superari vel certe sustineri. [21] Est, mihi crede, virtuti etiam in lectulo locus. Non tantum arma et acies dant argumenta alacris animi indomitique terroribus : et in vestimentis[2] vir fortis apparet. Habes, quod agas : bene luctare cum morbo. Si nihil te coegerit, si nihil exoraverit[3], insigne prodis exemplum. O quam magna erat gloriæ materia, si spectaremur[4] ægri! ipse te specta, ipse te lauda. [22] Præterea duo sunt genera voluptatum. Corporales morbus inhibet, non tamen tollit, immo, si verum æstimes, incitat : magis juvat bibere sitientem, gratior est esurienti cibus, quicquid ex[5] abstinentia contigit, avidius excipitur. Illas vero animi voluptates, quæ majores certioresque sunt, nemo medicus ægro negat. Has quisquis sequitur et bene intellegit, omnia sensuum blandimenta contemnit. [23] « O infelicem ægrum! » Quare? quia non vino nivem diluit[6], quia non rigorem potionis suæ, quam capaci scypho miscuit, renovat fracta insuper glacie; quia non ostrea illi Lucrina in ipsa mensa aperiuntur; quia non circa cenationem[7] ejus tumultus coquorum est ipsos cum obsoniis focos[8] transferentium — hoc enim jam luxuria commenta est : ne quis intepescat cibus, ne quid palato jam calloso[9] parum ferveat, cenam culina prosequitur. [24] « O infelicem ægrum! » Edet, quantum concoquat; non jacebit in conspectu aper ut vilis caro a mensa

1. *Temperans*, « raisonnable ».
2. *Et in vestimentis*, « même sous les couvertures de lit, même au lit ».
3. *Exoraverit. Exorare*, opposé à *cogere*, signifie proprement « obtenir par des prières »; par extension, il se dit des choses qui nous font céder en nous amollissant, en pesant continuellement sur nous, etc.
4. *Quam magna erat... si spectaremur*. V. *Rem.* 42.
5. *Ex*, « au sortir de..., après... ».
6. *Vino nivem diluit*. Cf. VIII, 5.
7. *Cenationem*. V. *Rem.* 6.
8. *Focos*, « les réchauds »
9. *Calloso*, « endurci, émoussé ».

relegatus[1], nec in repositorio[2] ejus pectora avium (totas enim videre fastidium est) congesta ponentur. Quid tibi mali factum est? cenabis tamquam æger, immo aliquando[3] tamquam sanus[4]. [25] Sed omnia ista facile perferemus, sorbitionem, aquam calidam et quicquid aliud intolerabile videtur delicatis et luxu fluentibus magisque animo quam corpore morbidis, tantum mortem desinamus[5] horrere. Desinemus autem, si fines bonorum ac malorum[6] cognoverimus : ita demum nec[7] vita tædio erit nec mors timori. [26] Vitam enim occupare satietas sui non potest tot res varias, magnas, divinas percensentem : in odium illam sui adducere solet iners otium. Rerum naturam peragranti numquam in fastidium veritas veniet : falsa satiabunt[8]. [27] Rursus[9] si mors accedit et vocat, licet immatura sit, licet mediam præcidat ætatem, perceptus longissimæ[10] fructus est. Cognita est illi ex magna parte natura, scit tempore honesta non crescere : his necesse est videri omnem vitam brevem, qui illam voluptatibus vanis et ideo infinitis[11] metiuntur. [28] His te cogitationibus recrea et interim[12] epistulis nostris vaca[13] : veniet aliquando tempus, quod nos iterum jungat ac misceat.

1. *Relegatus*, « qu'on renvoie ensuite ». L'action exprimée par le participe passé est postérieure à l'action principale (*jacebit*). V. Rem. 52. — Cf. Pétrone, *Sat.*, 41 : *aper... a conviviis dimissus*.

2. *In repositorio*. Le *repositorium* était un meuble de table qui avait la forme d'un coffre. Il était partagé en plusieurs étages dont chacun contenait un plateau (*ferculum*) sur lequel étaient disposés différents mets. Il occupait le milieu de la table.

3. *Aliquando* = *tandem aliquando*.

4. *Sanus*. Sénèque joue sur le mot *sanus*, qui signifie « bien portant » et « raisonnable ».

5. *Tantum... desinamus*. V. Rem. 112.

6. *Fines bonorum ac malorum*, le souverain bien et le vrai mal.

7. *Nec*, « ne... plus ».

8. *Falsa satiabunt*, « l'erreur seule le dégoûtera ».

9. *Rursus*, « d'autre part ». C'est le développement du second des deux points indiqués au § 25 : *nec vita tædio erit nec mors timori*. Le premier a été développé au § 26.

10. *Longissimæ* (*ætatis*).

11. *Et ideo infinitis*. Cf. XLIII, 6.

12. *Interim* est précisé et expliqué par *veniet aliquando tempus*, etc.

13. *Vaca*, « occupe-toi de..., lis »

Quantumlibet[1] sit illud, longum faciet scientia utendi ; nam, ut Posidonius[2] ait : « Unus dies hominum eruditorum plus patet quam imperitis[3] longissima ætas. » [29] Interim hoc tene, hoc morde : adversis non succumbere, lætis non credere, omnem fortunæ licentiam in oculis habere, tamquam, quicquid potest facere, factura sit. Quicquid exspectatum est diu, levius accedit. Vale.

(Ep. 78.)

LXI
La maison de campagne de Scipion l'Africain.

[1] In ipsa Scipionis Africani villa[4] jacens[5] hæc tibi scribo adoratis manibus[6] ejus et area, quam sepulchrum esse tanti viri suspicor. Animum quidem[7] ejus in cælum[8], ex quo erat, redisse persuadeo mihi, non quia magnos exercitus duxit (hos enim et Cambyses furiosus ac furore feliciter usus habuit), sed ob egregiam moderationem pietatemque, magis in illo admirabilem, cum reliquit patriam[9], quam cum defendit : aut Scipio Romæ deesse debebat aut Roma orbari libertate. [2] « Nihil, » inquit, « volo derogare legibus, nihil institutis; æquum inter omnes cives jus sit. Utere

---

1. *Quantumlibet*, « si court... » *Quantus* = *quantulus*.
2. *Posidonius*. Posidonius d'Apamée (134 — 50 av. J.-C. environ), philosophe stoïcien, disciple de Panétius.
3. *Eruditorum... imperitis*. Cf. LII, 1.
4. *Scipionis Africani villa*. Elle était située à Liternum, non loin de Cumes.
5. *Jacens*, « me reposant, séjournant pour mon plaisir ». Cette ville appartenait alors à un riche vigneron, Ægialus, qui avait offert l'hospitalité à Sénèque.
6. *Manibus*, de manes.
7. *Quidem*. V. Rem. 110.
8. *In cælum*, etc. Cf. XXVI, 5; XLIX, 5.
9. *Cum reliquit patriam*. Sur l'exil volontaire de Scipion l'Africain, voyez entre autres Tite-Live, XXXVIII, 50.

sine me¹ beneficio meo, patria. Causa tibi libertatis² fui, ero et argumentum : exeo, si plus tibi quam expedit, crevi. » [3] Quidni ego admirer hanc magnitudinem animi, qua in exsilium voluntarium secessit et civitatem exoneravit? Eo perducta res erat, ut aut libertas Scipioni aut Scipio libertati faceret³ injuriam : neutrum fas erat; itaque locum dedit legibus et se Liternum recepit tam suum exsilium⁴ rei publicæ imputaturus quam Hannibalis. [4] Vidi villam structam lapide quadrato, murum circumdatum silvæ, turres quoque in propugnaculum⁵ villæ utrimque⁶ subrectas, cisternam ædificiis ac viridibus⁷ subditam, quæ sufficere in usum vel exercitus posset, balneolum angustum, tenebricosum ex consuetudine antiqua : non videbatur⁸ majoribus nostris caldum⁹ nisi obscurum. [5] Magna ergo me voluptas subiit contemplantem mores Scipionis ac nostros. In hoc angulo ille Carthaginis horror¹⁰, cui

1. *Utere sine me etc.* Cicéron fait dire de même à Milon (*Pro Milone*, 34, 93) : *Tranquilla re publica mei cives, quoniam mihi cum illis non licet, sine me ipsi, sed propter me tamen, perfruantur.* — *Beneficio meo.* C'était grâce à Scipion que Rome avait triomphé d'Hannibal.

2. *Causa tibi libertatis etc. Libertas* est pris tour à tour dans deux sens différents : 1° l'indépendance nationale (*causa tibi libertatis fui*, par la défaite d'Hannibal); 2° la liberté politique (*libertatis... ero argumentum*, en respectant les droits du peuple).

3. *Faceret*, « devait faire ».

4. *Tam suum exsilium etc.* Scipion estimait qu'en s'exilant il rendait à sa patrie un service non moins signalé que lorsqu'il avait forcé Hannibal à s'exiler (l'exil d'Hannibal fut la conséquence de sa défaite). — *Imputaturus.* V. Rem. 53.

5. *In propugnaculum.* V. Rem 84.

6. *Utrimque*, des deux côtés de l'entrée. — Pour tout ce passage, cf. ce que Sénèque (*Epist.* 51, 11) dit des villas de Marius, de Pompée et de César : ... *Adspice quam positionem elegerint, quibus ædificia excitaverint locis et qualia : scies non villas esse, sed castra.*

7. *Viridibus*, neutre pluriel pris substantivement, « les plantations, les jardins ».

8. *Non videbatur etc.*, construction impersonnelle; le sujet n'est pas déterminé.

9. *Caldum.* V. Rem. 1.

10. *Ille Carthaginis horror.* Cf. Lucrèce, III, 1032 :

Scipiadas (= Scipio , belli ful-
[*men, Carthaginis horror.*

Roma debet, quod¹ tantum semel capta est², abluebat corpus laboribus rusticis fessum; exercebat enim opere³ se terramque, ut mos fuit priscis, ipse subigebat. Sub hoc ille tecto tam sordido stetit; hoc illum pavimentum tam vile sustinuit. [6] At nunc quis est, qui sic lavari sustineat? Pauper sibi videtur ac sordidus, nisi parietes magnis et pretiosis orbibus⁴ refulserunt; nisi Alexandrina marmora⁵ Numidicis crustis⁶ distincta sunt; nisi illis⁷ undique operosa et in picturæ modum variata circumlitio⁸ prætexitur; nisi vitro⁹ absconditur camera; nisi Thasius lapis¹⁰, quondam rarum in aliquo spectaculum templo, piscinas nostras circumdedit, in quas multa sudatione corpora exsaniata¹¹ demittimus; nisi aquam argentea epitonia¹² fuderunt. [7] Et adhuc plebeias fistulas¹³ loquor : quid, cum ad balnea libertinorum¹⁴ pervenero? Quantum statuarum, quantum columnarum est nihil sustinentium, sed in ornamen-

---

1. *Debet, quod etc.* V. Rem. 45.
2. *Tantum semel capta est*, par les Gaulois. — Il y a dans les paroles de Sénèque une évidente exagération : ce n'est pas Scipion qui empêcha Hannibal de prendre Rome; il ne fit que lui porter le coup décisif.
3. *Opere* (*rustico faciendo*).
4. *Orbibus*, plaques de marbre de forme circulaire.
5. *Alexandrina marmora*. Sénèque appelle les marbres d'Égypte « marbres d'Alexandrie », parce qu'Alexandrie était le grand entrepôt du pays. Il y avait plusieurs espèces de marbres égyptiens : le granit rouge de Syène, le porphyre rougeâtre parsemé de taches blanches de la Haute-Égypte, le marbre vert de Coptos, le marbre noir et blanc, etc.
6. *Numidicis crustis*, « des incrustations en marbre de Numidie ». Ce marbre était jaune.
7. *Illis*, autour de ces plaques de marbre.
8. *Circumlitio*, « une bordure en mosaïque ».
9. *Vitro*, des vitraux de différentes couleurs. Cf. Stace, *Silv.*, I, 5, 42 : *Effulgent cameræ vario fastigia vitro.* — *Absconditur* « est couverte, revêtue, garnie ».
10. *Thasius lapis*, le marbre blanc de Thasos.
11. *Exsaniata*, « débarrassés de leurs impuretés ».
12. *Epitonia*, « des robinets ».
13. *Plebeias.* Cf. LVI, 1 : *hac plebeia unctione.* — *Fistulas*, « conduites d'eau », par synecdoque : expression dédaigneuse pour désigner les bains vulgaires.
14. *Libertinorum.* Cf. XLV, 5, et la note.

tum¹ positarum impensæ causa! quantum aquarum per gradus cum fragore labentium! Eo deliciarum pervenimus, ut nisi gemmas calcare nolimus. [8] In hoc balneo Scipionis minimæ sunt rimæ magis quam fenestræ muro lapideo exsectæ, ut sine injuria munimenti² lumen admitterent : at nunc blattaria vocant balnea, si qua non ita aptata sunt, ut totius diei solem fenestris amplissimis recipiant; nisi et lavantur simul et colorantur³ ; nisi ex solio⁴ agros et maria prospiciunt. Itaque quæ concursum et admirationem habuerant⁵, cum dedicarentur⁶, in antiquorum numerum rejiciuntur, cum aliquid novi luxuria commenta est, quo ipsa se obrueret. [9] At olim et pauca erant balnea nec ullo cultu exornata : cur enim ornaretur⁷ res quadrantaria⁸ et in usum, non oblectamentum, reperta? Non suffundebatur⁹ aqua nec recens semper velut ex calido fonte currebat, nec referre credebant, in quam perlucida¹⁰ sordes deponerent. [10] Sed, di boni, quam juvat illa balnea intrare obscura et gregali tectorio inducta, quæ scires Catonem¹¹ tibi ædilem aut Fabium Maximum¹² aut ex Corneliis aliquem manu sua temperasse! Nam hoc¹³ quoque nobilissimi ædiles fungebantur officio intrandi ea loca, quæ populum receptabant,

1. *In ornamentum.* V. Rem. 84.
2. *Sine injuria munimenti*, « sans nuire à la défense ».
3. *Colorantur*, « se hâlent », étant exposés au soleil.
4. *Ex solio*, « de leur baignoire ». Cf. Festus, s. v. : « ... *Alvei* (« les cuves ») *quoque, lavandi gratia instituti, quo singuli descendunt, solia dicuntur.*
5. *Concursum... habuerant.* Cf. LIX, 3.
6. *Cum dedicarentur.* Il s'agit naturellement de bains publics.
7. *Cur... ornaretur...?* « Pourquoi aurait-on orné ? »
8. *Res quadrantaria.* Le prix d'entrée aux bains publics était d'un quart d'as (*quadrans*), soit environ 1 centime 1/4.
9. *Suffundebatur*, « était versée par-dessous (dans les baignoires et les bassins) », de façon que l'eau fût continuellement renouvelée et se maintînt en même temps à une température égale.
10. *In quam perlucida (aqua)* = *quam perlucida esset aqua, in qua* etc.
11. *Catonem*, Caton l'Ancien.
12. *Fabium Maximum*, le fameux *Cunctator*.
13. *Hoc* annonce *intrandi* etc. — *Intrandi.* V. Rem. 54.

exigendique munditias et utilem ac salubrem temperaturam, non hanc, quæ nuper inventa est similis incendio, adeo quidem, ut convictum in aliquo scelere servum vivum lavari[1] oporteat : nihil mihi videtur jam interesse, ardeat balneum an caleat. [11] Quantæ nunc aliquis rusticitatis damnat Scipionem, quod non in caldarium suum latis specularibus[2] diem admiserat! quod non in multa luce decoquebatur[3] et exspectabat[4], ut in balneo concoqueret! O hominem calamitosum! nesciit vivere. Non saccata aqua lavabatur, sed sæpe turbida et, cum plueret vehementius, pæne lutulenta; nec multum ejus intererat, an[5] sic lavaretur : veniebat enim ut sudorem illic ablueret, non ut unguentum. [12] Quas nunc quorumdam futuras voces credis? « Non invideo Scipioni : vere in exsilio vixit, qui sic lavabatur. » Immo, si scias[6]! non quotidie lavabatur. Nam, ut aiunt, qui priscos mores urbis tradiderunt, brachia et crura quotidie abluebant, quæ scilicet sordes opere[7] collegerant; ceterum[8] toti nundinis[9] lavabantur. Hoc loco dicet aliquis : « Liquet mihi immundissimos fuisse. » Quid putas illos oluisse? militiam, laborem, virum.

1. *Vivum lavari*, en guise de supplice.
2. *Latis specularibus*. Cf. II, 9.
3. *Decoquebatur... concoqueret*, jeu de mots. V. *Rem.* 137, 7°. — *Decoquere* a son sens propre de « réduire par la cuisson », car le corps perd une partie de son poids par la transpiration.
4. *Et exspectabat*. La négation *non* est commune aux deux membres *decoquebatur* et *exspectabat*. V. *Rem.* 116. — *Et exspectabat*, etc., « il n'attendait pas de digérer dans le bain », c.-à-d. « il n'attendait pas, pour digérer, qu'il fût dans le bain ». Les bains très chauds passaient pour activer la digestion et dissiper l'effet des excès de table.

Cf. Pline, *Hist. nat.*, XXIX, 8, 26 : *Balineæ ardentes, quibus persuasere (medici) in corporibus cibos coqui.*
5. *An*. V. *Rem.* 95.
6. *Immo, si scias!* « (Que dirais-tu) si tu savais! » Cf. Térence, *Heaut.*, 599 : *Pessuma hæc est meretrix. — Ita videtur. — Immo, si scias!*
7. *Opere*. Cf. plus haut, § 5.
8. *Ceterum*, « mais ». V. *Rem.* 102.
9. *Nundinis*, « les jours de marché seulement », c.-à-d. tous les huit jours. C'est aux *nundinæ* que les habitants de la campagne venaient à Rome, et ils en profitaient pour aller aux bains.

Postquam munda balnea inventa sunt, spurciores sunt[1]
[13] Descripturus[2] infamem et nimiis notabilem deliciis
Horatius Flaccus quid ait?

Pastillos Buccillus olet[3]...

Dares[4] nunc Buccillum : perinde esset[5], ac si hircum
oleret; Gargonii loco esset, quem idem Horatius Buc-
cillo opposuit. Parum est sumere unguentum, nisi bis
die terque renovatur, ne evanescat in corpore. Quid,
quod hoc odore tamquam suo gloriantur? Hæc si tibi
nimium tristia videbuntur, villæ imputabis.

(Ep. 86, §§ 1-14.)

LXII

Du respect humain et de la vanité des apparences.

[1] Naufragium, antequam navem adscenderem, feci :
quomodo acciderit, non adjicio, ne et hoc putes[6] inter
Stoica paradoxa[7] ponendum, quorum nullum esse
falsum nec tam mirabile quam prima facie videtur,

---

1. *Spurciores sunt (homines),* « on est devenu... ».

2. *Descripturus,* « voulant censurer, ridiculiser ». V. *Rem.* 53, 3°. Pour le sens de *describere,* cf. Horace, *Sat.*, I, 4, 3 : *Si quis erat dignus describi,* etc.

3. *Pastillos* etc. Horace, *Sat.*, I, 2, 27. — *Buccillus.* Nos manuscrits d'Horace portent *Rufillus.*

4. *Dares* etc. Tournure plus vive que *si dares* etc.

5. *Perinde esset,* etc., tant les goûts se sont raffinés!

6. *Ne et hoc putes* etc. Sénèque veut exciter la curiosité de son ami sans la satisfaire.

7. *Stoica paradoxa.* Le nom de *paradoxes* était donné par les stoïciens à certaines de leurs maximes qui étaient en désaccord avec l'opinion vulgaire, mais qu'ils estimaient fondées en raison (παράδοξα μὲν, οὐ μὴν παράλογα), par ex. : que le seul bien, c'est l'honnête; qu'il ne manque rien au sage pour être heureux; que les fautes et les mérites sont tous égaux; que celui qui n'est point un sage est nécessairement un fou; que le sage seul est libre, riche, etc. V. les *Paradoxa* de Cicéron.

cum volueris, approbabo[1], immo etiam si nolueris Interim hoc me iter docuit, quam multa haberemus supervacua et quam facile judicio possemus deponere, quæ, si quando necessitas abstulit, non sentimus ablata. [2] Cum paucissimis servis, quos unum capere vehiculum potuit, sine ullis rebus, nisi quæ corpore nostro continebantur, ego et Maximus meus[2] biduum jam beatissimum agimus. Culcita in terra jacet, ego in culcita. Ex duabus pænulis[3] altera stragulum, altera opertorium facta est. [3] De prandio nihil detrahi potuit[4] : paratum fuit non magis hora[5], nusquam sine caricis, nusquam sine pugillaribus[6]. Illæ[7], si panem habeo, pro pulmentario sunt; si non habeo, pro pane. Quotidie mihi annum novum faciunt[8], quem ego faustum et felicem reddo bonis cogitationibus et animi magnitudine, qui numquam major est, quam ubi aliena[9] seposuit et fecit sibi pacem nihil timendo, fecit sibi divitias nihil concupiscendo. [4] Vehiculum, in quod impositus sum, rusticum est; mulæ

1. *Approbabo.* V. Rem. 49.
2. *Maximus meus*, Cæsennius ou Cæsonius Maximus, ami de Sénèque. C'était un personnage considérable, qui parvint au consulat. Suspect à Néron, il fut banni de l'Italie lorsque la conjuration de Pison eut été découverte (65 ap. J.-C.).
3. *Pænulis.* Cf. XXXI, 31.
4. *Nihil detrahi potuit*, parce qu'il était borné au strict nécessaire.
5. *Paratum fuit non magis hora*, « il n'a pas fallu plus d'une heure pour le préparer. » On trouvera, d'après la suite du passage, que c'est encore beaucoup; mais comme les Romains n'avaient pas de dénominations spéciales pour les divisions de l'heure, le mot *hora* désignait la plus petite unité de temps; ainsi *non magis hora* (= *intra horam*) correspond à peu près au français « en quelques minutes ». — *Magis* == *amplius*.
6. *Sine pugillaribus.* Même en mangeant, Sénèque a ses tablettes (son carnet) avec lui, pour noter les pensées qui pourraient lui venir.
7. *Illæ*, etc. Cf. Pline, *Hist. nat.*, XV, 21 : (*Ficus*) *panis simul et obsonii vicem siccatæ implent.*
8. *Quotidie mihi annum novum faciunt,* « elles me font de chaque jour un jour de nouvel an ». Le jour de l'an, à Rome, on offrait à ses amis des dattes et des figues sèches : c'était une façon de leur souhaiter une année heureuse, la saveur sucrée de ces fruits présageant douceur et agrément.
9. *Aliena*, « les objets extérieurs ».

vivere se ambulando [1] testantur; mulio excalceatus [2], non propter aestatem [3]. Vix a me obtineo, ut hoc vehiculum velim videri meum : durat adhuc perversa recti [4] verecundia et quotiens in aliquem comitatum lautiorem incidimus, invitus erubesco, quod argumentum est ista, quæ probo, quæ laudo, nondum habere certam sedem [5] et immobilem : qui sordido vehiculo erubescit, pretioso gloriabitur. [5] Parum adhuc profeci : nondum audeo frugalitatem palam ferre, etiamnunc curo opiniones viatorum. Contra totius generis humani opiniones mittenda vox erat : « Insanitis, erratis, stupetis ad supervacua [6], neminem æstimatis suo. Cum ad patrimonium ventum est [7], diligentissimi computatores sic rationem ponitis singulorum, quibus aut pecuniam credituri estis aut beneficia (nam hæc quoque jam expensa fertis [8]) : « Late possidet, sed multum « debet; habet domum formosam, sed alienis nummis « paratam; familiam nemo cito [9] speciosiorem producet, « sed nominibus non respondet [10]; si creditoribus solve- « rit, nihil illi supererit. » Idem in reliquis [11] quoque facere debebitis, excutere [12] quantum proprii quisque

1. *Ambulando*, « uniquement par le fait qu'elles marchent », tant elles sont maigres.
2. *Excalceatus*, « nu-pieds, » et non « déchaussé ».
3. *Non propter æstatem*, « sed propter paupertatem ».
4. *Recti*. Il n'y avait rien de blâmable, loin de là, à voyager en cet équipage.
5. *Habere... sedem*, savoir in animo.
6. *Stupetis ad supervacua*. V. Rem. 81.
7. *Cum ad patrimonium ventum est*, « Quand on en vient à la question d'argent ».
8. *Expensa fertis*. A Rome, tout père de famille soigneux tenait un registre (*codex* ou *tabulæ accepti et expensi*) dans lequel il notait d'un côté toutes les sommes d'argent qu'il recevait (*acceptum ferebat*), et de l'autre les paiements et prêts d'argent qu'il faisait (*expensum ferebat*). Les bienfaits accordés sont comptés parmi les prêts, les avances, les créances; c'est un placement.
9. *Cito* = facile.
10. *Nominibus non respondet*, « il n'est pas en état de faire face à ses engagements. » Cf. XXXV, 13, et la note.
11. *Reliquis*, au neutre, pour *reliquis rebus*. V. Rem. 65.
12. *Excutere* etc., explication de *idem*.

habeat. » [6] Divitem illum putas, quia aurea supellex etiam in via sequitur, quia in omnibus provinciis arat[1], quia magnus kalendarii liber[2] volvitur, quia tantum suburbani agri[3] possidet, quantum invidiose in desertis Apuliæ[4] possideret : cum omnia dixeris, pauper est. Quare? Quia debet. « Quantum? » inquis. Omnia; nisi forte judicas interesse, utrum aliquis ab homine an a fortuna mutuum sumpserit[5]. [7] Quid ad rem pertinent mulæ saginatæ unius omnes coloris? quid ista vehicula cælata[6]?

Instratos ostro alipedes pictisque tapetis,
Aurea pectoribus demissa monilia pendent,
Tecti auro fulvum mandunt sub dentibus aurum[7].

Ista nec dominum[8] meliorem possunt facere nec mulam. [8] M. Cato Censorius, quam tam e republica fuit[9] nasci quam Scipionem (alter enim cum hostibus nostris bellum, alter cum moribus gessit), canterio vehebatur et hippoperis quidem impositis, ut secum utilia portaret. O quam cuperem illi nunc occurrere aliquem ex

---

1. *In omnibus provinciis arat.* Cf. VII, 7.
2. *Kalendarii liber*, registre où ceux qui prêtaient de l'argent à intérêts (*fœneratores*) tenaient leurs comptes. Ce nom vient de ce que l'échéance était fixée aux calendes, l'argent étant prêté au mois.
3. *Suburbani agri.* Le prix des terrains aux environs de Rome était très élevé.
4. *In desertis Apuliæ*, où les terrains étaient à bas prix. Cf. Cicéron, *Epist. ad Att.*, VIII, 3, 4 : *Apulia... inanissima pars Italiæ.* Lucain, V, 103-104 : *... Quæ piger Apulus arva Deseruit rastris et inerti tradidit herbæ.* Juvénal, IV, 26-27 : *... provincia tanti Vendit agros, sed majores Apulia vendit.*
5. *A fortuna mutuum sumpserit.* Cf. *Epist.* 72, 7 : *Nihil dat fortuna mancipio.*
6. *Ista vehicula cælata.*

... Ce beau carrosse
Où tant d'or se relève en bosse.

7. *Instratos ostro* etc. Virgile, *Én.*, VII, 277-279.
8. *Ista nec dominum* etc. Cf. XLIX, 6 : *Non faciunt meliorem equum aurei freni.*
9. *E re publica fuit* = *rei publicæ utile fuit, rei publicæ profuit.* V. *Rem.* 89.

his trossulis [1] in via cursores [2] et Numidas [3] et multum ante se pulveris agentem! Hic sine dubio cultior comitatiorque quam M. Cato videretur, hic [4], qui inter illos apparatus delicatos cum maxime [5] dubitat, utrum [6] se ad gladium locet an ad cultrum. [9] O quantum erat sæculi decus, imperatorem triumphalem [7], censorium [8], et, quod super omnia hæc est, Catonem uno caballo [9] esse contentum et ne toto quidem! partem enim sarcinæ ab utroque latere dependentes occupabant. Ita non omnibus obesis [10] mannis et asturconibus et tolutariis præferres unicum illum equum ab ipso Catone defrictum? [10] Video non futurum finem in ista materia ullum, nisi quem ipse mihi fecero. Hic itaque conticescam, quantum [11] ad ista, quæ sine dubio talia divinavit futura, qualia nunc sunt, qui primus appellavit « impedimenta ».

(Ep. 87, §§ 1-11.)

1. *Trossulis.* Cf. LIX, 2.
2. *Cursores*, « des coureurs », esclaves qui couraient à pied devant leur maître pour faire ranger la foule.
3. *Numidas*, des cavaliers numides jouant le rôle de nos piqueurs.
4. *Hic... hic*, répétition énergique.
5. *Cum maxime.* V. Rem. 127.
6. *Utrum etc.*, « s'il se fera gladiateur ou bestiaire ». Le *gladius* était l'arme des gladiateurs proprement dits, le couteau de chasse (*culter venatorius*), celle des bestiaires, qui combattaient contre les bêtes féroces dans les *venationes* (I, 4; XL, 4). Se louer pour les jeux sanglants de l'amphithéâtre était la suprême ressource des jeunes Romains qui avaient dissipé leur patrimoine. Cf. *Epist.* 99, 13 : *Adspice illos juvenes, quos ex nobilissimis domibus in arenam luxuria projecit.*
7. *Imperatorem triumphalem.* Caton avait obtenu le triomphe pour ses succès en Espagne (195 av J.-C.).
8. *Censorium.* Il fut censeur en 184 av. J.-C.
9. *Caballo*, terme vulgaire, employé à dessein au lieu de *equo*.
10. *Obesis.* Cf. plus haut (§ 7) *mulæ saginatæ*.
11. *Quantum ad.* V. Rem. 126.

LXIII

La tâche de la philosophie, comme celle de la médecine, est devenue plus difficile par suite de la corruption des mœurs. Les simples préceptes ne suffisent plus : il faut que la morale s'appuie sur des dogmes ou des principes généraux.

[1] Medicina quondam paucarum fuit scientia herbarum, quibus sisteretur fluens sanguis, vulnera coirent; paulatim deinde in hanc[1] pervenit tam multiplicem varietatem. Nec est mirum tunc illam minus negotii habuisse firmis adhuc[2] solidisque corporibus et facili cibo nec per artem voluptatemque corrupto. Qui postquam[3] cœpit non ad tollendam, sed ad irritandam famem quæri et inventæ sunt mille conditura, quibus aviditas excitaretur, quæ desiderantibus alimenta erant, onera sunt plenis. [2] Inde pallor et nervorum vino madentium[4] tremor et miserabilior ex cruditatibus[5] quam ex fame macies; inde incerti labantium pedes et semper qualis in ipsa ebrietate titubatio[6]; inde in totam cutem humor admissus[7] distentusque venter[8], dum male assuescit[9] plus capere quam poterat; inde suffusio luridæ bilis et decolor vultus tabesque viscerum putrescentium et retorridi digiti articulis obrigescentibus nervorumque sine sensu jacentium torpor aut palpitatio sine intermissione vibrantium. [3] Quid capitis vertigines dicam ? quid oculorum aurium-

---

1. *Hanc*, « d'aujourd'hui ».
2. *Adhuc*. V. Rem. 99.
3. *Qui postquam etc.* L'apodose commence à *quæ desiderantibus*.
4. *Madentium*, « saturés ».
5. *Ex cruditatibus*, « causée par la dyspepsie ».
6. *Incerti labantium pedes et...* *titubatio*, redondance. V. Rem. 137,4°. — *Semper... titubatio.* V. Rem. 90.
7. *In totam cutem etc.*, l'hydropisie.
8. *Distentus venter.* Cf. LII, 2.
9. *Male assuescit*, « il contracte la mauvaise habitude de... ».

que tormenta et cerebri exæstuantis verminationes[1], innumerabilia præterea febrium genera, aliarum impetu sævientium, aliarum tenui peste repentium, aliarum cum horrore[2] et multa membrorum quassatione venientium? Quid alios referam innumerabiles morbos, supplicia luxuriæ? [4] Immunes erant ab istis malis, qui nondum se deliciis solverant, qui sibi imperabant[3], sibi ministrabant[4]. Corpora opere[5] ac vero labore[6] durabant aut cursu defatigati[7] aut venatu aut tellure versanda; excipiebat illos cibus, qui nisi esurientibus placere non posset. Itaque nihil opus erat tam magna medicorum supellectile[8] nec tot ferramentis[9] atque pyxidibus[10]. Simplex erat ex causa simplici valetudo : multos morbos multa fercula[11] fecerunt. [5] Vide, quantum rerum per unam gulam transiturarum[12] permisceat luxuria, terrarum marisque vastatrix. Necesse est itaque inter se tam diversa dissideant et hausta[13] male digerantur aliis alio nitentibus; nec mirum, quod[14] inconstans variusque ex discordi cibo morbus est et illa ex contrariis naturæ partibus[15] in eumdem compulsa redundant. Inde tam novo[16] ægrotamus

1. *Cerebri exæstuantis verminationes*, les migraines.
2. *Horrore*, « frisson ».
3. *Sibi imperabant*, « commandaient à eux-mêmes », c'est-à-dire à leurs appétits.
4. *Sibi ministrabant*, « se servaient eux-mêmes ».
5. *Opere*. Cf. LXI, 5 et 12.
6. *Vero labore*, par opposition aux exercices en quelque sorte artificiels, tels que la gymnastique, le jeu de balle, etc.
7. *Defatigati*, action contemporaine de l'action principale (*durabant...se defatigando*). V. Rem. 52.
8. *Supellectile*, « appareils ».
9. *Ferramentis*, « instruments de chirurgie ». Les anciens en possédaient de tout genre, et de très perfectionnés.
10. *Pyxidibus*, « boîtes à médicaments ».
11. *Multa fercula*, « la multiplicité des services (dans les repas) ». *Ferculum* = proprement le large plateau sur lequel on apportait les divers plats d'un même service.
12. *Transiturarum*. V. Rem. 53.
13. *Hausta*, « engloutis (tous à la fois) ».
14. *Nec mirum, quod...* V. Rem 43.
15. *Ex contrariis naturæ partibus*, la terre (quadrupèdes), l'air (oiseaux), l'eau (poissons et coquillages).
16. *Novo*, « étrange, bizarre ».

genere quam vivimus... [6] Antiqui medici nesciebant dare cibum sæpius et vino fulcire venas cadentes[1]; nesciebant sanguinem mittere et diutinam ægrotationem balneo sudoribusque laxare; nesciebant crurum vinculo[2] brachiorumque latentem vim[3] et in medio sedentem ad extrema revocare[4] : non erat necesse circumspicere multa auxiliorum genera, cum essent periculorum paucissima. [7] Nunc vero quam longe processerunt mala valetudinis! has usuras voluptatium pendimus ultra modum fasque concupitarum. Innumerabiles esse morbos non miraberis : coquos numera. Cessat omne studium et liberalia professi[5] sine ulla frequentia desertis[6] angulis præsident; in rhetorum[7] ac philosophorum scholis solitudo est : at quam celebres[8] culinæ sunt, quanta circa nepotum[9] focos juventus premitur[10]!... [8] Transeo agmina servulorum per nationes coloresque discripta, ut eadem omnibus lævitas sit, eadem primæ mensura lanuginis, eadem species capillorum, ne quis, cui rectior est coma, crispulis misceatur; transeo pistorum turbam, transeo ministratorum, per quos[11] signo dato ad inferendam cenam discurritur[12] : di boni, quantum hominum unus venter exercet! [9] Quid? tu illos boletos, voluptarium vene-

1. *Vino fulcire venas cadentes.* Cf. Sénèque, *De benef.*, III, 9, 2 : *Cadentes venas vino reficere.* Horace, *Sat.*, II, 3, 154 : *Ingens accedit stomacho fultura ruenti.*
2. *Vinculo*, « au moyen de ligatures ».
3. *Vim* (*morbi*), « un principe morbide ».
4. *Ad extrema revocare.* C'est la méthode des révulsifs.
5. *Liberalia* (*studia*). — *Professi.* Sénèque emploie ailleurs le substantif *professor*.
6. *Sine ulla frequentia desertis*, redondance. V. *Rem.* 137,4°.

7. *In rhetorum* etc. Cf. LIX, 3.
8. *Quam celebres* = *quam frequentes*, « quelle affluence dans... ».
9. *Nepotum*, « des dissipateurs ». Cf. Horace, *Epod.*, 1, 34; *Sat.*, I, 4, 49; 8, 11; II, 1, 22, 53; 3, 225; *Epist.*, I, 15, 36; II, 2, 193.
10. *Premitur*, sens réfléchi.
11. *Per quos.* On attendrait plutôt *a quibus*; en employant *per*, Sénèque semble avoir voulu peindre le mouvement qui se transmet de proche en proche. V. *Rem.* 86.
12. *Signo dato... discurritur.* Cf. XXIV, 6.

num, nihil occulti operis judicas facere[1], etiamsi præsentanei non fuerunt? Quid? tu illam æstivam nivem[2] non putas callum jocineribus obducere[3]? Quid? illa ostrea, inertissimam carnem[4] cœno saginatam, nihil existimas limosæ gravitatis inferre? Quid? illud « sociorum garum[5] », pretiosam malorum piscium saniem, non credis urere salsa tabe præcordia? Quid? illa purulenta[6] et quæ tantum non[7] ex ipso igne in os transferuntur, judicas sine noxa in ipsis visceribus exstingui?...
[10] Memini fuisse quondam in sermone nobilem patinam[8], in quam, quicquid apud lautos solet diem ducere[9], properans in damnum suum popina[10] congesserat : veneriæ spondylique[11] et ostrea catenus

---

1. *Nihil occulti operis... facere,* « ne pas miner sourdement les entrailles ».

2. *Æstivam nivem.* Cf. VIII, 5; LX, 23.

3. *Callum jocineribus obducere.* Il s'agit sans doute des obstructions du foie.

4. *Inertissimam carnem,* « chair mollasse ».

5. *Sociorum garum.* Le garum était une sorte de saumure faite avec les entrailles du scombre ou maquereau (poisson d'ailleurs peu estimé; de là, *malorum piscium*); on les salait et on les soumettait à une longue macération (de là, *saniem* et *salsa tabe*); il en résultait une liqueur que l'on filtrait avec soin. Il y avait plusieurs espèces de *garum*; la plus estimée était fabriquée en Espagne, et s'appelait *garum sociorum*, « garum de la compagnie ». On suppose que ces *socii* sont les *publicani* ou fermiers généraux qui formaient des compagnies (*societates*) pour la perception des recettes publiques (*vectigalia*), etc. De fait, il devait se trouver beaucoup de gourmets parmi ces gros financiers.

6. *Illa purulenta.* J.-J. Rousseau s'est souvenu de ce mot dans l'*Émile*, livre IV : « Ma table ne serait point couverte avec appareil de magnifiques ordures et de charognes lointaines ».

7. *Et quæ tantum non etc.* Cf. LX, 23.

8. *Nobilem patinam,* comme le plat qu'inventa plus tard Vitellius et qu'il appela « le bouclier de Minerve » : *In hac scarorum jocinera, phasianarum et pavonum cerebella, linguas phœnicopterorum, murænarum lactes... commiscuit.* (Suétone, *Vitell.*, 13).

9. *Diem ducere,* « faire passer la journée », le repas se prolongeant à cause du nombre des services.

10. *Properans in damnum suum popina,* « une gourmandise pressée de se ruiner ». — *In damnum suum.* V. Rem. 84. — *Popina,* par métonymie, = *gula* = *helluo.*

11. *Veneriæ spondylique,* sortes de mollusques.

circumcisa, qua eduntur, intervenientibus distingue-
bantur echinis[1]; totam torti destructique sine ullis
ossibus mulli constraverant[2]. Piget esse[3] jam singula :
coguntur in unum sapores; in cena[4] fit, quod fieri
debebat in ventre. Exspecto jam, ut manducata ponantur[5] : quantulo[6] autem hoc minus est, testas excerpere
atque ossa et dentium opera coquum fungi ! « Grave est
luxuriari per singula : omnia semel[7] et in eumdem
saporem versa ponantur. Quare ego ad unam rem
manum porrigam? plura veniant simul; multorum
ferculorum ornamenta[8] coeant et cohaereant. Sciant
protinus hi[9], qui jactationem ex istis[10] peti et gloriam[11]
aiebant, non ostendi[12] ista, sed conscientiae[13] dari.
Pariter sint, quae disponi[14] solent, uno jure perfusa;
nihil intersit : ostrea, echini, spondyli, mulli pertur-
bati concoctique[15] ponantur. » Non esset confusior
vomentium cibus. Quomodo ista perplexa sunt, sic ex
istis non singulares morbi nascuntur, sed inexplica-

1. *Intervenientibus distingue-bantur echinis.* Cf. XVI, 8 : *Insulae, quae interventu suo maria distinguunt.*
2. *Totam (patinam).* — *Torti etc.* On en avait enlevé les arêtes (*sine ullis ossibus*); puis on les avait roulés et tronçonnés (*torti destructique*), et ils étaient disposés de manière à former la base, la couche inférieure, du plat (*constraverant*).
3. *Esse = edere.*
4. *In cena,* « sur la table ».
5. *Ponantur,* entendez : les mets, les aliments, comme plus haut *singula.*
6. *Quantulo... hoc minus est = hoc non multo minus est (quam manducata poni).* — *Hoc,* au nominatif, annonce *testas excerpere etc.*

7. *Semel,* « en une fois ».
8. *Ferculorum.* V. § 4 et la note. — *Ornamenta,* « ce qui garnit ».
9. *Hi,* ces envieux, ces détracteurs.
10. *Ex istis,* par ce grand nombre, par cet étalage de plats différents.
11. *Gloriam,* « gloriole ». Cf. XL, 10.
12. *Non ostendi ista,* « que cette profusion n'est pas simplement pour la montre ».
13. *Conscientiae,* « pour satisfaire ma conscience, pour ma satisfaction intime, pour pouvoir me rendre ce témoignage que je n'épargne rien ». Cf. *De ira,* III, 41, 2 : *Conscientiae satis fiat, nil in famam laboremus.*
14. *Disponi.* Cf. XVII, 10 : *ex disposito.*
15. *Concocti = una cocti.*

biles, diversi, multiformes, adversus quos et medicina[1] armare se cœpit multigeneribus observationibus[2].

[11] Idem tibi de philosophia dico. Fuit aliquando simplicior inter minora peccantes[3] et levi quoque[4] cura medicabiles : adversus tantam morum eversionem omnia conanda sunt. Et utinam sic denique lues ista vindicetur[5]! Non privatim solum, sed publice furimus. Homicidia compescimus et singulas cædes : quid bella et occisarum gentium[6] gloriosum scelus? Non avaritia, non crudelitas modum novit. Et ista[7] quamdiu furtim et a singulis fiunt, minus noxia minusque monstrosa sunt : ex senatusconsultis plebisque scitis sæva exercentur et publice jubentur vetita privatim. Quæ clam commissa capite luerentur, quia paludati fecere[8], laudamus. Non pudet homines, mitissimum genus, gaudere sanguine alterno[9] et bella gerere gerendaque liberis tradere, cum inter se[10] etiam mutis ac feris pax sit. [12] Adversus tam potentem explicitumque late furorem operosior philosophia facta est et tantum sibi

1. *Et medicina*. *Et* = « de son côté ».

2. *Observationibus*, « recettes, prescriptions, ordonnances ».

3. *Inter minora peccantes* etc. V. Rem. 22 et 66.

4. *Quoque* = *etiam*, vel. V. Rem. 111.

5. *Vindicetur*, « on parvienne enfin à réprimer, à arrêter le cours de..., à venir à bout de... ».

6. *Occisarum gentium*, génitif explicatif. V. Riemann, *Syntaxe*, § 49.

7. *Et ista*, « encore... ».

8. *Quia paludati fecere* = *quia, qui fecere, paludati erant*. *Paludatus*, « revêtu du *paludamentum* », manteau de guerre que portait le général en chef. Ce manteau était attaché sur l'épaule au moyen d'une broche, et restait ouvert par devant, comme la chlamyde grecque; il était ordinairement de couleur rouge.

9. *Gaudere sanguine alterno*, « se plaire à verser le sang les uns des autres ». V. Rem. 11.

10. *Cum inter se* etc. Entendez : entre animaux de la même espèce. Cf. *De ira*, II, 8, 3 : *Illæ (feræ) inter se placidæ sunt morsuque similium abstinent*. Id., *De clem.*, I, 26, 4 : *Illa rationis expertia et a nobis immanitatis crimine damnata abstinent suis et tuta est etiam inter feras similitudo*. Horace, *Epod.*, 7, 11-12, avait déjà dit :

Neque hic lupis mos nec fuit leo-
[*nibus*
Umquam nisi in dispar feris.

virium sumpsit, quantum iis, adversus quæ parabatur, accesserat. Expeditum erat objurgare indulgentes mero et petentes delicatiorem cibum; non erat animus ad frugalitatem magna vi reducendus, a qua paullum discesserat :

Nunc manibus rapidis opus est, nunc arte magistra[1].

Voluptas ex omni[2] quæritur. Nullum intra se manet vitium : in avaritiam luxuria præceps est. Honesti oblivio invasit : nihil turpe est, cujus placet pretium. Homo, sacra[3] res homini, jam per lusum[4] ac jocum occiditur et quem erudiri ad inferenda accipiendaque vulnera nefas erat, is jam nudus inermisque[5] producitur satisque spectaculi[6] ex homine mors est. [13] In hac ergo morum perversitate desideratur solito vehementius aliquid, quod mala inveterata discutiat : decretis[7] agendum est, ut revellatur penitus falsorum recepta persuasio. His si adjunxerimus præcepta[8], consolationes, adhortationes, poterunt[9] valere : per se inefficaces sunt. Si volumus habere[10] obligatos et malis, quibus jam tenentur, avellere, discant, quid malum, quid bonum sit; sciant omnia præter virtutem mutare nomen, modo mala fieri, modo bona. Quemadmodum primum militiæ vinculum est religio[11] et signo-

---

1. *Nunc manibus* etc. Virgile, Æn., VIII, 442.
2. *Ex omni*, neutre, = *ex omni re*. V. Rem. 67.
3. *Sacra*, « qui devrait être sacré ».
4. *Per lusum* etc. C'est ce qu'on a écrit de plus fort, dans l'antiquité classique, contre les jeux de l'amphithéâtre. Cf. XL.
5. *Nudus inermisque*. Cf. XL, 4-5.
6. *Satisque spectaculi* etc. L'intérêt du spectacle ne réside plus dans l'adresse des combattants ni dans les péripéties de la lutte; il est tout entier dans la vue du sang et des spasmes de l'agonie.
7. *Decretis*, les principes généraux, la philosophie dogmatique.
8. *Præcepta*, les préceptes de la morale pratique.
9. *Poterunt* a pour sujet *præcepta, consolationes, adhortationes*, comme l'indique dans la phrase suivante *inefficaces* (accord avec le dernier sujet).
10. *Habere* (*homines*) *obligatos*.
11. *Religio*, la religion du serment militaire.

rum amor et deserendi nefas¹, tunc deinde facile cetera exiguntur mandanturque jusjurandum adactis², ita in iis, quos velis ad beatam vitam perducere, prima fundamenta jacienda sunt et insinuanda virtus. Hujus quadam superstitione teneantur; hanc ament; cum hac vivere velint, sine hac nolint...

[14] « Quid ergo? non quidam sine institutione subtili evaserunt probi magnosque profectus assecuti sunt, dum nudis tantum præceptis obsequuntur? » Fateor : sed felix illis ingenium fuit et salutaria in transitu rapuit. Nam ut di immortales nullam didicere virtutem cum omni³ editi et pars naturæ eorum est bonos esse, ita quidam ex hominibus egregiam sortiti indolem in ea, quæ tradi solent, perveniunt sine longo magisterio⁴ et honesta complexi sunt, cum primum audiere. Sunt ista tam rapacia virtutis ingenia vel ex se⁵ fertilia : at illis aut hebetibus et obtusis aut mala consuetudine obsessis⁶ diu rubigo animorum effricanda est. Ceterum et illos in bonum pronos citius educet ad summa, et hos imbecilliores adjuvabit malisque opinionibus extrahet, qui illis philosophiæ placita⁷ tradiderit : quæ quam sint necessaria, sic licet videas. [15] Quædam insident nobis, quæ nos ad alia pigros, ad alia temerarios faciunt; nec hæc audacia reprimi potest nec illa inertia suscitari, nisi causæ eorum⁸ eximuntur, falsa admiratio⁹ et falsa formido. Hæc¹⁰ nos quamdiu possi-

---

1. *Deserendi nefas*, « l'impiété de la désertion », expression abrégée pour : « l'idée que la désertion est un acte impie ». V. Rem. 132. — *Deserendi*, génitif explicatif. Cf. § 11.
2. *Jusjurandum adactis.* V. Rem. 66. — *Adactis*, datif, ne va qu'avec le second verbe (*mandantur*); avec *exiguntur* il faudrait *ab* et l'ablatif.
3. *Cum omni* (*virtute*).
4. *Magisterio* = *institutione*.
5. *Vel*, « même ». — *Ex se*, sans culture.
6. *Obsessis*, « occupés, envahis ». Cf. XV, 3.
7. *Placita* = *decreta*, δόγματα, δόξαι.
8. *Eorum*, neutre, généralisant l'idée contenue dans *audacia* et dans *inertia*.
9. *Admiratio*, ici : l'admiration qui provoque le désir.
10. *Hæc*, savoir *falsa admiratio* et *falsa formido*.

dent, dicas licet : « Hoc patri præstare debes, hoc liberis, hoc amicis, hoc hospitibus, » tentantem avaritia retinebit. Sciet pro patria pugnandum esse : sed dissuadebit timor. Sciet pro amicis desudandum esse ad extremum usque sudorem : sed deliciæ vetabunt. Sciet in uxorem gravissimum esse genus injuriæ pælicem : sed illum libido in contraria impinget. [16] Nihil ergo proderit dare præcepta, nisi prius amoveris obstatura præceptis[1], non magis quam proderit arma in conspectu posuisse propiusque admovisse, nisi usuræ[2] manus expediuntur. Ut ad præcepta, quæ damus, possit animus ire, solvendus est. [17] Putemus aliquem facere, quod oportet : non faciet assidue, non faciet æqualiter ; nesciet enim, quare faciat. Aliqua[3] vel casu vel exercitatione exibunt recta, sed non erit in manu regula, ad quam exigantur, cui credat recta esse, quæ fecit. Non promittet se talem in perpetuum, qui bonus casu est. [18] Deinde præstabunt tibi fortasse præcepta, ut quod oportet facias, non præstabunt, ut quemadmodum oportet. Si hoc non præstant, ad virtutem non perducunt. Faciet[4] quod oportet monitus, concedo ; sed id parum est, quoniam quidem non in facto laus est, sed in eo, quemadmodum fiat. Quid est cena sumptuosa flagitiosius et equestrem censum[5] consumente ? quid tam dignum censoria nota, si quis, ut isti ganeones loquuntur, sibi hoc et genio suo[6] præstet ? et totiens tamen

---

1. *Obstatura præceptis.* V. Rem. 66, 63, 3.
2. *Usuræ.* V. Rem. 53.
3. *Aliqua (facta).*
4. *Faciet* Après avoir employé la 2ᵉ personne (*tibi... facias*), Sénèque revient à la 3ᵉ (cf. § 17 : *Putemus aliquem facere etc.*).
5. *Equestrem censum,* 400 000 sesterces, environ 84 000 francs.
6. *Sibi... et genio suo,* « pour lui et pour son génie », c.-à-d.

« pour lui seul ». Le *genius* personnifiant la force vitale de l'homme (cf. XLI, 2, note), on s'explique aisément le sens des expressions *genio indulgere, genio suo sacrificare* et *multa bona facere,* etc., « faire bonne chère, faire bombance »,*genium suum defrudare,* « faire maigre chère, vivre chichement »,*geniales homines,* « joyeux amphitryons », etc. Cf. Horace, *Od.,* III, 17, 14-15 : *Cras genium mero*

sestertio[1] aditiales cenæ[2] frugalissimis viris constitérunt. Eadem res, si gulæ datur, turpis est, si honori, reprehensionem effugit; non enim luxuria, sed impensa sollemnis est. [19] Mullum ingentis formæ — quare autem non pondus adjicio et aliquorum gulam irrito[3] ? quattuor pondo et selibram fuisse aiebant — Tiberius Cæsar missum sibi cum in macellum deferri et venire jussisset : « Amici, » inquit, « omnia me fallunt, nisi istum mullum aut Apicius[4] emerit aut P. Octavius. » Ultra spem illi conjectura processit : liciti sunt. Vicit Octavius et ingentem consecutus est inter suos gloriam, cum quinque sestertiis[5] emisset piscem, quem Cæsar vendiderat, ne Apicius quidem emerat. Numerare tantum Octavio fuit turpe; nam[6] illo, qui emerat, ut Tiberio mitteret, quamquam illum quoque reprehenderim[7], admiratus est rem, qua putavit Cæsarem dignum. [20] Amico aliquis ægro assidet : probamus. At hoc hereditatis causa facit : vultur est, cadaver exspectat.

placabis. Id., *Epist. ad Pison.*, 209-210 : *Vinoque diurno Placari genius*, etc.

1. *Toties... sestertio = toties centenis milibus sestertium*, « autant de fois cent mille sesterces », savoir qu'il y en a dans le *census equester* (ou peut-être *toties* est-il pris dans le sens indéfini : « tant de fois », c.-à-d., « un certain nombre de fois »). *Sestertium* accompagné d'un adverbe de nombre est traité comme un substantif neutre déclinable (toujours au singulier) et représente *centena milia sestertium*. Cette singulière locution provient de l'ellipse des mots *centena milia* et de ce qu'on a perdu de vue la véritable valeur du mot *sestertium* (génitif pluriel de *sestertius*).

2. *Aditiales cenæ*, « les repas de réception » offerts par un magistrat ou par un prêtre (pontife, etc.), lorsqu'il entrait en charge (*adire*).

3. *Gulam irrito*, « je fais venir l'eau à la bouche ».

4. *Apicius*. M. Gavius Apicius, gourmand célèbre dont le nom passa en proverbe. Il s'empoisonna après avoir mangé la plus grande partie de sa fortune en bonne chère.

5. *Quinque sestertiis = quinque milibus sestertium*, 5 000 sesterces, environ 1 050 francs. *Sestertiis* vient du neutre *sestertium* et non du masculin *sestertius* : au lieu de *unum mille sestertium* (génitif pluriel de *sestertius*), *duo milia sestertium*, etc., on s'habitua à dire *unum sestertium*, *bina sestertia*, etc., en prenant *sestertium* pour un substantif neutre (cf. § 18).

6. *Nam* etc. Entendez : « Je ne parle que d'Octavius; car... ».

7. *Reprehenderim*, potentiel.

Eadem aut turpia sunt aut honesta : refert, quare aut quemadmodum fiant. Omnia autem honesta fient, si honesto nos addixerimus idque unum in rebus humanis bonum judicarimus quæque ex eo sunt : cetera in diem bona¹ sunt. Ergo infigi debet persuasio ad totam pertinens vitam : hoc est, quod decretum voco. [21] Qualis hæc persuasio fuerit, talia erunt, quæ agentur, quæ cogitabuntur; qualia autem hæc fuerint, talis vita erit. In particulas suasisse² totum ordinanti parum est. M. Brutus in eo libro, quem περὶ καθήκοντος³ inscripsit, dat multa præcepta et parentibus et liberis et fratribus : hæc nemo faciet, quemadmodum debet, nisi habuerit, quo referat⁴. Proponamus oportet finem summi boni, ad quem nitamur, ad quem omne factum nostrum dictumque respiciat, veluti navigantibus ad aliquod sidus dirigendus est cursus. [22] Vita sine proposito vaga est; quod si utique proponendum est, incipiunt necessaria esse decreta. Illud, ut puto, concedes, nihil esse turpius dubio et incerto actu ac timide pedem referente. Hoc in omnibus rebus accidet nobis, nisi eximuntur, quæ reprendunt animos et detinent perconarique totos⁵ vetant.

(Ep. 95, §§ 16-19, 22-46).

1. *In diem bona*, « des biens d'un jour, d'un moment, de circonstance ». V. Rem. 90.
2. *In particulas suasisse*. Il s'agit des préceptes particuliers. — Pour *in particulas*, v. Rem. 84.
3. Περὶ καθήκοντος = « du devoir ».
4. *Quo referat*, « une échelle, un point de comparaison ».
5. *Perconari totos*, « déployer toutes leurs forces ».

LXIV

Contre ceux qui font de la nuit le jour.

[1] Detrimentum[1] jam dies sensit : resiluit[2] aliquantum, ita tamen ut liberale adhuc spatium sit, si quis cum ipso, ut ita dicam, die surgat. Officiosior[3] meliorque, si quis illum exspectat[4] et lucem primam excipit[5]; turpis, qui alto sole semisomnus jacet, cujus vigilia medio die incipit; et adhuc[6] multis hoc antelucanum est. [2] Sunt qui officia lucis noctisque perverterint nec ante diducant oculos hesterna graves crapula quam appetere nox cœpit. Qualis illorum[7] condicio dicitur, quos natura, ut ait Vergilius, sedibus nostris subditos e contrario posuit,

Nosque ubi primus equis Oriens afflavit anhelis,
Illis sera rubens accendit lumina Vesper[8],

talis horum contraria omnibus non regio, sed vita est. Sunt quidam in eadem urbe[9] antipodes, qui, ut M. Cato[10] ait, « nec orientem umquam solem viderunt nec occidentem ». [3] Illos tu existimas scire, quemadmodum vivendum sit, qui nesciunt, quando? Et[11] hi mortem timent, in quam se vivi condiderunt, tam

---

1. *Detrimentum etc.* Cette lettre a été écrite à la fin de l'été.
2. *Resiluit*, proprement : « il a fait un saut en arrière », c.-à-d. « il s'est raccourci ».
3. *Officiosior*, « plus zélé pour ses devoirs ».
4. *Illum exspectat*, « l'attend », c.-à-d. « l'a devancé, s'est levé avant lui ».
5. *Excipit*, « reçoit », c.-à-d. « voit paraître, salue ».
6. *Et adhuc.* V. Rem. 99.
7. *Illorum, etc.*, des antipodes.
8. *Nosque ubi etc.* Virgile, *Georg.*, I, 250-251.
9. *In eadem urbe*, dans la même ville que nous, qui vivons d'une façon normale.
10. *M. Cato*, Caton l'Ancien. Ce mot était passé en proverbe. Cf. Cicéron, *De fin.*, II, 8, 23 : *Asotos... qui solem, ut aiunt, nec occidentem umquam viderint nec orientem.*
11. *Et*, « et avec cela ».

infausti[1] quam nocturnæ aves sunt! Licet in vino unguentoque tenebras[2] suas exigant, licet epulis et quidem in multa fericula[3] discretis totum perversæ vigiliæ tempus educant, non convivantur, sed justa sibi[4] faciunt — mortuis certe[5] interdiu parentatur! [4] At mehercules nullus agenti dies longus est. Extendamus vitam[6] : hujus et officium et argumentum[7] actus est; circumscribatur nox et aliquid ex illa[8] in diem transferatur. Aves, quæ conviviis[9] comparantur, ut immotæ facile pinguescant, in obscuro continentur : ita sine ulla exercitatione jacentibus tumor pigrum corpus invadit et super membra iners sagina succrescit; ita[10] istorum corpora, qui se tenebris dicaverunt, fœda visuntur[11]. Quippe suspectior[12] illis quam morbo pallentibus color est : languidi et evanidi albent et in vivis caro morticina est. Hoc tamen minimum in illis malorum[13] dixerim : quanto plus tenebrarum in animo est! ille in se stupet[14], ille caligat, invidet cæcis. Quis unquam oculos tenebrarum causa habuit? [5] Interrogas, quomodo hæc animo pravitas flat aversandi diem et totam vitam in noctem transferendi? Omnia vitia contra naturam pugnant, omnia debitum ordinem deserunt : hoc est luxuriæ propositum gaudere perversis

---

1. *Infausti*, « de mauvais augure ».
2. *Tenebras*, plus énergique que *noctes*.
3. *Fericula* = *fercula*, « services ». Cf. LXIII, 4.
4. *Justa sibi faciunt... parentatur*. Cf. XLI, 7.
5. *Certe*, « du moins, et encore ».
6. *Extendamus vitam* s'oppose à ce qui précède : « Élargissons, nous, le cercle de la vie ».
7. *Argumentum*, « la preuve ».
8. *Aliquid ex illa etc.* Sénèque veut dire : « Ajoutons au jour (c.-à-d. au temps consacré à l'action) une partie de la nuit (c.-à-d. du temps consacré au repos) ».
9. *Conviviis*, pour *ad convivia*. V. Rem. 27.
10. *Ita... ita*. Le premier *ita* signifie : « de cette façon », et le second, « de même ».
11. *Fœda visuntur* = *fœda visu sunt*.
12. *Suspectior*, « plus inquiétant ».
13. *Minimum in illis malorum*. V. Rem. 90.
14. *In se stupet*, m. à m. « reste hébétée devant elle-même », c.-à-d. « ne peut se reconnaître ».

nec tantum discedere a recto, sed quam longissime abire, deinde etiam e contrario stare. [6] Non videntur tibi contra naturam vivere, qui jejuni bibunt, qui vinum recipiunt inanibus venis[1] et ad cibum ebrii transeunt? Atqui frequens[2] hoc adulescentium vitium est, qui vires excolunt, ut in ipso pæne balinei limine inter nudos bibant, immo potent, et sudorem, quem moverunt potionibus crebris ac ferventibus, subinde destringant[3]. Post prandium aut cenam bibere vulgare est; hoc patresfamiliæ rustici faciunt et veræ voluptatis ignari : merum illud delectat, quod non innatat cibo, quod libere penetrat ad nervos; illa ebrietas juvat, quæ in vacuum venit...]7] Non vivunt contra naturam, qui hieme[4] concupiscunt rosam fomentoque aquarum calentium et teporum[5] apta imitatione bruma lilium[6] exprimunt? Non vivunt contra naturam, qui pomaria in summis turribus serunt? quorum[7] silvæ[8] in tectis domuum ac fastigiis nutant, inde ortis radicibus, quo improbe[9] cacumina egissent? Non vivunt contra naturam, qui fundamenta thermarum[10] in mari jaciunt nec delicate natare ipsi sibi videntur, nisi calentia stagna fluctu ac tempestate feriantur? [8] Cum insti-

1. *Qui vinum recipiunt inanibus venis.* D'après l'opinion vulgaire, les aliments et les boissons passaient dans les veines. Cf. LXIII, 6, et la note. Virgile, *Bucol.*, VI, 15 : *Inflatum hesterno venas, ut semper, Iaccho.* Tite-Live, XXVI, 14, 5 : *Impletæ cibis vinoque venæ.*

2. *Atqui frequens etc.* Cf. *Epist.* 15, 3 : *Homines* (les maîtres de gymnastique) *inter oleum* (l'huile dont on se frottait pour les exercices de la palestre) *et vinum occupati, quibus ad votum dies est actus, si bene desudaverunt, si in locum ejus, quod effluxit, multum potionis altius in jejuno ituræ regesserunt.*

3. *Destringant*, avec la *strigilis*.

4. *Hieme... bruma.* V. Riemann, *Syntaxe*, § 68, 1°.

5. *Teporum*, « la tiède atmosphère (du printemps) ».

6. *Lilium.* Cf. Sidoine Apollinaire, *Panegyr. Anthemii*, 110-111 : ... *Spretoque rigore Lilia permixtis insultavere pruinis.*

7. *Quorum* dépend de *domuum*.

8. *Silvæ in tectis etc.* Cf. VII, 7.

9. *Improbe* = *ultra modum*. L'adverbe sert à porter un jugement sur toute la proposition : « ce serait déjà trop si... ».

10. *Fundamenta thermarum etc.* Cf. VII, 7.

tuerunt omnia contra naturæ consuetudinem velle, novissime in totum ab illa desciscunt : « Lucet : somni tempus est. Quies est : nunc exerceamur, nunc gestemur[1], nunc prandeamus. Jam lux propius accedit : tempus est cenæ. Non oportet id facere, quod populus; res sordida est trita ac vulgari via vivere. Dies publicus[2] relinquatur : proprium nobis ac peculiare mane[3] flat. » Isti vero mihi[4] defunctorum loco sunt; quantulum enim a funere absunt et quidem acerbo[5], qui ad faces[6] et cereos vivunt! [9] Hanc vitam agere eodem tempore multos meminimus, inter quos et Acilium Butam, prætorium; cui post patrimonium ingens consumptum Tiberius paupertatem confitenti : « Sero, » inquit, « experrectus es. » Recitabat[7] Montanus Julius[8] carmen, tolerabilis poëta, et amicitia Tiberii notus et frigore[9]. Ortus et occasus libentissime inserebat[10]; — itaque cum indignaretur quidam illum toto die[11] recitasse et negaret accedendum ad recitationes ejus,

1. *Gestemur. Gestari* = se promener en litière ou en chaise à porteurs (cf. LV, 1), ou encore en voiture (cf. plus bas, § 11).
2. *Publicus*, « vulgaire, de tout le monde ».
3. *Mane*, plus piquant que *dies* : leur matinée commence au coucher du soleil.
4. *Mihi*, « à mes yeux ». Cf. Horace, *Epist.*, I, 16, 66 : *Qui metuens vivet, liber mihi non erit umquam.*
5. *Acerbo* = immaturo. Cf. XV, 2.
6. *Qui ad faces etc.* Chez les Romains, les funérailles des enfants avaient lieu la nuit, à la lueur des torches et des flambeaux. Cf. Sénèque, *De brev. vit.*, 20, 5 : *Istorum funera, tamquam minimum vixerint, ad faces et cereos ducenda sunt.* Id., *De tranq. animi*, 11, 7 : *Toties præter limen immaturas exsequias fax cereusque præcessit.* Tacite, *Ann.*, XIII, 17 : *Majoribus... institutum subtrahere oculis acerba funera.*
7. *Recitabat...recitationes ejus.* Cf. XL, 10, note.
8. *Montanus Julius.* Sénèque le père, *Controv.*, VII, 1, 27, l'appelle *egregius poeta.*
9. *Frigore*, « disgrâce ». Cf. Horace, *Sat.*, II, 1, 61-62 : *... et majorum ne quis amicus Frigore te feriat.*
10. *Ortus et occasus (solis) libentissime inserebat (carminibus).* C'était un des thèmes favoris des poètes. Cf. Sénèque, *Apocol.*, 2 : *Omnes poetæ, non contenti ortus et occasus describere.*
11. *Toto die.* V. Rem. 35 bis.

Natta Pinarius[1] ait : « Numquam[2] possum liberalius agere : paratus sum illum audire ab ortu ad occasum. » — Cum hos versus recitasset :

> Incipit ardentes Phœbus producere flammas,
> Spargere se rubicunda dies, jam tristis hirundo
> Argutis reditura cibos immittere nidis[3]
> Incipit et molli partitos ore[4] ministrat,

Varus, eques Romanus, M. Vinicii[5] comes[6], cenarum bonarum assectator, quas improbitate linguæ[7] merebatur, exclamavit : « Incipit Buta dormire. » Deinde cum subinde recitasset :

> Jam sua pastores stabulis armenta locarunt,
> Jam dare sopitis nox pigra silentia terris
> Incipit,

idem Varus inquit : « Quid dicis? jam nox est? ibo et Butam salutabo[8]. » Nihil erat notius hac ejus vita in contrarium circumacta; quam[9], ut dixi, multi eodem tempore egerunt. [10] Causa autem est ita vivendi quibusdam, non quia aliquid existiment noctem ipsam[9] habere jucundius, sed quia nihil juvat publicum, et gravis malæ conscientiæ lux est, et omnia concupiscenti aut contemnenti, prout magno aut parvo empta sunt, fastidio est lumen gratuitum. Præterea luxuriosi vitam

---

1. *Natta Pinarius*, un des clients de Séjan et l'un des accusateurs de Cremutius Cordus (v. Tacite, *Ann.*, IV, 34, et la *Consolatio ad Marciam*).
2. *Numquam*, dans le langage familier, s'emploie souvent au lieu de *non*, pour nier avec plus d'énergie.
3. *Argutis... nidis*, « à sa couvée qui piaille »
4. *Molli... ore*, « délicatement avec son bec ». L'adjectif qualifie moins l'objet (*ore*) que l'action.
5. *M. Vinicii*. Un personnage de ce nom fut *consul suffectus* en 19 av. J.-C. Son petit-fils, qui s'appelait également M. Vinicius, fut consul en 30 et en 45 ap. J.-C. ; c'est à lui que Velleius Paterculus a dédié son histoire romaine. Il est difficile de dire quel est celui des deux dont il est question ici.
6. *Comes*, « courtisan, familier ».
7. *Improbitate linguæ*. Cf. LII, 4 : *intemperantia... linguæ*.
8. *Salutabo*. Cf. XXIII, 4.
9. *Ipsam*, « par elle-même ».

suam esse in sermonibus, dum vivunt, volunt : nam si tacetur, perdere se putant operam; itaque male habent[1], quotiens faciunt, quod excidat famā[2]. Multi bona comedunt, multi amicas habent : ut inter istos nomen invenias, opus est non tantum luxuriosam rem, sed notabilem facere; in tam occupata civitate fabulas[3] vulgaris nequitia non invenit. [11] Pedonem Albinovanum[4] narrantem audieramus[5] (erat autem fabulator[6] elegantissimus) habitasse se supra domum[7] Sp. Papinii : is erat ex hac turba lucifugarum. « Audio, » inquit, « circa horam tertiam noctis flagellorum sonum[8]; quaero, quid faciat : dicitur rationes accipere. Audio circa horam sextam noctis clamorem concitatum : quaero, quid sit : dicitur vocem exercere[9]. Quaero circa horam octavam noctis, quid sibi ille sonus rotarum velit : gestari[10] dici-

1. *Male habent* = *male se habent*.
2. *Excidat fama*, « ne parvient pas à faire du bruit ».
3. *Fabulas* = *sermones*.
4. *Pedonem Albinovanum*. Albinovanus Pedo, poète distingué de l'époque d'Auguste et de Tibère, auteur de poèmes épiques et d'épigrammes (il ne reste de ses œuvres que quelques vers).
5. *Audieramus*. On attendrait plutôt le parfait *audivimus*. Par le plus-que-parfait, Sénèque semble vouloir marquer que le fait remonte assez haut. V. *Rem.* 41.
6. *Fabulator*, « causeur ».
7. *Supra domum*. Cf. LVI, 1 : *Supra ipsum balneum habito*. Albinovanus occupait un appartement à l'un des étages. Il n'était pas rare, à Rome, que le propriétaire d'une maison particulière (*domus*) louât une partie de son immeuble; les chambres à louer (*cenacula*) étaient situées aux différents étages de la partie antérieure de la maison, à front de rue.
8. *Flagellorum sonum*. Dans les premières heures de la journée, le maître se faisait rendre compte de la conduite de ses esclaves (*rationes accipere*) et distribuait les châtiments à ceux qui avaient été pris en faute.
9. *Vocem exercere*. Sénèque lui-même (*Epist.* 15, 7 et suiv.) recommande cet exercice comme salutaire à la poitrine.
10. *Gestari*, « il fait un tour en voiture » : notez *sonus rotarum* et cf. plus haut, § 8. Dans les jardins des grandes maisons on ménageait des allées ou des portiques d'une étendue suffisante pour qu'on pût s'y promener en litière et même en voiture (*gestationes*). Cf. Juvénal, VII, 178-180 :

... *porticus in qua*
Gestetur dominus, quotiens pluit
[— *anne serenum*

tur. Circa lucem discurritur, pueri vocantur, cellarii, coqui tumultuantur; quæro, quid sit : dicitur mulsum et alicam[1] poposcisse, a balneo exisse. Exedebat[2], » inquit, « hujus diem cena minime; valde enim frugaliter vivebat : nihil consumebat nisi noctem. Itaque N[3]. dicentibus illum quibusdam avarum et sordidum : Vos, inquit, illum et lychnobium dicetis[4]. » [12] Non debes admirari, si tantas invenis vitiorum proprietates[5] : varia sunt, innumerabiles habent facies, comprendi eorum genera non possunt. Simplex recti cura[6] est, multiplex pravi et quantumvis novas declinationes capit[7]. Idem moribus evenit : naturam sequentium ,aciles sunt, soluti sunt[8], exiguas differentias habent; isti distorti plurimum[9] et omnibus[10] et inter se dissident. [13] Causa tamen præcipua mihi videtur hujus morbi vitæ communis fastidium. Quomodo cultu se a ceteris distinguunt, quomodo elegantia cenarum, munditiis vehiculorum, sic volunt se separare etiam tempo-

Exspectet spargatque luto jumen-
[ta recenti ?
Martial, XII, 57, 23 :
Intraque limen clusus essedo
[cursus.

1. *Mulsum et alicam.* « son vin miellé et son gruau » : c'était la *gustatio* ou *promulsis* précédant le repas proprement dit (*cena*) et destinée à exciter l'appétit.

2. *Exedebat* etc., « le repas entamait (m. à m. mangeait) fort peu le jour », c'est-à-dire « ne se prolongeait pas bien avant dans le jour ». — *Inquit*, sous-ent. *Pedo*.

3. *Itaque N... inquit.* Le nom de la personne dont Albinovanus rapporte cette répartie est altéré dans les manuscrits; nous l'avons remplacé par N.

4. *Vos... et lychnobium dicetis*, « vous devez pourtant reconnaître qu'il n'épargne pas son huile ». — *Et* = ici « pourtant », le terme ajouté étant en opposition avec ceux qui précèdent (*avarum et sordidum*). — *Lychnobium*, λυχνόβιον, « qui vit à la clarté de la lampe ». — *Dicetis.* Le futur se rapproche ici, pour le sens, de l'impératif : « vous devez dire, dites ».

5. *Proprietates*, « formes particulières ».

6. *Cura*, « la recherche ».

7. *Quantumvis novas declinationes capit*, « elle est susceptible des déviations les plus bizarres ».

8. *Soluti sunt*, « ont du laisser aller ».

9. *Plurimum* porte sur *dissident*.

10. *Omnibus*, « avec celles de tous les autres ». V. Rem. 134.

rum dispositione. Nolunt solita peccare[1], quibus peccandi[2] præmium infamia est. Hanc petunt omnes isti, qui, ut ita dicam, retro vivunt. Ideo, Lucili, tenenda nobis via est, quam natura præscripsit, nec ab illa declinandum : illam sequentibus omnia facilia, expedita sunt ; contra illam nitentibus non alia vita est quam contra aquam remigantibus. Vale.

(Ep. 122.)

LXV

Il faut apprendre à se contenter de peu et fuir les apologistes de la volupté.

[1] Itinere confectus incommodo magis quam longo in Albanum meum[3] multa nocte perveni. Nihil habeo parati nisi me; itaque in lectulo lassitudinem pono, hanc coqui ac pistoris moram boni consulo[4]. Mecum enim de hoc ipso loquor, quam nihil sit grave, quod leviter[5] excipias, quam indignandum nihil, si nihil ipse indignando adstruas. [2] Non habet panem meus pistor : sed habet villicus, sed habet atriensis, sed habet colonus[6]. « Malum panem, » inquis. Exspecta : bonus fiet ; jam illum tibi tenerum et siligineum fames reddet. Ideo non est ante edendum quam illa imperat ; exspectabo

---

1. *Solita peccare.* V. Rem. 22.
2. *Quibus peccandi* etc. Cf. § 10 : *Præterea luxuriosi* etc.
3. *In Albanum meum*, « à ma villa d'Albe ». Sénèque possédait plusieurs villas. Cf. XLI, 1 ; *Epist.* 104, 1 : *In Nomentanum meum fugi.*
4. *Boni consulo*, « je prends mon parti de..., je prends en patience ».
5. *Leviter* a le même sens que dans l'expression *leviter ferre* (le contraire de *graviter ferre*).
6. *Villicus... atriensis... colonus*, gradation descendante : le *villicus* dirige l'exploitation de la ferme ; l'*atriensis* est l'esclave chargé du service intérieur de la maison ; le *colonus* est un petit fermier ou métayer. Celui-ci est un homme libre, mais sa condition n'est guère enviable (*inopes coloni*, Horace, Od., II, 14, 12).

ergo nec ante edam quam aut bonum panem habere
cœpero aut malum fastidire desiero. [3] Necessarium
est parvo assuescere : multæ difficultates locorum,
multæ temporum etiam locupletibus et instructis ad voluptatem[1] prohibentes occurrent. Quicquid vult habere
nemo potest : illud potest, nolle quod non habet, rebus
oblatis hilaris uti. Magna pars libertatis est bene moratus venter et contumeliæ patiens[2]. [4] Æstimari non
potest, quantam voluptatem capiam ex eo, quod lassitudo mea sibi ipsa assuescit : non unctores[3], non balneum, non ullum aliud remedium quam temporis[4]
quæro; nam quod labor contraxit, quies tollit. Hæc
qualiscumque[5] cena aditiali[6] jucundior erit. [5] Adjice
quod experimentum animi sumpsi subito : hoc[7] enim
est simplicius et verius. Nam ubi se præparavit[8] et
indixit sibi patientiam, non æque apparet, quantum
habeat veræ firmitatis : illa sunt certissima argumenta,
quæ ex tempore dedit, si non tumidus[9] molestias, sed
placidus adspexit, si non excanduit, non litigavit, si,
quod dari deberet, ipse sibi non desiderando supplevit
et cogitavit aliquid consuetudini suæ, sibi nihil deesse.
[6] Multa quam supervacua essent, non intelleximus,
nisi ubi deesse cœperunt; utebamur enim illis, non
quia debebamus, sed quia habebamus. Quam multa
autem paramus, quia alii paraverunt, quia apud plerosque sunt! Inter causas malorum nostrorum est,
quod vivimus ad exempla nec ratione componimur, sed
consuetudine abducimur. Quod, si pauci facerent, nollemus imitari, cum plures facere cœperunt, quasi
honestius sit, quia frequentius, sequimur; et recti apud

1 *Ad voluptatem* doit se joindre à *instructis*.

2. *Contumeliæ patiens*, « qui sait souffrir les mécomptes ».

3 *Unctores*. Cf. LVI, 1.

4. *Temporis*, génitif explicatif. Cf. LXIII, 11 et 13.

5. *Qualiscumque*. V. Rem. 75.

6. *Aditiali* (cena). Cf. LXIII, 18.

7. *Hoc* = *hujusmodi experimentum*, c'est-à-dire *experimentum subito sumptum*.

8. *Se præparavit* (animus).

9. *Tumidus* = *tumens ira*.

nos locum tenet error, ubi publicus factus est. [7] Omnes jam sic peregrinantur, ut illos Numidarum[1] præcurrat equitatus, ut agmen cursorum antecedat : turpe est nullos esse, qui occurrentis via dejiciant aut qui honestum hominem[2] venire magno pulvere ostendant. Omnes jam mulos habent, qui crystallina et murrina et cælata[3] magnorum artificum manu portent : turpe est videri eas te habere sarcinas solas, quæ tuto concuti possint. Omnium pædagogia[4] oblita[5] facie vehuntur, ne sol neve frigus teneram cutem lædat : turpe est neminem esse in comitatu puerorum, cujus sana[6] facies medicamentum desideret. [8] Horum omnium sermo vitandus est : hi sunt, qui vitia tradunt et alio aliunde transferunt. Pessimum genus hominum videbatur, qui verba gestarent[7] : sunt quidam, qui vitia gestant. Horum sermo multum nocet; nam etiamsi non statim profecit, semina in animo relinquit sequiturque nos etiam cum ab illis discessimus, resurrecturum postea malum. Quemadmodum qui audierunt symphoniam, ferunt secum in auribus modulationem illam ac dulcedinem cantuum, quæ cogitationes impedit nec ad seria patitur intendi, sic adulatorum et prava laudantium sermo diutius hæret quam auditur, nec facile est animo dulcem sonum excutere : prosequitur et durat et ex intervallo recurrit. Ideo cludendæ

---

1. *Numidarum etc.* Cf. LXII, 8.
2. *Honestum hominem* « un homme d'importance ».
3. *Crystallina... murrina... cælata (vasa)*. — *Murrina*. On a beaucoup discuté sur la matière des « vases murrhins ». Il paraît certain que ce n'était pas une composition artificielle (la porcelaine), comme quelques-uns l'ont prétendu, mais un minéral, soit le spath-fluor, soit une espèce d'agate.
4. *Pædagogia*, « les pages », par métonymie : *pædagogium* signifie proprement l'appartement où les jeunes esclaves, séparés soigneusement de tous les autres, étaient élevés pour faire le service de pages. V. Rem. 60.
5. *Oblita*, enduite d'une espèce de pommade ou couverte d'un emplâtre, d'un cataplasme (*coctæ siliginis offas et madidæ*, dit Juvénal, VI, 472-473).
6. *Sana*, entendez : *quamvis sit sana*.
7. *Qui verba gestarent*. « les colporteurs de médisances ».

sunt aures malis vocibus et quidem primis; nam cum initium fecerunt admissæque sunt, plus audent. Inde ad hæc pervenitur verba :

[9] « Virtus et philosophia et justitia verborum inanium crepitus est : una felicitas est bene vitæ facere[1]; esse, bibere, frui patrimonio, hoc est vivere, hoc est se mortalem esse meminisse. Fluunt dies et irreparabilis vita decurrit : dubitamus quod juvat rapere et ætati non semper voluptates recepturæ interim, dum potest, dum poscit, ingerere? Frugalitate ergo aliquem mortem præcurrere[2] et quicquid illa ablatura est, jam sibi interdicere! Non amicam habes, quotidie sobrius prodis, sic cenas tamquam ephemeridem[3] patri approbaturus : non est istud vivere, sed alienæ vitæ interesse. Quanta dementia est heredis sui res procurare et sibi negare omnia, ut tibi[4] ex amico inimicum magna faciat hereditas! plus enim gaudebit tua morte, quo plus[5] acceperit. Istos tristes et superciliosos alienæ vitæ censores, suæ hostes, publicos pædagogos, assis ne feceris nec dubitaveris bonam vitam quam opinionem[6] bonam malle. »

[10] Hæ voces non aliter fugiendæ sunt quam illæ[7], quas Ulixes nisi alligatus prætervehi noluit. Idem possunt : abducunt a patria, a parentibus, ab amicis, a virtutibus et turpem vitam misere amissuris illudunt. Quanto satius est rectum sequi limitem et eo se perducere, ut ea demum sint tibi jucunda, quæ honesta! Quod assequi poterimus, si scierimus duo esse genera rerum, quæ nos aut invitent aut fugent : invitant

---

1. *Bene vitæ facere*, « se donner du bon temps, mener joyeuse vie ».

2. *Aliquem... præcurrere*, infinitif exclamatif, marquant l'étonnement. Cf. XXIV, 9.

3. *Ephemeridem*, « ton journal de dépenses ».

4. *Sui... sibi... tibi*. Ce mélange de la 2ᵉ et de la 3ᵉ personne s'explique par le fait que l'idée est générale et indéterminée. De même plus bas (§ 10) : *si descendas, pondus suum etc.*

5. *Plus... quo plus*, au lieu de *eo plus... quo plus.* V. Rem. 129.

6. *Opinionem = famam.*

7. *Illæ etc.* Cf. XLVII, 2; LVI, 12.

divitiæ, voluptates, forma, ambitio, cetera blanda et arridentia; fugat labor, mors, dolor, ignominia, victus adstrictior. Debemus itaque exerceri ne hæc timeamus, ne illa cupiamus. In contrarium pugnemus et ab invitantibus recedamus, adversus petentia concitemur[1]. Non vides, quam diversus sit descendentium habitus et adscendentium? Qui per pronum eunt, resupinant corpora; qui in arduum, incumbunt. Nam si descendas, pondus suum in priorem partem dare, si adscendas, retro abducere cum vitio, Lucili, consentire[2] est. In voluptates descenditur, in aspera et dura subeundum est : hic impellamus corpora, illic refrenemus.

(Ep. 123, §§ 1-14.)

1. *Petentia*, « ce qui nous attaque ». — *Concitemur*, sens réfléchi : « élançons-nous ».

2. *Cum vitio... consentire*, « obéir à une mauvaise impulsion, se porter du mauvais côté ».

APPENDICE CRITIQUE

Les leçons mises avant le crochet sont celles du texte de Haase.

Les manuscrits sont représentés par les lettres suivantes :

Pour les *Dialogues*. — A = Ambrosianus C, 90, du x⁰ ou du xi⁰ siècle (*a* = partie de l'Ambrosianus écrite d'une main plus récente). — L = Laurentianus 76, 32, du xii⁰ s. — F = Florentinus (Laurentianus 76, 41), du xv⁰ s.

Pour les traités *De clementia* et *De beneficiis*. — N = Nazarianus (Vaticano-Palatinus 1547), du ix⁰ s.

Pour les *Lettres à Lucilius*, 1ʳᵉ partie (*ep.* 1-88). — p = Parisinus 8540, du x⁰ s. — P = Parisinus 8658 A, du x⁰ s. — Pr. b. = Parisinus 8539, du xi⁰ s. — 2⁰ partie (*ep.* 89-124). — A = Argentoratensis, du ix⁰ ou du x⁰ s. (détruit en 1870). — B = Bambergensis V, 14, du ix⁰ ou du x⁰ s.

Les chiffres placés après les lettres (par exemple A¹) indiquent que la leçon est de la première, etc., main.

Les autres abréviations employées sont : *ms* = manuscrit ; *mss* = manuscrits ; *inf.* = inférieur ; *anc. édd.* = anciennes éditions ; *vulg.* = vulgate.

Les conjectures sont suivies du nom de leur auteur.

Les parenthèses carrées [ ] indiquent les suppressions, et les parenthèses brisées ⟨ ⟩, les additions au texte des manuscrits.

I, 1. Exercitari] excitari, *mss. inf.* — 2. At uti] at cui, *Haase* (et *Gertz*). — 3. Non miror. Si aliquando impetum capiunt, spectant di magnos viros] non miror, si aliquando impetum capit (*Gertz*) spectandi (*Pincianus*) magnos viros.

II, 1. Prospera re**, sed in plebem.] Prosperæ res et in plebem, *Haupt.* — 3. In qua una vim] in qua [una] vim, *Gertz.* — Sui animi] animi sui, A. — 4. Bellis] bello, *Gertz* (d'après A¹). — Fluentem meliori casu sanguinem] fluentem e lorica (*Studemund*) suum (*P. Thomas*) sanguinem. — 6. Teneris cervicibus] teneræ cervici, *Muret* (te* rere cervicib;, A). — 7. Veniet ad illum] veniet ⟨et⟩ ad illum, *Gruter.* — 9. Permadescunt et, nisi] permadescunt [et], nisi, *vulg.* — 10. periculosissima] perniciosissima, *Wœlfflin.* — Mentes] mentem, *plusieurs éditions.* — Quidni iis satius sit] Quidni [iis] satius sit, *Muret* (Quid ne is satius sit, A). — 12. Quod si sæpius] quod quo sæpius, *P. Thomas* (quod sæpius, A¹). — Faciat] faciet, *Koch.* — Corpora a ferendo] corpora ferendo, *vulg.* — 13. Malorum potentiam] patientiam malorum, A.

III, 2. Diminutio] deminutio, *Muret.* — Credit] credidit, *Wœlfflin.* — Habet] habent, *vulg.* — 3. Ex his] ex iis, *Wesenberg.* — Virtute sua salva sunt] virtute ⟨salva⟩ sua salva sunt, *Madvig.* — 4. Megaram] Megara, *Pincianus.* — Stilbon] Stilpon, *vulg.*

IV, 1. Possimus] possumus, *vulg.* — Dictumque] dictumve, *Gertz.* — Admitteret, sermonem] admitteret, » et : « Sermonem, *Gertz.* — 2. Quarum] quorum, *quelques mss inf. et vulg.* — Licere nuntiat sibi] licere renuntiat sibi, 1 *ms inf.* (et *Muret*).

V, 1. Si (*faute d'impression*) neglegens] sui neglegens. — 3. Sunt, audax] sunt audax, *Gertz.* — Magnasque iræ minas agens] magnasque præ se (*Lenz*) minas gerens (*P. Thomas*). — 4. Nova feritatis] novæ feritatis, *les meilleurs mss.* — 5. Intra cogitatio [est]] intrat concitatio, *Gertz.* — 7. Duces, mali exempla fati] duces mali exempla fati, *Gertz.* — Intra sacra] inter sacra, *vulg.* — Mensæ jura] mensæ [jura], *Koch.* — Intra leges] inter leges, *vulg.* — In cruces membra diffindere] in cruce membra distendere, *J. Lipse.* — 8. Quid, tibi si libuerit] quid, si tibi libuerit, a. — Capitis damna passos] capitis damnatos, *Madvig.*

VI, 1. Habitu] habitus, A. — Incommodis] commodis, *Érasme*. — 2. Naturam ignorat rerum] naturam rerum ignorat, A. — 3. Sincera] sine ira, *Gertz*. — 4. Ne ad hoc quidem] ne [ad] hoc quidem, *Madvig*. — 6. Qui aliis vivi] quia vivi, *Haupt* (qui alicui, A).

VII, 3. Sibi conscia] sibi conscii, *mss inf*. — Sunt ingenia] ingenia sunt, A. — 4. Animo veram] animo? ⟨Immo⟩ veram, *Gertz et Madvig*. — Adjecit] adjicit, *Érasme*. — Quid? dum] quid ⟨tum⟩? dum, *Gertz*. — Nec amari] ne amari, A. — 5. Livium] ⟨T.⟩ Livium, *Gertz*. — Illud] istud, A. — 6. Magni putes] magni ⟨animi⟩ putes, *Gertz*. — Obstreperetur] obstreperet, L. — Comessatio] comissatio, *Gertz*. — 7. Transnatat] transnat, A. — Venit uxor morte] venit [uxor] morte, *Gertz d'après* A[1]. — 8. Omnia ista non... se; angusta] Omnia ista, non... se, angusta, *Gertz*.

VIII, 3. Sequitur] sequetur, 1 *ms inf*. — Obturbat] obturbavit, *C. F. W. Müller*. — 4. Bilem] idem, *Muret* (idem bilem, *quelques mss. inf.*). — Sæpius] se pejus, *Madvig*.

IX, 4. Utique nobis... si nobis] utique bonis... si bonis, *Gertz*. — Illorum, sed] illorum ⟨vi⟩, sed, *P. Thomas*. — Aliqua fugiendum est] aliquo defungendum est, *Madvig* (aliquod fugiendum est, A). — 5. Alios pro nobis facere] alios nobis præripere, *P. Thomas*. — Ignorantis] ignorantes, *Gertz* (A ?). — 6. Hæc] Hoc, A.

X, 1. Taurorum... elephantorum] elephantorum.... taurorum, *tous les mss*. — 4. Pro justo receptum [ultio et] talio] pro justa receptum ultione talio, *P. Thomas*. — Nisi ordine : qui... regerit tantum... peccat] nisi ordine, qui... regerit : tantum... peccat, *P. Thomas*. — 5. M. Catonem ignorans] M. Catonem [ignorans], *Érasme et d'autres*. — 6. Minutorum [canum]] minutorum canum, *L et vulg.* (minutorum civium, A).

XI, 1. Sanari] sanare, *Madvig*. — 3. Etiamsi dixit] etiamsi dixerit, A. — 4. Cogitatio] concitatio, *Gertz*.

XII, 2. Cognoscit] cognovit, *Gertz*. — 3. Moris mei jam] moris jam mei, A. — 4. [cor]rectorem] correctorem, *mss. inf*. — 6. Iste aliquem se] iste se aliquem, A. — 7. Et Hortensius simultates] et Hortensius, ⟨si orationes ejus improbares ⟩, simultates, *Haupt.*

XIII, 4. Exterrere] exterere, *Muret.* — 5. Vexarit] vexarunt, A L. — 6. Diducit] diduxit, *Wesenberg.* — Operas] operam, *quelques mss. inf. et vulg.* — 7-8. Exspuimus interim, dum trahimus. Dum] exspuemus. Interim, dum trahimus, dum, L. — 8. Immortalitas aderit] jam mortalitas aderit, *Pincianus.*

XIV. 1. Amiserunt] amiserant, *Gertz.* — 2. Adferentis, ne avocari quidem se passa est : intenta... adfixa talis... qualis in funere, non dico non est ausa... mittere, nullam] afferentis; ne avocari quidem se passa est; intenta... affixa. Talis... qualis in funere, non dico non [est] ausa... amittere (*anc. édd.*). Nullam, *P. Thomas.* — 4. Signum Romani fixerunt] signa Romana fixerat, *Muret.* — 5. Cæsari aut æquum matri] Cæsare aut æquum Tiberio salvo, *Gertz* (aut æquo maluo, A). — 6. Eximis] eximes, *Michaëlis.* — Ipsaque desiderans triste matribus omen occurrere] ipsumque ⟨quem⟩ desideras (*Madvig*). Triste matribus omen occurres (*Pincianus*). — 7. Moderatius ac mitius] moderatius, mitius, A. — Mala sua augere] mala sua ⟨ultro⟩ augere, *P. Thomas* (mala sua non augere, A). — ⟨Qui te⟩ quietam] qui te lætam, *Madvig* (quietam, A). — Occurrit] occurret, *J. Lipse.*

XV, 2. Incidit et nobis] incidit : [et] nobis, *Gertz.* — Procul visa] prævisa, *mss. inf.* (perculsa, A). — 3. Aliquid] aliquis, *Gertz.* — 4. Vestrum] nostrum, *mss. inf.* — 5. Quod multis scis] quod [multis] scis, *Madvig.* — E populo] e pulpito, *Haupt.* — Est, terror decipit, hic effeminat] est. Error decipit hic et effeminat, *Madvig.*

XVI, 1. Restringere] perstringere, *Pincianus.* — 2. Sive ipsum in terris] sive illapsum terris, *Gertz* (sive inipsum terris, A). — 3. Locus furori sit] furori locus sit, A (*d'après le silence de Gertz*). — Lepidissima] tepidissima, *Pincianus.* — 4. Corrumpit] corrumpet, *J. Lipse.* — 5. Habere possit] habere posset, *mss. inf.* — 6. Referamus. Syracusas] refer. An Syracusas, *Gertz* (refertan Syracusas, A). — 7. Videbis illic innumerabilis stellas, [videre] miraberis uno sidere omnia impleri, solem] Videbis illic innumerabiles stellas micare, uno sidere omnia impleri; videbis solem, *P. Thomas.* — Die]

dici, *vulg.* — Æquali⟨ter⟩ ꞌusque] æqualius quidem, *Gertz.*
— Toto ore] toto orbe, *O. Rossbach.* — Cojecta] collecta,
Muret. — 8. Superorum] supernorum, *mss. inf. et vulg.*
— Fortuna rerum] forma rerum, *tous les mss.* — Defusi]
diffusi, 2 *mss. inf.* — Aliæ ripis] aliæ arenis, *P. Thomas.* —
Pavidæ] palude, F *et la plupart des mss. inf.* — Adjuta
fructu seges] adjutæ cultu (*Pauly et Wesenberg*) segetes
(*Gertz*). — Fer⟨til⟩itatis] feracia, *P. Thomas.* — Lenis] lenes,
Gertz. — [Et] in ter⟨ra⟩ rapidorum] et [inter] rapidorum,
Schultess. — Terrentes] aëriæ, *Madvig* (terre, terret, torrent,
mss). — Continentis] continuationem, *mss* (continuatio, A).
9. Terrentia] terrestria, *Gronove.* — 10. Corporum, ⟨mille⟩
animorum] corporum, animorum, *mss.* — Quidni? immo,
puto, ad id non accedes, ex quo… doles] quidni [immo, puto]
ad id [non] accedas, ex quo… doleas? *P. Thomas.*

XVII, 1. Filium* geri quam si** nunc] filium gero quasi
in sinu. Nunc, *Madvig.* — Vocetur] avocetur, *Pincianus.* —
2. Ossa circum⟨jecta⟩ nobis, nervos] circumdata (*Koch*) nobis, ossa ⟨ac⟩ nervos, *Gertz.* — In falsa conjectus] in falsa
⟨et aliena⟩ conjectus. *P. Thomas.* — Cum hac carne grave
certamen] cum hac gravi carne certamen, A. — Dimissus]
demissus, *Madvig.* — 3-4. Animas [excepit illum cœtus sacer],
Scipiones Catonesque… liberos. Parens tuus, Marcia, illic
nepotem] animas. Excepit illum cœtus sacer, Scipiones Catonesque… liberos, parens tuus, Marcia. Ille nepotem, *Madvig*
(*qui lit toutefois* Excipit). — Et mortis beneficio] et ⟨virtutis
suæ⟩ beneficio, *P. Thomas* (et beneficio, A). — 4. Interpres;
juvat enim ex alto relicta respicere et in profunda terrarum
permittere aciem] interpres. *** et in profunda terrarum permittere aciem; juvat enim… despicere, *P. Thomas, d'après* A
(despicere, *par conjecture :* respicere, *mss.*). — Aut volgare
⟨facere⟩] aut vulgare ⟨sentire⟩, *P. Thomas.* — 7. Cervice for-
matos] cervice ⟨de⟩formatos, *Gertz.* — Tam magno me quam
vi⟨de⟩bar animo scripsisse] tam magno me, tam liber⟨o animo,
quam⟩ scrips⟨eram, vix⟩isse, *P. Thomas.* — 9. Ætatum]
ætatium, A (*d'après le silence de Gertz*). — Contextum, se-
riem] contextam seriem, 2 *mss. inf.* — 10. Abducetque [se-
cum]] abducetque secum, *mss.*

XVIII, 2. Conari alta, temptare] conari alta tentare, *Vahlen.*
— 3. Ego mortem eodem voltu, cum quo audiam, videbo] Ego

mortem ⟨meorum⟩ eodem vultu audiam, quo ⟨meam⟩ videbo, *P. Thomas.* — Alicubi] aliubi, *mss. inf. et anc. édd.* — 5. Roger, honestis] roger, et honestis, *Gertz d'après* A¹. — Excidit] excidet, 2 *mss. inf. (et Pincianus).*

XIX, 1. Nunc primum probemus] Nunc id probemus, *Gertz* (īprobemus, A). — Prædiximus] diximus, A (*d'après le silence de Gertz*). — 4. Habilem contemplationem] habilem contemplationi, *J. Lipse.* — Cum toto, sublime fecit illi caput et collo] cum toto, ⟨o⟩s (cum toto*, A) sublime fecit illi et caput (capud et, A¹) collo, *Gertz.* — Perducens] producens, *Wesenberg.* — 5. Præter nisum [pondus]] præter nisum pondusque, A (*d'après le silence de Gertz*). — Sacrorum] astrorum, *J. Lipse.* — Resiluisse] desiluisse, *vulg.* — 6. Confusa sint an in] confusa sint, [an] in, *Madvig.* — Descripta] discripta, A. — 7. Cui] cujus, *Madvig.*

XX, 1. Virtutis. Si] virtutis : si, *la plupart des éditeurs.* — 2. Amiserit] amisit, *2 mss inf.* — 5. Boni. Auditus est visusque : voltu] boni : auditus [est] visusque, vultu, *Madvig.* — 6. Ut salutaria, quæ citra] Ut salutaria ⟨quædam⟩, quæ citra, *P. Thomas* (Ut salutaria quædam citra, *1 ms. inf. et Muret*). — Fundit, sive... adaperta : in quocumque] fundit. Sive... adaperta, in quocumque, *Madvig.* — Et angusto] et ⟨in⟩ angusto, *P. Thomas.* — Prosit] prodest, *quelques mss inf. et vulg.*

XXI, 2. Sicut et Livius] sicut T. Livius, *Madvig.* — Servilium] puerilium, *Madvig.* — 3. Hoc te * inpensæ] hoc se impensæ, *Haupt et Schultess.* — Armaria citro] armaria ⟨e⟩ citro, *Gertz et Gemzöe.* — 4. Oriretur] erraretur, *Koch.* — Descripta] discripta, A.

XXII, 1. At [ad] aliquod] At in aliquod, *vulg.* — Posses] possis, *vulg.* — Nec erumpere] nec rumpere, *1 ms inf. (Gertz, Gemzöe).* —Voluptates : si nolueris, mala⟨m⟩ puta te vita⟨m⟩ potius quam invidiosa⟨m⟩ facere] voluptates, si volueris mala putare levia potius quam invidiosa facere, *Madvig.* — 2. Meruit, quam ⟨quod⟩, cum sciret] meruit, quæ cum sciret, *Schultess.* — 3. Catena est, aliorum laxa] catena est ac laxa, *Gertz.* — 4. Describentis] discribentis, *Em. Hermes.*

XXIII, 1. Pudorem intellegamus] sudorem intellegemus,

Gertz. — 3. Deinde] et inde, A. — 4. Misereris] misereberis, *tous les mss.* — Deinde] dein, A. — Nescisse] nescire, *Nutzhorn.* — [Se] ipsos] se ipsos, A. — 5. Sed insanos] sed, ⟨ut⟩ insanos, *Gertz.* — 6. Nomenculatores] nomenclatores, *2 mss inf.*

XXIV, 3. Sectator] spectator, *vulg.* — Vinctorum] jumentorum, *Gertz.* — Novissimos] nobilissimos, *Koch.* — 4. Rem publicam suam... comam] rem publicam... comam suam, *Muret.* — 5. Dicendis] discendis, *tous les mss.* — Inertissimæ] ineptissimæ, *Érasme.* — 7. Numeraveris] numeraverim, *Koch.* — Admonet, et usque] admonet : [et] usque, *Gertz.* — 8. Quid faciat] quid facias, A¹. — 9. Sensus est : hic vero... opus est. Quomodo] sensus est. Hic vero... opus est, quomodo, *J. Lipse.*

XXV, 2. Excedere, quum... incedere. Quidni] excedere. Cum... incedere, quidni, *Madvig.* — 3. Graves, illis] graves illis, *Gertz.* — Labris] palpebris, *Gertz et Cornelissen.* — Bonarum artium, qui] bonarum artium ⟨adire⟩, qui, *P. Thomas.* — 5. Conterit... contribuit] conteret... contribuet, *vulg.* — Quominus plurimum, quantum plurimum ceperis] quominus, quantum plurimum (*Muret*) cupieris (*Madvig*). — 8. Et movet] et ⟨a⟩movet, *P. Thomas.* — Diminuet] deminuet, A. — Confert] conferet, *quelques mss inf. et vulg.*

XXVI, 2. Corsicam] Cossuran, *Gertz.* — 3 Intemperantius] intemperatius, *Gronove.* — 4. Numquam] nusquam, *Heusinger.* — 6. Perstat. Labitur] perstat. ⟨Sol⟩ labitur, *Michaëlis.* — 9. Athenis] Atheniensis, *1 ms. inf. et vulg.* — Incolunt, in Hispaniam Pœni, Græci] incolunt, [in] Hispaniam Pœni; Græci, *Muret.* — 10. Per incognita] per invia, per incognita, A. — 11. In alienas spoliatos] in aliena spoliatos, *1 ms. inf. et vulg.* — 14. Sequebatur colonos senex] sequebatur colonus novas sedes, *P. Thomas.*

XXVII, 4. Fuerit] Sævierit, *P. Thomas* (furit, *Gertz*). — 5. Querar, fuerim] querar, fuerim, *Gertz.* — 6. In gremio tuo cito] in gremio cito, A. — Ut posset] ut possit, *anc. édd.* — 9. Te et quicquid] te, quicquid, A. — 13. Eam exarmata] jam exarmata, *Madvig.* — Navi] nave, A.

XXVIII, 1. In communi quidem rei publicæ] in communi

quidem re publica, *vulg.* — 2. Quadragesimum] sexagesimum, *Wesseling.* — Solidi] stolidi, *tous les mss.* — 3. Vindicare, consilium] vindicare et consilium N (*d'après le silence de Gertz*). — Cum M. Antonio... dictaret] cui M. Antonius... dictarat, *Madvig.* — 4. Voces emittebat varias] voces varias emittebat, N (*d'après le silence de Gertz*). — 7. Tam felix es et tam dives] tam felix et tam dives es, N (*d'après le silence de Gertz.* — Putas] potes, *tous les mss.* — 9. Constat — cum hanc pœnam... extenderet] constat, cum hanc pœnam... extenderet), *Gertz.* — Vitam, tibi, inquit] Vitam, inquit, tibi, N (*d'après le silence de Gertz.* — Vitam tibi dederim] tibi vitam dederim, N (*d'après le silence de Gertz*). — Fuit illi] illi fuit, N (*d'après le silence de Gertz*).

XXIX, 1. Sentiat, qualiscumque pars] sentiat; qualiscumque ⟨est⟩, pars, *Gertz.* — Non est unum] Non unum est, N (*d'après le silence de Gertz*). — Malit] malet, *Madvig.* — Centurionemque] centurionemve, *P. Thomas.* — Quibus tamen ignoscitur] quibus strenuis, qui ignoscit, utitur, *P. Thomas.* — 2. Facit venator] facit ille venator, N. — Cogantur] coguntur, 2 *mss. inf. et vulg.* — 3. Quid enim stultius] Quid enim est stultius, N (*d'après le silence de Gertz*). — 4. Desperare [ne cures]] desperare, ne curet, *mss inf.* — In his] in iis, *Gertz* (in is, N). — Debebit, cui] debebit is, cui, N (*d'après le silence de Gertz*). — 6. Impune pati possit] impune possit pati, N (*d'après le silence de Gertz*). — Justius jubet hominibus] justius [jubet] hominibus, *vulg.* — Honestis non ut mancipiis abuti, [sed his] quos] honestis [non ut mancipiis abuti, sed his], quos, *Haupt.* — 9. Fatebitur] fatebimur, N (*d'après le silence de Gertz*). — Majori] majore, N (*d'après le silence de Gertz*). — 10. Onere] opere, *Madvig et Wesenberg.* — Tum magnitudine] cum magnitudine, N. — 12. Ingens est; est enim] ingessit; est enim, *Koch.* — In minima] in minimas, *P. Thomas.* — Ut ira] et ira, N. — 13. Tutum, sed securitas] tutum sit : securitas, *Gertz* (tutum est. Securitas, *Muret*). — 16. Abundat ? Nec... faciant, [intueamur venerantes colentesque.]] abundat nec... faciant, intueamur, venerantes colentesque? *Siesbye.* — Immortales potestatem] immortales talem potestatem, N.

XXX, 1. Et cuicumque, quem amicum] et quemcumque amicum, *Siesbye.* — 2. Contingit] contigit, N¹. — Sed certiores facti statim promittamus] sed certiores facti; statim promittamus, *Gertz*. — Fecit] facit, N (*d'après le silence de Gertz*). — 3, Libuit] ⟨tibi⟩ libuit, *Gertz*. — 5. Dicet] dicit, *Gertz*. — Parem referam gratiam] parem gratiam referam, N (*d'après le silence de Gertz*).

XXXI, 2, Ingenuos, libertinos, servos, reges, exules] et ingenuos et libertinos et servos et reges et exsules, N. — Quid animus magnum promitteret sibi, si certam virtutem fortuna mutaret] quid animus magnus promitteret sibi certum, si (*Gertz*) virtutem ⟨cum⟩ (*P. Thomas*) fortuna amitteret? (*Gertz*). — 3. Et ⟨servi⟩ dominis] et dominis, *tous les mss.* — 5. Ministratur ejus labore summo [colit]] ministrat, rus ejus labore summo colit, *Madvig*. — 6. Sub ista lege] sub ista ipsa lege, N. — 11. Desinit vocari ministerium] desinit vocari minister, *Gertz*. — 12. Indulsit liberalius, educavit] indulsit, liberalius educavit, *toutes les édd.* — 17. Genera] exempla, N. — 19. Ab his] ab iis, 1 *ms inf.* (*et Wesenberg*). — Exemplum duarum urbium fuit] exemplum clarum [urbium] fuit, *Scriverius*. — 21. Se uno ictu trajecit] se trajecit uno ictu, N (*d'après le silence de Gertz*). — 22. Tua in potestate] in tua potestate, N (*d'après le silence de Gertz*). — Ad filium ejus : « Jube, inquit] ad filium ejus et : « Jube, inquit, N (*d'après le silence de Gertz*). — 23. Quo erat rara] quo rara erat, N¹, — 26. Petitque] petiitque, *1 ms inf.* (*et Gruter*). — Non fastidiendam a propitio] non fastidiendam etiam a propitio, N (*d'après le silence de Gertz*). — 28. Num est dubium] num (non, N) dubium est, N (*d'après le silence de Gertz*). — 29. Intustre fecit ⟨illorum vel fortuna vel virtus, suam superbiam⟩ illo fulciunt] illustre defecit, illo deum infulciunt, *Saumaise* (illustre fecitillo deum fulgiunt, N¹). — 30. Fortuna, sive libertini... homines. Erigite] fortuna. Sive libertini... homines, erigito, *J. Lipse*. — 32. Quæ est tanta] Quæ est ⟨ista⟩ tanta, *Wesenberg*.

XXXII, 1. Extorsisse circa] extorsisse te circa, N (*d'après le silence de Gertz*). — Meministi quidem [inquit,]] Meministi quidem, inquit, *Ruhkopf* (inquit *est omis dans* N; quidem, *dans des mss inf.*). — 2. Quia inpeditus] quia pedibus, *Wesenberg*. — 3. Ob hoc iratus] obiratus, N¹.

XXXIII, 2. In adversos] in aversos, N. — 3. Illas non solum, sed tutiores] illas, non solum tutiores, N¹.

XXXIV, 2. Sibi illud lucellum] illud lucellum sibi, N (*d'après le silence de Gertz*). — Redit] rediit, N. — [ac misit]] ac misit, *tous les mss.*

XXXV, 4. Aliquo] alio, *Pincianus*. — 6. Videberis tibi videre] videre videberis tibi, *Gertz*. — In concilio] in consilio, 1 *ms inf. et anc. édd.* — 8. Nec qui queritur] ne qui queritur, N¹. — 11. Pudor emittitur] pudor demitur, *Haupt*. — 12. Damnum non nunc factum : adparuit] damnum non tunc factum est, cum apparuit, *Madvig*. — 13. Ac sapiens] et sapiens, N (*d'après le silence de Gertz*). — 14. Etiam in his] Etiam in iis, *Gertz*. — Quod explicari ⟨potuit⟩, pertinacia trahentis] quod explicari pertinacia ⟨potuit, violentia⟩ trahentis, *Haupt*. — 15. Nec desit? Nescio] nec desit qui dicat : « Nescio, *quelques mss inf. et anc. édd.* — 16. In injuriam] in injuria, *J. Lipse*. — 17. Non est mihi relata gratia] Non est relata mihi gratia, N (*d'après le silence de Gertz*). — Ignoranti] ignorantibus, *Agricola*. — 18. Quod annem] qui annum, 1 *ms inf.* (*et Koch*). — 19. Potentiam sortiti, prodesse] potentiam, prodesse, sortiti, N. — interveniente leniore spiritu] interventu lenioris spiritus, 2 *mss inf. et vulg.* — 20. Jactura facta est] facta jactura est, N (*d'après le silence de Gertz*). — Tentata iterum tentare] tentata retentare, *Madvig et Gertz*. — 21. Beneficium, iste] beneficium? iste, *P. Thomas* (beneficium : iste, *anc. édd.*),

XXXVI, 1. Maxima pars vitæ... magna] magna pars vitæ... maxima, *Érasme et autres.*

XXXVII, 1. Ex his... et ex his] Ex iis... et ex iis, p¹. — 2. Ilis qui] iis qui, p¹. — 6. Quantum fœneret] aut fœneret, pP.

XXXVIII, 1. Ita eadem] ita in eadem, *Gertz* (item eadem, p).

XL, 1. Existimem] existimes, *tous les mss.* — 6. Quid ergo meruit, ut suspendatur? « Occidit] quid ergo? » Occidit (*les mots* meruit ut suspendatur *manquent dans les meilleurs mss*).

XLI, 6. Excepit] accepit, *quelques mss inf. et vulg.*

XLII, 3. In illas] in illis, p. — Certissimum [enim]] certissimum enim, p. — 6. Miles in media pace decurrit sine ullo hoste, vallum jacit] Miles in media pace decurrit, sine ullo hoste vallum facit, *P. Thomas.* — Exerce] exerceas, p *et les autres mss.* — 7. Dat et irata] dabit (debet, p) et irata, *Haupt.*

XLIII, 3. Devitanda] devitandas, p¹ *et d'autres mss.* — Si domus] si modo, *mss* (si domu p¹). — 5. [Et] quod] et quod, *tous les mss.* — 6. Potest [te] præstare] potest te præstare, *une partie des mss.* — In præcipiti voluptas : ad dolorem] in præcipiti voluptas ⟨stat⟩; ad dolorem vergit, *Madvig.* — Teneat] tenuit, p *et la plupart des mss.*

XLIV, 3. Jubet] lubet, *P. Thomas.* — Quæ nolim : ⟨quidni... nolim,⟩ prodesse, habiturus æque, si nolim quicquam non posse me gaudere] quæ nolim, pro eo habiturus ac si nolim, quicquid non posse me gaudeo, *P. Thomas.* — Debeat] debebat, *Fickert.* — 4. [Et] deperire] et deperire, *les mss, excepté p et 1 ms inf.* — Non quia aliquid mali ⟨sit⟩ ictus et e vita repentinus excessus] non quia aliquid mali ⟨existiman⟩dus sit e vita repentinus excessus, *P. Thomas.* — 5. Quod profecerim, morte] quid profecerim, morti, *les mss, excepté p et 2 mss inf.*

XLV, 1. [Et] remedia] et remedia, *les mss, excepté p et 1 ms inf.* — 2. Pudebit eadem] pudebit ⟨te⟩ eadem, *P. Thomas.* — 5. Quos tam bene noverat quam] quos tam bene [noverat] quam, *Gronove.*

XLVII, 2. Amantissimis tuis] amantissimis tui, *vulg.* — 3. Una ulla res] una res, P *et d'autres mss.* — 5. Vetere [voto]] vetere voto, *mss inf. et vulg.* — 7. « Quis ergo, » inquis] « Quid ergo? » inquis, *quelques mss inf. et anc. édd.* — Supervacuus est? » Quem... non est malus, non magis] supervacuus [est], quem... non est malus? » Non magis, *Hess.* — Quo 'am animi] quoniam ⟨magni⟩ animi, *Madvig.* — 10. Parem autem deo] Parem autem te deo, P *et d'autres mss.*

XLVIII, 1. Ex his] ex iis, p. — His, qui] iis, qui, P. — 3. Inquis, adhuc] inquis, ⟨quam⟩ adhuc, *P. Thomas* (inquis, adhuc ⟨nisi⟩, *Madvig*).

XLIX, 2. [Et] custos] et custos, *les mss excepté* p. —

3. Facit. Et si] faciet. Si, *Madvig*. — 5. Ut propius quidem divina] ut propius divina, *mss inf. et vulg.* — 7. Si ipsa pondere [ad terram] eorum] si ipsa ad terram pondere eorum, *vulg.* — 8. In ipso] in illo, p, P, Pr. b.

L, 2. Navi magnum [est]] navi magnum est, *mss inf.*

LI, 2. Clausi] clausa, pP. — 7. Et ejus inconcussa] et [ejus] inconcussa, *Gemoll.*

LII, 5. Diminutionem] deminutionem (denmunicionem), p. — Ridicula] reicula, *Muret.* — 10. Experire] experiere, *Pontanus.* — 13. Captant : quærendo acceperunt] captant querendo : acceperunt, *Muret et d'autres.*

LIII, 1. Ex ista sententia] ex ista inscientia, P (ex ista scientia p). — In muscipula] in muscipulo, pP¹. — 6. Perstringat] præstringat (prestringat), pP¹.

LIV, 2. Avarissimus] aversissimus, *Agricola.*

LV, 1. Fatigatus sum quam] fatigatus quam, p. — Ambularemus, oculos] ambularemus, ⟨sicut⟩ oculos, *P. Thomas.* — 4. Ille quidem nulla re sollicitus scit] Ille solus scit, *Madvig (d'après les meilleurs mss).*

LVI, 2. Chrysippum] Crispum, *J. Lipse.* — 10. Bonas solidasque] bonas, solidasque, *Gertz.* — Nec se] nec sese, p. — Sollicitudinis et habet] sollicitudinis, [et] habet, *P. Thomas.* — 11. Imperitus est, rebus suis timet ad omnem] imperitus est, [rebus suis timet] ad omnem, *P. Thomas.* — Dejecit] dejicit, p. — 12. Aliquando] aliquanto, *anc. édd.*

LVII, 1. Id ago senex : eadem velle, quæ puer nolui] id ago, ne senex eadem velim, quæ puer volui, *Madvig.* — 3. Et in primis finem] et in primis ut (vi, p) finem, *Gemoll.*

LIX, 2. Sequamur. In theatrum] sequamur? In theatrum, *quelques édd.* — Vivis] vivas, P.

LX, 3. Nihil [illi]] nihil illi, *les mss, excepté* P. — Debeo**. Multum] Debeo. Multum, *mss.* — 11. Inde quibus] inde cujus, *Madvig.* — 17. Ut exsurgit] et exsurgat, *Madvig.* — 18. Partes] artes, *Madvig.* — 19. Urgeret impressum] urgeret

⟨ferrum⟩ impressum, *Schweighäuser*. — 20. Moratur] mora⟨bi⟩tur, *Matthiæ*. — 25. Morbidis : tantum] morbidis, tantum, *Gertz*. — 27. Longissime] longissimæ, *Madvig*. — 28. Nostris vacando. Veniet aliquod tempus] nostris vaca (*P. Thomas*) : veniet aliquando (P) tempus.

LXI, 1. Aut Roma sine libertate] aut Roma orbari libertate, *P. Thomas* (aut Roma in libertate, P).

LXII, 4. Vivere ambulando] vivere se ambulando, P. — Verecundia. Quotiens] verecundia et quotiens, P.

LXIII, 2. Tabesque in se putrescentium] tabesque viscerum putrescentium, *P. Thomas*. — 3. Æstuantis] exæstuantis, AB. — 4. Versata] versanda, *Windhaus* (versantia, AB). — 5. Tam° nullo] tam novo, *P. Thomas*. — 8. Descripta] discripta, B¹. — 9. Ab ipso igne] ex ipso igne, AB. — 10. Piget jam esse] Piget esse jam, AB. — Quod fieri debet saturo in ventre] quod fieri debebat (debet sat., B) in ventre, *Gertz*. — Quare ergo] Quare ego, AB. — Multis generibus, multis observationibus] multigeneribus observationibus, *J. Lipse*. — 11. Remediabiles] medicabiles, *Windhaus*. — 14. (Unde ista... fertilia?) at] Sunt ista... fertilia, at, *Windhaus*. — Ceterum, ut... educit] Ceterum et... educet, *Bartsch et Madvig*. — 15. Esse : dissuadebit] esse : ⟨sed⟩ dissuadebit, *Koch et Gertz*. — In uxore] in uxorem, *anc. edd.* — Inpingit] impinget, *Érasme*. — 19. Licitati sunt] liciti sunt, AB¹. — 21. Perferat] referat, *Muret*. — 22. Actu, modo ⟨progrediente, modo⟩ pedem referente] actu ac timide pedem referente, *Bartsch*.

LXIV, 3. Infausti homines quam] infausti quam, AB. — 4. Nil agenti dies] nullus agenti dies, AB. — 7. Et locorum apta mutatione brumalium florem vernum exprimunt] et teporum (*P. Thomas*) apta imitatione (*1 ms inf.*) bruma lilium (*Pincianus*) [florem vernum] (*P. Thomas*) exprimunt (*mss inf.*) (et colorum apta mutatione brumalium floro vernum prima int, B). — Ipsis videntur] ipsi sibi videntur, B (*par correction*), *Pincianus*. — 11. Vellet] velit, *1 ms inf. et Windhaus*. — Extendebat] Excedebat, *Windhaus* (Excedebat, B). — Cœna ejus diem] hujus (cujus, B) diem cena, B. — Itaque credo dicentibus] Itaque N. dicentibus (v. *Madvig, Adv. crit.*, t. II, p. 513). — 12. [Illis] distorti] isti distorti,

P. Thomas. — 13. **Volunt separare**] volunt ⟨se⟩ separare, *Bartsch.* — **Dispositiones**] dispositione, *Muret et d'autres.*

LXV, 3. **Instructis a communibus optantem**] instructis ad voluptatem, *P. Thomas* (instructis a duobus optantem, *mss* = instructis aduob. optātem). — 5. **[Aliquod enim] experimentum**] Adjice quod experimentum, *P. Thomas.* — **Si non tantum æquus molesta, sed**] si non tumidus (*P. Thomas*) molestias (*Windhaus*), sed. — 6. **Nisi deesse**] nisi ⟨ubi⟩ deesse, *P. Thomas.* — 7. **Totas**] solas, *Windhaus et Gertz.* — 9. **Dubitamus? quid juvat sapere et... ingerere frugalitatem et mortem**] dubitamus quod (AB) juvat rapere (*Madvig*) et... ingerere? (*ponctuation des anc. édd.*). Frugalitate ergo (*Madvig* : frugalitatem eo, AB) ⟨aliquem⟩ (*P. Thomas*) mortem. — 10. **Et inter spem et vitam miseram situ turpi inludent**] et turpem vitam misere amissuris illudunt, *P. Thomas* (et inter spem vitam misera nisi turpis inludunt, B).

TABLE DES MATIÈRES

	Pages.
Préface	v
Notice sur Sénèque.	1
Remarques sur la langue et le style de Sénèque. .	13
De providentia	43
I. Pourquoi Dieu éprouve l'homme de bien. . .	43
II. Même sujet.	45
De constantia sapientis.	50
III. Le sage ne peut recevoir d'injure	50
IV. Le sage ne peut recevoir d'offense.	53
De ira.	54
V. La colère et ses effets	56
VI. La colère n'est point conforme à la nature.	59
VII. La colère n'a rien de commun avec la grandeur d'âme.	61
VIII. Il ne faut pas être susceptible ni s'irriter pour des riens.	65
IX. Rentrons en nous-mêmes avant de condamner autrui	66

X.	Contre la vengeance.	69
XI.	Même sujet.	71
XII.	L'examen de conscience	73
XIII.	La pensée de la mort doit nous guérir de la colère	76

AD MARCIAM DE CONSOLATIONE. 78

XIV.	Comment une mère doit supporter la mort de son fils.	79
XV.	Il faut prévoir les coups de la fortune.	83
XVI.	Nous avons mauvaise grâce à nous plaindre de la vie	85
XVII.	La suprême consolation.	92

DE VITA BEATA 97

XVIII.	Il est beau de tendre à l'idéal même si l'on ne peut y atteindre.	98

DE OTIO 100

XIX.	L'homme est né non seulement pour l'action, mais encore pour la contemplation et pour la science.	100

DE TRANQUILLITATE ANIMI 104

XX.	Il est toujours possible de faire le bien.	105
XXI.	La bibliomanie	107
XXII.	Il faut se faire à sa condition.	109
XXIII.	Fuyons l'agitation stérile.	111

DE BREVITATE VITÆ 113

XXIV.	Les vaines occupations.	113
XXV.	Le sage seul jouit de la vie dans toute sa plénitude	117

AD HELVIAM MATREM DE CONSOLATIONE. 121

XXVI.	L'exil est supportable	121
XXVII.	Helvia trouvera dans l'affection de ses proches de puissants motifs de consolation	127

TABLE DES MATIÈRES.

De clementia. 133
   XXVIII. La clémence d'Auguste. 134
   XXIX. La clémence sied aux princes. 139

De beneficiis. 145
   XXX. Comment il faut obliger. 145
   XXXI. Si un esclave peut être le bienfaiteur de son maître 147
   XXXII. Le vétéran de César. 158
   XXXIII. Nous ne possédons véritablement que ce que nous avons donné. 159
   XXXIV. Une conscience délicate 160
   XXXV. Comment on doit supporter l'ingratitude. 161

Epistulæ morales ad Lucilium. 169
   XXXVI. Le prix du temps. 169
   XXXVII. De la lecture. 171
   XXXVIII. Du choix des amis 173
   XXXIX. De l'amitié et de l'exemple 175
   XL. Il faut fuir la foule 177
   XLI. La vieillesse 182
   XLII. Il faut se familiariser avec la pauvreté. 186
   XLIII. La joie du sage. 190
   XLIV. La vieillesse et l'approche de la mort ne doivent pas troubler notre sérénité . . 193
   XLV. Le bonheur véritable est dans la vertu, et celle-ci ne peut s'acquérir que par de longs efforts. 195
   XLVI. Les voyages ne peuvent guérir les maux de l'âme 198
   XLVII. N'attends le bonheur que de la vertu . . 200
   XLVIII. Encouragements. 204
   XLIX. Dieu réside dans l'homme de bien . . . 205
   L. Vivons de façon que nous n'ayons rien à cacher 208
   LI. La vraie noblesse 209

EPISTULÆ MORALES AD LUCILIUM, (Suite).

LII.	Il faut traiter avec bonté ses esclaves.	212
LIII.	Contre les vaines subtilités de la dialectique.	218
LIV.	Le plus grand obstacle à notre progrès moral, c'est que nous ne connaissons pas nos défauts.	221
LV.	La villa de Servilius Vatia.	223
LVI.	C'est en nous-mêmes que nous trouverons la véritable tranquillité	227
LVII.	Sénèque déclare qu'il est préparé à la mort.	232
LVIII.	L'art d'employer son temps.	233
LIX.	L'étude de la philosophie convient à tout âge.	234
LX.	Ce qui peut nous consoler dans les maladies	237
LXI.	La maison de campagne de Scipion l'Africain.	245
LXII.	Du respect humain et de la vanité des apparences	250
LXIII.	La tâche de la philosophie, comme celle de la médecine, est devenue plus difficile par suite de la corruption des mœurs. Les simples préceptes ne suffisent plus : il faut que la morale s'appuie sur des dogmes ou des principes généraux.	255
LXIV.	Contre ceux qui font de la nuit le jour.	266
LXV.	Il faut apprendre à se contenter de peu et fuir les apologistes de la volupté.	273

APPENDICE CRITIQUE 279

33584. — Imprimerie LAHURE, 9, rue de Fleurus à Paris.

CLASSIQUES LATINS

(Les noms des annotateurs sont entre parenthèses.)

- ANTHOLOGIE DES POÈTES LATINS (Waltz). 2 »
- CÉSAR : Commentaires (Benoist et Dosson). 2 50
- CICÉRON : Princip. d. [supplicits](?)... 1 50
  - cours... 2 50 — In Catilinam... » 75
  - — Ouvrages de rhétor. 2 » — Orator... 1 »
  - — Choix de lettres... 2 » — Philippica secunda. 1 »
  - — De amicitia... » 75 — Pro Archia poeta... » 60
  - — De finibus libri I et II. 1 50 — Pro lege Manilia... » 60
  - — De legibus liber I... » 75 — Pro Ligario... » 30
  - — De natura deorum lib. II 1 50 — Pro Marcello... » 30
  - — De re publica... 1 50 — Pro Milone... » 75
  - — De senectute... » 75 — Pro Murena... » 75
  - — De signis. Texte annoté 1 50 — Somnium Scipionis... » 30
- CONTIONES. Texte annoté (Guiraud)... 2 50
- CORNELIUS NEPOS (A. Monginot)... » 90
- ÉLÉGIAQUES ROMAINS : Extraits (Waltz)... 1 80
- EPITOME HISTORIÆ GRÆCÆ (Julien Girard)... 1 50
- HORACE : Art poétique (M. Albert)... » 60
- LHOMOND : De viris illustribus Romae (L. Duval)... 1 50
- — Epitome historiæ sacræ (Pressard)... » 75
- LUCAIN : Extraits (De La Ville de Mirmont)... » »
- LUCRÈCE : De la nature, Ier livre (Benoist et Lantoine)... » 90
- — Ve livre (Benoist et Lantoine)... » 90
- — Morceaux choisis (Poyard)... 1 50
- NARRATIONES (Riemann et Uri)... 2 50
- OVIDE : Morc. ch. des Métamorphoses (Armengaud)... 1 80
- PHÈDRE : Fables (L. Havet)... » »
- PLAUTE : Aulularia (E. Benoist)... » 80
- — Morceaux choisis (E. Benoist)... 2 »
- PLINE LE JEUNE : Choix de lettres (Waltz)... 1 80
- QUINTE-CURCE : Histoire d'Alexandre (Dosson et Pichon). 2 25
- QUINTILIEN : De institutione oratoria, liber X (Dosson). 1 50
- SALLUSTE : Catilina et Jugurtha (Lallier)... 1 80
- SELECTÆ E PROFANIS SCRIPTORIBUS (Leconte)... 1 80
- SÉNÈQUE : De vita beata (D'Aulny)... » 75
- — Lettres à Lucilius, Lettres I à XVI (Aubé)... » 75
- TACITE : Annales (E. Jacob)... 2 50
- — Annales, liv. I, II et III (Jacob)... 1 50
- — Histoires, Livres I et II (Goelzer)... 1 80
- — Vie d'Agricola (E. Jacob)... » 75
- — La Germanie (Goelzer)... » »
- — Dialogue des orateurs (Goelzer)... 1 »
- TÉRENCE : Les Adelphes (Psichari et Benoist)... » 80
- THÉÂTRE LATIN : Extraits (Bornain)... » »
- TITE-LIVE : Liv. XXI et XXII (Benoist et Riemann). 2 »
- — Liv. XXIII, XXIV et XXV (id.)... 2 50
- — Liv. XXVI à XXX (Riemann et Bornolle). 3 »
- VIRGILE (E. Benoist et Duvau)... 4 »

10-96.

www.ingramcontent.com/pod-product-compliance
Lightning Source LLC
Chambersburg PA
CBHW071516160426
43196CB00010B/1542